执行是目标与结果之间

把执行

提升企业执行力的9个关键

做到最好

郭婕/编著

当代世界出版社

图书在版编目（CIP）数据

把执行做到最好/郭婕编著. —北京：
当代世界出版社，2012.1
ISBN 978 - 7 - 5090 - 0805 - 8

Ⅰ.①把　Ⅱ.①郭…　Ⅲ.①企业管理　Ⅳ.①F270

中国版本图书馆 CIP 数据核字（2011）第 276741 号

书　　名：	把执行做到最好
出版发行：	当代世界出版社
地　　址：	北京市复兴路4号（100860）
网　　址：	http：//www.worldpress.com.cn
编务电话：	（010）83908400
发行电话：	（010）83908410（传真）
	（010）83908408
	（010）83908409
	（010）83908423（邮购）
经　　销：	新华书店
印　　刷：	北京业和印务有限公司
开　　本：	710mm×1000mm　1/16
字　　数：	300 千字
印　　张：	18
版　　次：	2012 年 6 月第 1 版
印　　次：	2012 年 6 月第 1 次印刷
书　　号：	ISBN 978 - 7 - 5090 - 0805 - 8
定　　价：	36.00 元

如发现印装质量问题，请与承印厂联系调换。
版权所有，翻印必究；未经许可，不得转载！

前　言

对于上级下达的目标任务，为什么有的企业能够不折不扣地完成，而有的企业却是一拖再拖？具体到企业的每一项工作，为什么有的员工能够出色地完成，而有的员工却迟迟得不到落实？究其原因，关键在于企业的执行力不强。

什么是企业的执行力呢？执行力是指企业员工理解、贯彻、落实经营者战略思想、方针政策、制度办法的操作能力和实践能力。执行力已经成为一个企业生存和发展的重要因素，其强弱程度直接制约着企业目标能否得以顺利实现。因此，提高企业执行力，对于实现企业目标有着极为重要的意义。

要提高企业执行力，必须先找到执行力不强的原因，然后才能对症下药。

造成企业执行力不强的原因主要有以下几个方面：责任意识不强，个别企业"浮"、"懒"、"散"现象比较突出，形势变化了仍旧我行我素，任务明确了仍旧等待观望，工作部署了仍旧无动于衷。规章制度不健全，缺乏针对性和可行性，面对上级交给的任务，推诿扯皮，消极不为，致使一些工作在实际操作上往往违背初衷，落不到实处。员工素质参差不齐，对执行的偏差缺乏敏感性，对任务的认识不统一，对工作的困难估计不足，行为也不尽规范，导致在实施中错位，由此延缓了执行的进度和质量。缺乏有效沟通，有的企业部门与部门之间存在条块分割现象，上下级之间存在着严格的等级观念，在执行过程中缺少必要的信息沟通，缺乏信任度，无法形成整体合力，导致协调不好甚至隔阂，形成了大量的资源浪费，使执行效果大打折扣。监督力度不够，有的企业任务部署以后，缺乏指导、监督和检查，或者检查走过场，没有实质上的奖惩措施，致使执行力越来越弱。

把执行做到最好

一个企业如果缺乏执行力，那么再好的战略目标也只能是镜中花水中月，再好的管理制度也是一纸空文，企业拥有的一切优势将消失殆尽。因此，提高企业执行力对于企业的生存和发展就显得尤为迫切和必要。

针对当前企业普遍存在的执行力差的现状，要想从根本上提高企业执行力，关键是要把握好以下几个方面：

选拔执行型人才是关键。企业发展离不开人，选对人才能做对事。经营者的战略思想、方针政策、制度办法必须由人来执行，人是执行的主体。要提高企业执行力，必须培养一支"执行"意识较强的员工队伍，真正做到不拘一格降人才。要把权力授给有执行能力的人，真正做到上行下效，有条不紊。一般来说，企业的中层管理人员既是执行者，又是领导者，他们是上层联系下层的一座桥梁，他们在执行工作任务中发挥着重要的作用，在管理执行的落实上扮演着重要的角色。另外，团队的执行力直接关系企业整体执行力的作用发挥，全面激发职工的动力，也是提高企业执行力的根本之需。

完善制度是提升执行力的保障。只靠自觉性是不行的，还要有完善的制度做保障。企业的制度化主要是指各项管理的制度化，即各项活动是否能按照既定的规则在操作，企业内是否形成规范的、有章可循的制度，企业制度是否严格要求、是否一视同仁、是否落到实处等都是与执行密不可分的。只有制度得到有效执行才能保证公司的战略、运营及人员三大流程正常运行。再好的制度如果没有人去执行或者执行不到位也是没有用的。任务布置后，企业不仅要对执行结果进行检查，而且要对执行过程进行监督，这样，才能及时发现偏差并给予纠正，保障执行的效果。

强化责任是执行的前提。责任心是一个人做事的基础，是一个人生命的纤绳。它的有无或强弱是一个人事业能否成功的关键之所在。一个有责任心的人，不是把责任心挂在嘴上，而是要体现在具体行动中。有了责任心，精力就会集中在执行上，干工作就会竭尽全力，就会精益求精，就会积极主动地想办法、抓落实。因此，我们要时刻加强员工责任心的培养，引导大家自觉树立责任意识，严格按照岗位职责要求，不折不扣地将工作落到实处。

有效沟通是执行的基础。即使每个人的执行力都很强，但如果不能有效沟通，其结果往往不能尽如人意。由于企业事实存在着管理层级、本位利益，使信息的有效传递受到阻碍，这样就容易使执行的结果出现偏差。通过有效沟通，我们不仅可看到事物的表象、存在的问题，还可以找到问题的症结，缩短目标与执行之间的差距，从而使执行更加顺畅。

加强执行力文化培训是根本。执行力文化支配着人们的思想观念和行为准则。唯有制定一个切实可行的方案，才能使员工在潜移默化中树立起根深蒂固的执行力文化理念。使各类人才干事有舞台、发展有空间，这样才会激发出员工的工作激情，增强他们的团队合作能力，自觉自愿地完成上级交给的各项任务，从而保证企业整体目标的实现。

可见，执行力不仅是企业领导面临的问题，同时也是企业员工面临的问题。领导者只有充满激情地参与到工作执行中去，才能带领广大员工克服困难，顺利完成上级下达的各项指标；员工只有执著专注地做好自己的本职工作，才能取得最好的业绩。

本书共通过九步为企业提升执行力打造了一幅完美的画卷，步步深入，环环紧扣。无论对于企业管理者，还是普通员工，都会带来不一样的感觉。相信读后一定能根除执行力差的顽疾，把思想变为行动，把行动变成结果，使执行力落到实处。

编者

目 录

关键一 　找到能执行的人

　　执行最终体现的是结果，领导要的也是结果，而合适的人选是顺利完成任务的保证。就像一件事情，领导说得很明确，但由于当事人的工作能力不同而产生的结果也必然不同。如果让能力强的人去执行简单的事情那是浪费资源，而如果让能力不足的人去执行重要的事情又会误事，所以要根据事情的难易程度来选择合适的人选。执行者素质的高低，直接决定执行力的强弱。优秀的管理者总是能把适当的人委派去做适当的工作，保证既定目标的完成。

一、选对人是执行的前提 …………………………………… 3
二、执行型人才具有的特质 ………………………………… 7
三、合适的一定是最好的 …………………………………… 10
四、找到能执行命令的人 …………………………………… 14
五、执行者必须具备的八种能力 …………………………… 17
六、把权力授给有执行能力的人 …………………………… 20
七、责任心与执行力强弱成正比 …………………………… 23
八、中层管理者是执行的关键 ……………………………… 26

九、敢于让低绩效的人离开……………………………………29

关键二　打造一支高效执行的团队

　　杰克·韦尔奇说过这样一句话："我的成功，百分之十是靠我个人旺盛无比的进取心，而百分之九十，全仗着我拥有的那支强有力的团队。"这可是千真万确的事实，一个组织的成功，不光是靠领导人个人的智慧和才华，绝大部分的成功关键在于领导者周边的那些追随者，在于追随者完美的表现。只有团队成员之间互相配合，群策群力，才能消除工作中的"短板"，形成强大的执行力。

一、组建执行团队……………………………………………35
二、设定执行目标……………………………………………39
三、加强团队协作……………………………………………42
四、建设学习型组织…………………………………………44
五、提倡良性竞争……………………………………………47
六、形成互补团队……………………………………………50
七、保障相互配合……………………………………………53
八、消除执行短板……………………………………………55
九、破解执行难题……………………………………………58

关键三　领导力决定执行力

　　领导力是一种复杂的活动，是领导多种能力的综合。执行力与领导力的关系应该是下属的执行力源于上司的领导力，执行力是领导力中的一种，有领导力的领导，执行力通常都很好。如果执行力不好，那么领导力也不会好。领导力是一种影响力，它偏重于领导的决策能力、战略目标制定的能力。而执行力则更多的是向下属贯彻战略意图、有效授权并让下属乐于接受并完成工作任务的实际操作能力。领导力的好坏往往决定着执行力的强弱。

一、领导力是领导的综合能力 ·················· 63
二、决策正确才能有效执行 ·················· 67
三、制定切实可行的目标 ···················· 70
四、善于安排下属的工作 ···················· 73
五、让下属乐于执行命令 ···················· 76
六、通过有效授权，深化执行力 ················ 80
七、修炼领导力，提升执行力 ················· 82
八、提升执行力先从领导做起 ················· 85
九、落实执行力的必备要素 ·················· 87

关键四 执行力离不开影响力

  组织管理心理学认为：一个领导者要实现有效的领导，关键在于他的影响力。在大力提倡执行文化的前提下，一个企业执行力的强弱，与该企业领导者的影响力有直接关系。一个企业执行力的强弱，不仅决定于领导者权力的大小，还取决于他自身素质对全体员工的影响力。要想充分提高自己的影响力，就必须在自身素质上下功夫，通过自己的优秀品质、表率作用对员工起潜移默化的影响，用"心"去经营，用"心"去管理，才能最大限度地调动员工的积极性，使自己的执行力发挥到极致。

一、己正才能正人 ························ 93
二、有能力才会有影响力 ···················· 95
三、不断扩大自身的影响力 ·················· 99
四、以待己之心待人 ······················ 102
五、用激情感染你的下属 ··················· 105
六、增加自身的亲和力 ···················· 108
七、危机关头临危不惧 ···················· 111
八、思路清晰，要事第一 ··················· 114

九、塑造下属认同的企业文化 ·················· 118

关键五　落实执行力的机制保障

　　执行力是企业把战略目标转化为最优效益、最大成果的关键所在。管理者要想真正让执行力落到实处，完善制度是保障，只要工作规范化、管理程序化、机制科学化，就没有做不好的事情。有了制度以后，还需要监督检查。再好的制度没有监督，也就成了无源之水、无本之木。制度的生命力在于执行，只要制度面前人人平等，执行起来就不难，只要对事不对人，执行起来也就不难。否则，缺少了制度的约束，提升执行力就会成为一句空话。

　　一、建立执行制度 ······················ 125
　　二、严格执行要求 ······················ 127
　　三、优化执行流程 ······················ 130
　　四、注重执行细节 ······················ 133
　　五、加强执行监督 ······················ 136
　　六、限定执行时间 ······················ 139
　　七、执行公平考核 ······················ 143
　　八、努力做到零缺陷 ···················· 146
　　九、执行高于一切 ······················ 148
　　十、拒绝拖延立即执行 ·················· 150

关键六　让沟通成为执行的加速器

　　沟通是提升执行力的重要因素。企业内部的上下级之间、职能科室之间、人与人之间必须加强沟通。不论职位高低、资格大小，都要全方位、无保留地说出自己的心里话，切忌因为自己的职位低、资格小而不敢和对方沟通，也不可因为自己职位高、资格老而认为高人一等。只有每个人都能把自己获得的工作方面的信息，如实地、及时地、毫无保留地说出来，做到信息资源共享，才能形成合力，从而提升团队的执行力。

一、沟通力决定执行力 ………………………………………… 155
二、加强沟通才能有效执行 …………………………………… 157
三、如何让沟通畅行无阻 ……………………………………… 160
四、真正的沟通从心开始 ……………………………………… 164
五、倾听也是一种沟通 ………………………………………… 166
六、营造良好的沟通氛围 ……………………………………… 170
七、下达命令时不忘沟通 ……………………………………… 172
八、努力消除沟通障碍 ………………………………………… 174
九、沟通有利于工作的落实 …………………………………… 177

关键七 用"心"执行,才会有好结果

  企业的执行力主要取决于企业的文化、员工的素质和工作的态度。企业管理的真正核心,不外乎"人",唯有人才可以贯彻、执行领导者的命令,从而达成设定的业绩目标,因此,端正态度,用"心"执行,才是落实执行力的第一要务。简言之,就是管理者要用"心"管理,员工才能用"心"工作。企业习惯的养成,就是要使企业价值观在企业经营发展过程中得以真正渗透,并内化在广大员工的心灵深处,外化为员工的具体行为、习惯和性格,进而就没有完不成的事情。

一、把工作任务当成使命 ……………………………………… 185
二、选择积极的工作态度 ……………………………………… 187
三、聪明执行而不是盲目执行 ………………………………… 190
四、快乐工作,实现高效执行 ………………………………… 193
五、执著专注,才能完美执行 ………………………………… 197
六、把下属当成合作者 ………………………………………… 200

七、赢得下属忠诚，就能自觉执行 …………………… 202
八、以心换心，解决下属的后顾之忧 ………………… 206
九、用心留住企业的优秀执行员工 …………………… 209
十、找到执行中的五条"地下通道" …………………… 212

关键八　创建全新的执行力文化

　　执行力的关键在于保证企业员工行为的一致性，而这种一致性来自于正确的策略、方法和措施。很多企业的整体策略、方法和措施都在领导者一人的大脑中，平常都是通过领导者与员工之间的沟通来推动执行的，但由于沟通的片面性，自然会造成很大的偏差。因此，要想保证企业每一个员工都能够按照正确的策略、方法和措施来展开工作，并转化为一致的行动，企业必须要通过规范化的形式来完善执行体系，于是"执行力文化"便应运而生。

一、执行力是一种企业文化 …………………………… 219
二、将执行融入企业文化 ……………………………… 223
三、将执行视为自己的职责 …………………………… 225
四、让完美成为执行的最高境界 ……………………… 229
五、用行动去执行，让问题到此为止 ………………… 231
六、让执行文化在企业落地生根 ……………………… 234
七、创新执行文化，实现高效执行 …………………… 238
八、培育和追求卓越的执行力文化 …………………… 240
九、学会变通，出奇才能制胜 ………………………… 243

关键九　让下属自觉自愿地执行

　　自觉自愿就是在没有外在力量的驱动情况下，主动、高效地做好一件事。在精神上，自愿比自发更主动；在行动上，自觉自愿比自动自发更高效。在现代公司里，昔日那种"听命行事"不再是

目 录

"最优秀员工"的模式。时下老板要找的，是那种不必老板交代、自觉自愿地去完成任务的人。从事任何工作都需要一种积极主动、自觉自愿的精神，只有无须他人吩咐，就能自觉自愿地完成任务的员工，才是最好的执行者，才能获得最高的奖赏。

一、自觉工作才是真正的执行 …………………………… 249
二、让服从成为一种工作习惯 …………………………… 252
三、早做准备才能执行得更好 …………………………… 254
四、把工作当作自己的事业来做 ………………………… 257
五、有些事不必老板交代 ………………………………… 260
六、远离借口，自发执行 ………………………………… 262
七、用行动代替抱怨 ……………………………………… 265
八、像老板一样自动自发工作 …………………………… 268
九、敢想敢做就能势不可挡 ……………………………… 271

主要参考文献 ……………………………………………… 274

关键一　找到能执行的人

　　执行最终体现的是结果，领导要的也是结果，而合适的人选是顺利完成任务的保证。就像一件事情，领导说得很明确，但由于当事人的工作能力不同而产生的结果也必然不同。如果让能力强的人去执行简单的事情那是浪费资源，而如果让能力不足的人去执行重要的事情又会误事，所以要根据事情的难易程度来选择合适的人选。执行者素质的高低，直接决定执行力的强弱。优秀的管理者总是能把适当的人委派去做适当的工作，保证既定目标的完成。

一、选对人是执行的前提

管理者要想让自己的事业不断得以发展壮大，光靠自己的力量是不行的，毕竟个人的力量是有限的。管理者这时需要委托自己信得过的人来协助自己去处理日常工作中的事务，选拔自己认为具有执行能力的人来执行自己的决策才行。然而，什么样的人才算是靠得住、信得过呢？

一是你所选择的人是否胜任，是否有能力承担这项任务，是否有能力代为管理者处理这样的事；二是这个人是否具有优良的品德，是否对管理者忠诚，是否愿意为管理者死心塌地服务，为管理者排忧解难。只有符合这两方面的条件，管理者才算真正选择到执行力强的人。

因此，管理者在选拔人才时，必须要坚持择优录用的原则，让既有能力又忠诚可靠的人才走到前台来，担任重要角色，不折不扣地执行领导的决策。

那么，具体什么样的人才是可靠的执行者呢？

1. 忠实执行上级命令的人

一般说来，领导下达的命令，无论如何也得全力以赴，忠实执行。这是下属干部必须严守的第一大原则。

如果下属的意见与上级的意见有出入，当然可以先陈述他的意见。但是，陈述之后，领导仍然不接受，他就要服从上级的意见。

有些下属在自己的意见不被采纳时，抱着自暴自弃的态度去做事，这样的人就没有资格成为上级的辅佐人。

2. 做上级的代理人

干部必须是上级的代理人。纵然上级的见解与自己的见解不同，上级一旦有新决定，干部就要把这个决定当作自己的决定，向部下或是外界人作详尽的解释。

3. 明确自己权限的人

干部必须认清什么事在自己的权限之内，什么事自己无权作决定。

这种界限，绝不能混淆。如果发生了某种问题，而且又是自己权限之外的事，就不能拖拖拉拉，应该即刻向上级请示。

还有，越过直属领导与上级领导交涉、协调，等于把直属领导架空，也破坏了命令系统，应该列为禁忌。非得越级与上级联络、协调的时候，原则上，也要先跟顶头上级打个招呼，获得他的认可。

4. 及时向上级汇报情况的人

干部自己处理好的问题，如果不向上级报告，往往使上级不了解实情，作出错误的判断，或是在会议上出洋相。

当然，不少事情无须一一向上级报告。但是，原则上可称之为"问题"、"事件"的事情，还是要向上级提出报告。

报告的时机因其重要的程度不同而不同。很重要的事，必须即刻提出报告。至于次要的，或属日常性事务，可以在一天的工作告终之时，提出扼要的报告。

5. 勇于承担责任的人

有些干部在自己负责的工作中发生过失或延误的时候，总是举出一堆的理由。这种将责任推卸得一干二净的人，实在不能信任。

干部负责的工作，可说是由上级赋予全责，不管原因何在，干部必须为过失负起全责。他顶多只能对上级说一声："是我领导不力，督促不够。"

如果上级问起过失的原因，必须据实说明，但千万不能有任何辩解的意味。

有些干部在上级指出缺点的时候，总是把责任推到部属身上，说："那是某某干的好事。"如此归咎于部属，都是不该有的现象。把责任推给部属，并不能免除自己的责任。一个干部必须有"功归部属，失败由我负全责"的胸怀与度量才行。

6. 不是事事请示的人

遇到稍有例外的事、部属稍有错失，或者旁人看来极琐碎的事，也都一一搬到上级面前去请求指示，这样的干部，令人不禁要发问：他这个干部是怎么当的？

干部对领导不该有依赖心。事事请求不但增加了领导的负担，干部本身也很难"成长"。

干部拥有执行工作所需的权限，他必须在不逾越权限的情况下，凭自己的判断，把分内的事处理得干净利落，这才是领导期待的好干部。

7. 经常请求上级指示的人

干部不可以坐等上级的命令。他必须自觉做到：

请上级向自己发出命令。

请上级对自己的工作提出指示。

如此积极求教，才算是聪明能干的干部。

8. 提供情报给上级的人

干部与外界人士、部属等接触的过程中，经常会得到各种各样的情报。这些情报，有些是对公司有益或是值得参考的。干部必须把这些情报谨记在心，事后把它提供给领导。

自私之心不可有。向领导作某种说明或报告的时候，有些干部都习惯于把它说得有利。如此一来，极易让领导出现判断偏差。尤其是可能影响到其他部门，或是必须由领导作出某种决定的事，干部在说明与报告时必须遵守如下的原则：

一是不可偏于一方；二是能从大局出发，简明扼要陈述。

9. 能切实负起责任的人

有些干部在上级不在的时候，总是精神松懈，忘了应尽的责任。例如，下班铃一响就赶着回家；或是办公时间内借故外出，长时间不回。

按理，上级不在，干部就该负起留守的责任。当上级回来，就向他报告他不在时发生的事，以及处理的经过。如果有代上级行使职权的事，就应该将它记录下来，事后提出详尽的报告。

10. 对本职工作了如指掌的人

当上级问及工作的方式、进行状况，或是今后工作的预测数字，必须当场回答。

好多干部被问到这些问题的时候，还得向部下探问才能回答，这样的干部，不但无法管理部属与工作，也难以成为领导的辅佐人。干部必须随时掌握职责范围内的全盘工作，在领导提到有关问题的时候，都能立刻回答才行。

11. 致力于消除上级误解的人

领导并非圣贤，当然也会犯错误或是发生误解。事关工作方针，或是工作方法，领导有时也会判断错误。

领导的误解，往往波及部下晋升、加薪等问题。碰到这个情况的时候，干部千万不能一句"没办法"就放弃了事。

他必须竭力消除上级的这种误解。

12. 做一个强有力的协调人

对部属而言，干部是单位的代表人。对领导而言，干部是部属的代表人。干部是夹在上级与部属之间的角色。

从这个立场而言，干部必须做到的是：

把上级的方针与命令彻底灌输给部属，尽其全力，实现上级的方针与命令。

随时关心部属的愿望，洞悉部属的不满，以部属利益代表人的身份，将他们的愿望和不满正确反映给上级，为实现部属的合理利益而努力。但此时应冷静作出正确判断，以便于从中作出协调。

二、执行型人才具有的特质

企业发展离不开人，经营者的战略思想、方针政策、制度办法必须由人来执行，人是执行的主体。要提高企业执行力，必须培养一支"执行"意识较强的员工队伍，真正做到不拘一格降人才。首先，抓好中层管理人员建设。俗话说，"上行下效"、"上梁不正下梁歪"。因此，企业执行力能否提高，执行力能否很好地贯彻下去，管理者，尤其是中层管理者的态度，起着重要作用。因为中层管理人员既是执行者，又是领导者。他们的作用发挥得好，是高层联系基层的一座桥梁；发挥得不好，是横在高层与基层之间的一堵墙。他们在执行文化中发挥的是上下沟通的作用，在管理执行的落实上扮演着执行落地的重要角色。要提高中层管理人员的执行力，关键是要任人唯贤，选拔聘任那些示范性和带动力强的干部。其次，抓好普通职工队伍建设。职工的执行力直接关系企业整体执行力的作用发挥，全面激发职工的动力，是提高企业执行力的根本之需。

1. 企业需要执行型人才

不找借口去执行任务的人，是企业老板最欢迎的人。对于老板来说，无论在什么时候，身边最缺的始终是办事主动、执行力强的员工，只有完全执行任务的员工才能成为老板青睐的员工。

不论你的老板是什么样的意图，你的任务是容易还是艰难，你都必须做到努力执行。在今天这个竞争激烈的社会中，如果我们不能不断地进步，不能及时执行老板交给你的任务，势必会被无情地淘汰。

保持竞争优势的秘诀就是执行，执行成为我们职场加速的利器，因为有了执行，我们才会拥有超越竞争对手的实力，这种实力也就是职场竞争力。

执行也是一种主动服从上司，坚持将任务进行到底，直至圆满结束的精神。优秀的员工应当具备超强的执行能力；无论遇到多大的困难，都能够使自己成为那个把信送给加西亚的人。

| 把执行做到最好 |

执行的关键在人，只有拥有了强大执行力的人，组织任务才能得以真正的执行。企业需要执行力，其实需要的就是能够不折不扣执行工作的人。

周立先以坚忍不拔的毅力，坚定不移的信念，通过近3年的努力，使自己从一个普通的业务员成长为优秀团队的领导者，演绎了一段从家庭主妇向团队指挥者转变的传奇乐章。"只要方向对了，就不怕路远"是很多企业的座右铭，周大姐也非常认可这句话，她时常和自己的队员说，只要有了目标，就持之以恒地去做，无论前路是否荆棘满地，只要努力过，就无怨无悔。起初，周大姐来保险公司，由于业务不熟，工作辛苦，她丈夫坚决要求她辞职，她也一度有过"动一动"的想法，但是通过反复的思虑，她认为既然选择了保险行业，就一定要干出名堂来，随着时间的推移和取得的相关成绩，她丈夫也逐步认可她的工作并给予了极大的支持，最近还加盟新华保险干起了"夫妻档"。

没有执行一切都是空谈。"天下大事，必作于细；古今之事，必成于实"，这句至理名言牢牢烙印在她脑海里，她的一言一行、一举一动都以此为行动准则。她深知想到就要做到，做到就要看到结果，否则一切都是纸上谈兵，一切都是空中楼阁。基于这样的信念，往往在狂风暴雪里能看到她的脚印，在烈日炎炎下能看到她的汗水，在账期的最后一刻能看到她交单的身影。通过自己不懈的努力，从对保险一无所知，到现在的龙城圆桌会员无不印证她务实的工作作风、踏实的工作态度和必胜的工作信心。一直以来，她也在不断地完善自己的销售技能，不断刷新保费业绩，为更广大的客户提供了保障，也为企业创造了利润。

企业的发展需要优秀的决策者，同样需要不折不扣的执行者。如果没有人将决策者的思想和战略不折不扣地执行下去、贯彻下去，再伟大的设想也只能是空想。当前，执行力已经被越来越多的企业所重视。无论什么时候，企业都在寻找积极主动、不折不扣地完成任务的执行型员工，善于执行的员工逐渐成为企业中不可缺少、不可替代的人。

2. 执行型员工的特质

作为一名员工，在日常工作中，要有效地执行企业所制定的各项管理规章制度，有效地完成公司领导部署的各项工作，牢固地确立强烈的执行观念，时时刻刻想到执行，时时刻刻注意执行。企业需要执行力强的员工，一个有进取心和事业心的人应该努力把自己打造成"执行型员工"，这是时代对我们提出的发展要求，也是我们得以在企业中站稳脚跟发展未来的重要保证。

一名执行型员工，通常具备的核心特质如下：

（1）执行力

执行力就是执行任务的过程中所体现出来的工作态度、工作效果和工作程度。具体体现在每一个人的工作当中，上至公司领导执行股东、董事会决议，下至我们执行领导工作指示。执行力到位，落实才能到位。

（2）创造力

目标的实现，有赖于充满激情的创造力。创造力就是要打破惯性，就是要挑战自己，就是要摆脱成功带来的条条框框。它就像是一台强劲的发动机，引领着员工在公司的发展道路上稳健前进。

（3）责任心

执行工作是我们各司其职、达成工作目标的必经程序，是一个有效的执行过程。无论你从事的是何种工作，都应该全身心地热爱、全身心地投入，保持高度负责、尽心竭力的精神。美国著名思想家巴士卡雅说过："你在什么位置，就应该热爱这个位置，因为这里就是你发展的起点。"

责任心是对责任的体现，是主人翁意识的一种，它是对责任发自内心的认同，责任心的有无、强弱，直接关系到执行的有无与强弱。作为一名员工，应该在其位，谋其职，行其权，负其责。始终以对公司和自己高度负责的精神干好本职工作，才能确保任务的完成。

（4）热情

热情是一种原动力。它可以调动人们积极主动的工作态度，把枯燥无味的工作变得兴趣盎然。它可以帮助人们增添克服困难的勇气，有了这种勇气，即使再困难的工作，也会变得简单易做。

工作的热忱和激情能够推动我们成就伟大的事业，实现人生的价值。做一个竞争性企业的合格员工，首先是要做一名执行型员工，做一名执行型员工，就必须对工作永远怀有满腔热忱。

（5）意志力

意志力是执行的重要组成部分，也是完成工作任务的重要依托。良好的行动力必须以坚定的意志力作为保障。

所谓有志者事竟成，保持积极的心态，具备良好的意志力，是执行者圆满完成工作任务、实现工作目标的首要条件。我们所从事的工作中，总有一些重复的、机械性的工作。这些工作或许比较简单，但"天下难事，必成于易"，把简单的事非常认真地、坚持地做就是不简单，把每件容易的事情都做好了就是不容易。所谓执行，关键是一种意志力，关键在于一以贯之地坚持，咬住目标不放松，用实绩说话。

（6）专业技能

如果你能真正制好一枚别针，应该比你制造出粗陋的蒸汽机赚到的钱更多。一位总统曾在演讲中这样对学生们说："比其他事情更重要的是，你们需要知道怎样将一件事情做好；与其他有能力做这件事的人相比，如果你能做得更好，那么你就永远不会失业。"专业技能是执行工作的根本需求，对员工而言，执行工作需要有良好的专业技能，将上级的布置具体转化到实际工作中来，按计划的步骤有条不紊地在具体工作中推进，并在执行中实现。

执行力、创造力、责任心、热情、意志力、专业技能这六种要素共同构成了执行型员工的核心特质，它们相互依存，相互联系，相互影响，缺一不可。任何一个要素薄弱，都会影响到执行力的发挥，执行任务的最终目的就不可能彻底得到实现。

三、合适的一定是最好的

在一般人眼里，似乎出身名牌大学，经过国际著名公司的熏陶，有着诱人的工作经历，就是有用人才了。殊不知，即使是块好料子，也不一定适合于你的公司。能够在有序的环境里发挥自如的优秀人才，一旦进入一个无序的复杂状态，往往就会显得束手无策。数不清的"空降兵"败阵而归，其本质就是"不合适性"在作怪。撇开文化冲突、环境差异等因素，仅每个人所独有的心态就已经构成适不适合你的公司的关键因素了。

所谓合适人才的特质集中表现在为人的兼容性和做事的韧性，以及顽强的执行力。尽管有些人看来没有"漂亮的外衣"、"时髦的经历"，但很实用，具有潜在的成长性和持久力。一个可持续性发展的公司在选择关键性核心人才时，就应该把择人的重心放在这个基点上。

作为管理者，如果你明确了你需要什么样的人才，掌握了他们的特质，拟定出一套适合组织的选才标准，你就不会在选材上浪费时间和精力，也降低了你选才错误的可能性。

既然合适的人才对于提升领导执行力，保质保量地完成工作任务如此重要，那么怎样才能选择到合适的人选呢？

1. 建立一套合理的择人标准

管理大师彼得·杜拉克说："用人决策的成功率只有三分之一，用错人的可能性有三分之一，还有三分之一的机会是不算太好也不算太坏。"为了更有把握地选择适用人才，建立一套合理的择人标准是十分必要的。

由于缺乏选人标准，造成人才浪费的现象比较严重。过高的选才标准不仅不能提高生产管理效率，反而会增加聘用合格人才的难度，而且还会使人力成本增加，组织的稳定性减弱。微软公司在选择人才时特别强调创新意识，他们总是千方百计地通过各种测试寻求那些"思维活跃、不拘泥于常规、有创新意识"的人。

惠普公司则重视员工的沟通与协调能力、组织领导能力及人际关系处理能力。如果人际关系处理不好，能力再强，也不会获得提拔重用的机会。

美国西南航空公司把幽默作为待客之道，因此他们在选用员工时很重视幽默感，把幽默作为员工必备的素质之一。

杰克·韦尔奇判断最佳员工的标准很简单，他将其总结为：先是要有活力；其次是要能调动整个团队的积极性，能激励团队的热情；第三要有果敢的决断力，在他们嘴里没有模棱两可的"也许"，只有明确的"是"或

"否"；第四是要有很强的执行能力，能够实现目标，兑现承诺。

最合适的人并不一定就是能力最强的人，而是最能恰如其分做好本职工作的人。可以想象，将杰克·韦尔奇放在一个部门经理的位置上，十有八九是称职的，但这无疑是一种资源浪费，而且是公司最重要的资源——人力资源的浪费。反过来，真正有能力、有抱负的人也不会在一个只能使其发挥50％才智的职位上长期呆下去。

把优秀的人放在一般的工作位置上，无疑是自找麻烦。虽然他们轻而易举就能胜任工作，但他们也会失去工作兴趣和工作进取心；如果聘用普通的人，他们就会常心存感谢，满意自己担任的职务和工作环境而认真工作。所以，优秀的不一定是最好的、最合适的。

2. 从公司的内部选拔人才

从公司内部选拔人才，有一个最大的好处，就是有利于工作任务的执行。因为他不仅熟悉公司的内部情况，也熟悉公司的工作流程，更重要的是也有利于下属人员的服从。

对于管理者来说，与其从其他公司挖来一个人，将他放在一个领导位置上去管理公司中原有的员工们，不如从员工中间选一个年轻人，不断地培养他、教育他，让他成长为优秀的管理者。选定某一个员工后，给他一个展示自己的机会，考验他，然后确定他的能力如何，他能做什么工作，他的缺陷与不足在哪里。只有通过这种方式才能确定他是否是一个合格的职员。在相当长的一段时间里，让这个职员在某些小事上有充分的决定权和选择的自由，然后观察结果如何。

人们只能通过自己所犯的错误汲取教训，学得经验。任何一个雇主应当期望也应当鼓励自己的员工发挥积极性和主动性，鼓励他们勇于犯错误。只有通过这种方式，这些员工才能积累到经验。这种管理培育员工的方式在早期可能代价十分昂贵，但这是唯一正确合适的培训员工升至合适职位的方式。

没有一个人天生就是管理人员的料，对于一个显示出过人才华的有潜力的员工，任何一个老板都应该舍得花费金钱与精力去重点培养他。因为从长远来看，这些付出都会有丰厚的回报。员工如果接二连三地犯错误，也没有任何积极的结果出现，那么这个员工就无药可救了，就应该离开公司了。

3. 用人不要过于求全责备

一个领导如果过于求全责备，对于鸡毛蒜皮的小事都要对下属训斥一通，那么在他手下，良才肯定无用武之地。在社会生活中，有作为的人往往优缺点都比较明显。优点突出的人往往缺点也比较突出。细察古往今来，大凡有理想、有能力、有主见、能干一番事业的人，总是有着与众不同的个性和特点。因此，管理者在用人时，要注意扬长避短，万不可盯住对方的缺点不放。

拿破仑用人不求十全十美，他善于扬别人的长处，避别人的短处为自己服务。这样反而能做到恰到好处。按照这一做法，他大胆选择了贝赫尔作为他的参谋长，因为贝赫尔缺乏果断，完全不适合于指挥任务，但却具有参谋长的一切素质。他善于看地图，了解一切搜索方法。他对于最复杂的军队调动是"内行"。这样的人，对于一切都喜欢自作主张的拿破仑来说，无疑是一位最理想的参谋长。

4. 将合适的人放到合适的位置上

由于每个人有每个人的特点，无论是在性格上，还是在才能上都是千差万别的。管理者在为下属分配任务时除了考虑岗位要求外，还应该针对并尊重员工自身的特点及优势，安排与其特点和优势相匹配的工作，给予充分发挥的空间。

如何才能找到合适的人才为自己所用呢？韦尔奇说："我最大的成就就是找到这些优异的人才。他们比世界上众多的CEO还要出色。他们每一个人都能达到目标，而且他们在这里是如鱼得水。"

他坚信他需要真正地了解这些人，这样他才能信任他们以及他们所作出的决策。"我自己并不懂如何制造飞机引擎，"他说，"我也不懂如何去组织NBC周四晚上黄金时段的节目。在英国我们的保险业务经受着前所未有的残酷竞争。我自己并不希望进入这个行业，但是那个给我这个建议的人希望能进入这个行业,那我就充分信任他。我想,他是能够经营好并且最终获得成功的。"

韦尔奇对GE近千名高层管理人员非常熟悉,叫得出他们的名字,知道他们各自的职责。

知人善任是管理者最基本的能力之一。知人就是要善于了解自己的部属和员工的知识水平、工作能力、家庭背景、性格类型、职业倾向、特长爱好、思想状况等;善任就是根据每个人的具体情况,对他们进行恰当的安排和运用,使每个员工都能人尽其才。

当然,合适的才是好的,并不是说,凡事要被"合适"所束缚。所谓合适才好,并非一好百好。合适既是一个相对的概念,又是一个开放的理念。企业谋求持续发展,就应该因时而变,与时俱进,既立足眼前,又放眼未来,不为眼前的"合适"而束缚手脚,停步不前。

四、找到能执行命令的人

执行是企业管理的关键,在决策已经制定的情况下,如何将执行落到实处就是管理工作的重中之重了,而这对所有管理者来说又是一件十分困难的事。通常,企业的高层管理者对于员工的日常行为是很少过问的,管理者就必须找到能执行决策命令的人,因此那些能准确执行命令的中基层管理者必将成为领导者首要人选。

如果选择到能够"说到做到"、上行下效的执行型人才,整个企业就能够最终建立起有目共睹的执行体系。所以,找到能执行上级命令的人是管理工作的重中之重。

西门子领导层寻找能执行的人的方法就值得关注,总部位于柏林和慕尼黑的西门子公司是世界上最大的电子电气公司之一,同时也是最具优良传统的公司之一。西门子公司之所以能成为世界电气界的一颗璀璨明星,离不开西门子公司的执行能力,其中最为显著的就是他们有一整套选拔执行人才的制度,以及从选拔、培养到造就的方法,并成为公司整体发展战略的重要组成部分。

西门子公司里设有一个"人才素质模式",即西门子在选拔执行人才时一般会从三个角度去衡量:

一是知识方面的标准,包括专业知识、市场知识、业务流程知识、商务知识。

二是经验方面的标准,包括项目管理经验、专业经验、领导与管理经验及文化经验。

三是能力方面的标准,包括推动事情的能力、专注事情的能力、制造影响的能力、领导下属或团队协作的能力。

西门子往往根据上述三个大的标准衡量执行人才,并希望其能在具体的执行岗位上出类拔萃。这就要求,执行人才要能超过所设定的三个基本"工作标准",西门子认为,最理想的执行人才是既具备了以上的基本要求,又具有更好的发展"潜力"的人。因为西门子是与时俱进的公司,这就要求所有的员工必须具备很大的发展潜力。

西门子致力于寻找真正优秀的执行人才,这需要拥有新思想、勇于实践。他们必须视野开阔,行动积极,敢于走新路,并把握机会,变可能为现实。西门子同样非常重视诚信,要求执行者必须拥有诚信,要诚信地面对同事、供应商、客户、股东等,这是最为重要的。此外,西门子认为,优秀的执行者应该是具有团队合作精神的人才,同时也拥有较高的核心素质,这些核心素质是在其本身的教育背景之外的,包括在不同的文化背景中游刃有余的能力,当然,语言能力也很重要。

因此,要自己成为一名执行型领导应当做好下面几件事情:

1. 了解你自己

心理学家发现,情感上的脆弱可以使一个人失去采取必要行动、作出正确判断的能力,而这种能力往往是一名领导者所必需的。这种情感上的脆弱会使领导者尽量避免冲突、延迟决策或责任不明,他们总是不希望有不愉快的事发生。这种情况发展到另一个极端,领导者就很容易侮辱他人,吸干组织的能量，使组织中产生互不信任的气氛。所以领导者需要了解自己的个性，力争超越自己。

2. 坚持实事求是

实事求是有时会使得生活变得非常残酷，没有人喜欢打开潘多拉的盒子，企业的领导者也是如此。坚持实事求是就意味着你是用客观的态度来看待自己的公司，尤其在与其他公司竞争或者比较的时候，你一定要非常清楚自己公司的优势和劣势。同时要放开眼界，在衡量自己进步的时候，要把眼光放在与其他企业的对比之上，而不是仅仅局限于本企业内部。要学会在实事求是的基础上制订政策和工作计划。

3. 了解你的企业和员工

领导者必须学会全心全意地体验自己的企业。在那些没有建立执行文化的企业里，领导者们通常都不了解自己的企业每天在干些什么，他们只是通过下属的汇报来获得一些间接的信息。员工素质、执行者的能力是影响执行结果的主要因素。正所谓"水涨船高"，企业正是如此，只有企业整体的执行力水平上升了，执行者的执行力才能得以表现出来。而企业整体的执行力有赖于全体员工的能力与素质的高低，因此，管理者应想方设法提高员工的能力与素质。

4. 明确目标及实施顺序

一位领导者，必须为自己的组织设定一些顺序清晰又比较现实的目标。

目标是否合理，是否科学，都会影响到执行效果。树立一个明确清晰的目标，把精力集中在三到四个目标上是最有效的资源利用方式，这对于企业管理者而言是必须记住的真谛。只有做到有的放矢，最终才能达到良好的效果。

5. 健全监督机制

执行能否落实，关键还在于监督机制是否健全。许多执行者在目标设定的初始阶段，往往能够做到高效率地执行，并且落实到位。然而，目标的实现是一个长期而曲折的过程，执行者并没有太多的精力去关注单一的项目，

因此，往往到了执行后期，其跟进效果就大打折扣，最终导致失败，所以，健全的监督机制也是保证执行效果的重要因素。

6. 赏罚分明

赏罚分明是为了保证执行的效果，也是激励员工的有效方式之一，尤其当你的员工认真执行时，你更应当奖励他们，而不是仅仅奖励负责这起项目的人。没有执行和执行不到位就要有惩罚，只有赏罚分明，才会保证人人重视执行，保证执行。

由此可知，找到能执行命令的人是有效执行的最重要的因素。总的来说，执行者应遵循这样几条基本行为：了解你自己；了解你的企业和你的员工；坚持以事实为基础；确立明确的目标和实现目标的先后顺序；跟进；对执行者进行奖励；提高员工能力和素质。在有了制度之后，执行的要点在于此，制度的建立也需要领导者来推动，在执行的过程中也需要他们的推动并加以必要的改动。

五、执行者必须具备的八种能力

在企业里人们常常会遇到这样的事情，一个极其聪明而且有着许多工作技能的管理人员，在被提升到领导岗位后，却遭遇了无情的失败。与此同时，他们也看到，一个并不特别聪明、技能也一般的管理人员，在被提升到类似的领导岗位之后，却能一路扶摇直上。这究竟是什么原因呢？确定一个人是否能成为执行型的领导其实也是一门艺术。毕竟，那些最优秀的领导人的个人风格往往并不相同：有些领导人温和稳重，以理性分析见长；有些领导人则有胆有识，敢于承担风险。而且非常重要的是，不同的情势往往需要不同风格的领导人。

由此可以看出，也不是一般人都能胜任执行者的角色的，那么，执行者

应具备哪些方面的能力呢？

1. 情商能力

情商与智商，虽然只差一个字，但意义却大相径庭。智商讲究的是一个人的智力程度，是知识掌握、理论学习的能力反映。而情商包括自我意识、自我控制、自我激励、移情能力以及社交能力等。情商是对于优秀领导者而言的。一个没有很高情商的人他可以是领导者，但很难成为一个优秀的领导者，如果没有很高的情商，一个人即便受过最好的教育，有着敏锐的思想，具有很强的分析问题的能力并且能够提出无数的好主意，他都只是一个领导而已。与优秀的领导、卓越的领导、高效的领导还是相差很多。

2. 领悟能力

做任何一件工作以前，一定要先弄清楚工作的意图，然后以此为目标来把握做事的方向。这一点很重要，千万不要一知半解就开始埋头苦干，到头来力没少出、活没少干，但结果是事倍功半，甚至前功尽弃。要清楚悟透一件事，胜过草率做十件事，并且会事半功倍。

3. 计划能力

执行任何任务都要制订计划，把各项任务按照轻重缓急列出计划表，一一分配给部属来承担，自己看头看尾即可。把眼光放在未来的发展上，不断理清明天、后天、下周、下月，甚至明年的计划。在计划的实施及检讨时，要预先掌握关键性问题，不能因琐碎的工作而影响了应该做的重要工作。要清楚，做好20%的重要工作等于创造80%的业绩。

4. 指挥能力

为了使部属根据共同的方向执行已制订的计划，适当的指挥是有必要的。指挥部属，首先要考虑工作分配，要检测部属与工作的对应关系，也要考虑指挥的方式，语气不好或是目标不明确，都是不好的指挥。而好的指挥可以激发部属的意愿，而且能够提升其责任感与使命感，要清楚指挥的最高艺术是部属能够自我指挥。

5. 协调能力

任何工作，如能照上述所说的要求，工作理应顺利完成，但事实上，领导的大部分时间都必须花在协调工作上。协调不仅包括内部的上下级、部门与部门之间的共识协调，也包括与外部客户、关系单位、竞争对手之间的利益协调，任何一方协调不好都会影响计划的执行。要清楚好的协调关系就是实现共赢。

6. 授权能力

任何人的能力都是有限的，作为领导不能像业务员那样事事亲历亲为，而要明确自己的职责就是培养下属共同成长，给自己机会，更要为下属的成长创造机会。孤家寡人是成就不了事业的。部属是自己的一面镜子，也是延伸自己智力和能力的载体，要赋予下属责、权、利，下属才会有做事的责任感和成就感，要清楚一个部门的人琢磨事，肯定胜过自己一个脑袋琢磨事，这样下属得到了激励，你自己又可以放开手脚做重要的事，何乐而不为。实际上成就下属就是成就自己。

7. 判断能力

判断对于一个领导来说非常重要，企业经营错综复杂，常常需要领导去了解事情的来龙去脉、因果关系，从而找到问题的真正症结所在，并提出解决方案。这就要求洞察先机，未雨绸缪。

8. 创新能力

创新是衡量一个人、一个企业是否有核心竞争能力的重要标志，要提高执行力，除了要具备以上这些能力外，更重要的还要时时、事事都有强烈的创新意识，这就需要不断地学习，而这种学习与大学里那种单纯以掌握知识为主的学习是很不一样的，它要求大家把工作的过程本身当作一个系统的学习过程，不断地从工作中发现问题、研究问题、解决问题。解决问题的过程，也就是向创新迈进的过程。因此，我们做任何一件事都可以认真想一想，有没有创新的方法使执行的力度更大、速度更快、效果更好。

由此可见，一个优秀的领导者只有具备了以上八种能力，才能做到处变不惊。无论是在问题决策还是命令执行上，他都能做到恰到好处地贯彻和实施，尽管有时候过于变化的情况使领导者不得不采取"修正"、"渐进式"的变革，但总而言之，他不仅能在"阵地战"中冷静分析，而且也能在"运动战"中从容应对。

六、把权力授给有执行能力的人

权力是一把利剑，不放手不行，但完全放手也不行。正确的方法是：把权力授给有执行能力的人。

正确的授权方法是，领导者只决定大的方向，细节部分则交给有执行能力的人办理，这是给执行者发挥能力的机会，而且，他们对工作细节的了解也比领导者多。

管理者如何才能保证把权力授给有执行能力的人呢？这需要从下列三个方面着手：

1. 挑选有执行力的员工

一般具有执行力的人主要特点是：自动自发，注意细节，勇于负责，善于分析，灵活变通，乐于学习，具有创意，对工作有韧性，人际关系良好，有强烈的求胜欲望。领导要具备挑选人才的能力，挑选与培养优秀骨干的任务不能授权他人。

2. 管理者要信任员工

管理者要信任下属的道德品质，不束缚他们的手脚，让他们创造性地开展工作。既要委以重任，又要授予权力，令其能承担责任，忠于职守。当他们出了问题时，用人者勇于承担责任，帮助他们总结经验，给予有力的支持。

同时，要认可下属的工作态度，明白下属的工作方法，理解下属的内在需求，信赖下属的工作责任感。

3. 注重开发组织成员的价值

如果用冰山来比喻人的价值，那么，每个人都有沉在水面下尚未被开发的巨大潜在部分，而漂浮在水面上的就是展现出来的各种能力。管理者应善于进行现有人员价值的开发，有效地提高员工的工作绩效，增进组织的创新能力，造就良好的组织文化氛围。

虽然有的管理者口头上把权力交给下属，但在工作进行过程中，他仍然不断地加以干涉，事实上，他的权力一点也没有下放，这样成员就没法做事。

如果管理者过分干涉下属的工作，久而久之必然会让下属失去工作热情。

管理者如果没有授权的把握，授权之后又想干涉的话，那么最好整件事从头到尾都由自己决定。授权并不是件坏事，当自己决定将任务交给别人去做时，最好不要过于干涉。当执行者由于无法对付某个问题而感到苦恼时，身为管理者不妨以个人的经验提供执行者一些方法。然而许多时候，情况往往在开始时便弄巧成拙，管理者虽想用温和的方式传达给执行者，但是语气上却隐含命令的意味，那么执行者表面上也许接受，心里却未必服气。因此，这一点必须特别注意。要知道，当执行者因为不知如何做而感到闷闷不乐的时候，管理者如果趁机在一旁干预，对于执行者而言，或许意味着对他不信任。

在此情况下，管理者不妨对执行者表示："如果是我，我将这么做……你呢？"以类似的做法来指导执行者，不但可保持自己的立场，也可将意见自然地传达给执行者，甚至执行者极可能会认为管理者是站在自己的立场上考虑。这样，管理者说服的目的便达到了。

如果管理者硬是规定执行者必须按照自己的方法去做，那么执行者除了服从以外，便毫无选择可言。

其次，对执行者而言，只要服从管理者的指示，自己根本不必花头脑思考，反倒轻松，何乐而不为呢？

然而事实上，管理者直接表示自己的方法，毕竟无法让执行者真正学到工作的实际技巧。

如果管理者能够指出多种方法，让执行者有机会加以思考，执行者一方面会认为管理者是给自己面子，另一方面则将提高对管理者的信赖感。

另外，管理者在指导工作时，有时也可稍加改变说话的方法及语气。例如可先考虑对方的立场，让对方了解大家共同的利益，当然也包括他们自身的利益。如此指导工作就可事半功倍，何乐而不为呢？

管理者的授权与平时与下属之间的谈话是有很大区别的，平时的谈话很简单明了，但是在授权时管理者要让对方理解有时就不是那么容易了。就是说，要让对方用耳倾听并不难，要让对方完全明白领导的意图则不是易事。在教导他人时，必须认识两者的差异，才能达到预期的效果。

当执行者有过失时，无法将前述二者划分清楚的管理者，便会一味地想把自己的知识告诉对方。例如向他们指出：过失的原因在于此时此地发生此事，经由某作用而产生某影响，所以我们应该如何做，如此就变成讲课了。话虽然进入对方脑中，但却不是对方切身需要的东西，因此无法吸收甚至容易将之遗忘。

所以，最好明确指出其过失所在，但暂时不必指导该如何做以及如何追踪过失等方法，让对方有自我思考的余地。而当对方能自己思考，却又无计可施时，自然就会发问："这该怎么办？"此时再给予适当的意见，才是最合乎实际的指导方法。

许多管理者为了提高工作效率，往往希望以最简单的方式将知识传达给执行者，而不让执行者自己去思考，如此将无法培养出优秀的执行者，这是管理者必须注意的一个环节。

人大多有较强的自尊心、成就感和荣誉感，有通过自己的努力去完成某项工作或某种事业的要求和愿望。因此，管理者应该充分信任他们，授权之后就放手让他们在职权范围内独立地处理问题，使他们有职有权，能创造性地做好工作。对他们的工作除了进行一些必要的指导和检查,不要去指手画脚,随意干涉。无数事实证明,这是一项用人要诀和领导艺术。信任人、尊重人,可以给人以巨大的精神鼓舞,激发其事业心和责任感,而且只有上级信任下级,下级才会信任上级,并产生一种向心力,使管理者和被管理者和谐一致地工作。相反,当一个人的自尊心受到伤害时,他就会本能地产生一种离心力和强烈的情绪冲动,影响工作和同事关系。

授权与信任密切相关。一个管理者如果不相信下级,那么就很难授权于下级,即使授了权,也形同虚设。有的管理者一方面授权于执行者,一方面又不放心:一怕他不能胜任,二怕他以后犯错误,对有才干的人还怕他不服管。具体表现为:越俎代庖,包办了执行者的工作;越权指挥,给中层领导造成被动;不懂某方面的专业知识,却干涉执行者的具体业务;甚至听信谗言,公开怀疑执行者,等等,凡此种种,都会挫伤执行者的积极性,不利于执行者进行创造性的工作。

作为管理者,要想充分发挥执行者工作的积极性和创造性,一方面要放权,使执行者在一定范围内能自主决断;另一方面要设身处地为执行者着想,勇于承担执行者工作中的失误,不能有了成绩是领导的,出了过失即推到执行者身上。

因此,管理者在授权时,一方面要授给有执行能力的人,另一方面要让执行者充分发挥自己的作用,工作遇到困难自己想方设法去克服,让命令得以执行,让任务顺利完成。

七、责任心与执行力强弱成正比

在责任心与执行力之间的关系中,责任心是前提、是基础,执行力是保障、是关键,执行就意味着责任。企业的执行力是在企业的成长发展过程中逐步培养形成的。它表现在企业工作成果上,作用于工作过程中,起源于员工责任感,依托于素质提升,传递于各层人员间,提升企业的执行力需要增强员工的责任意识,由此可见,增强责任感,提升执行力是一个任重道远的基础工程。

增强责任心，提高工作效率，是企业提高执行力和促进发展的重要因素。注重责任心的培养，提高领导层与全体员工的责任心，将是促进执行力建设的重要策略，也是企业得以健康、持续、快速发展的有力保证。

为什么许多管理者老说效率，但效率还是不见成效呢？执行力不好是主要的原因，管理没有常抓不懈，出台管理制度不严谨，缺少针对性和可行性，缺少科学的监督考核机制。

管理者不断学习新的管理理念和经验，其最终目的还是为了提高执行力，实现高效管理，真正向管理要效益。但理论经验并不等于是执行力，只有把它们变成实实在在的行动，才谈得上加强企业执行力；而加强执行力，就是加强人的执行力。如此一来，人的因素是最重要的。提高执行力不在于管理经验的新老，重要的是依靠每个人对制度措施的不折不扣的贯彻执行，最终还是得靠每个人的责任心。

日常工作中，我们常见各部门，因职位高下、利益不均，有人就推三阻四，拖沓怠工；可也有人照样无利而往，披星戴月地工作，单位兴旺发达了，他们仍默默无闻，只是一个幕后英雄而已——可他们的出发点很简单，"干这份事，就得为此负责"。由此可见，在企业发展阶段，企业员工的责任心更能影响企业的生存和发展。而责任心有了，才会凡事严格要求，制度执行中不打折扣，措施实施中不玩虚招，做到令行禁止。

人们还经常见到这样的员工：电话铃声持续地响起，他仍慢条斯理地处理自己的事，根本充耳不闻；一屋子人在聊天，投诉的电话铃声此起彼伏，可就是不接听。问之，则说："还没到上班时间。"其实，离上班时间仅差一两分钟，就看着表不接。有些客户服务部门的员工讲述自己部门的秘密："五点下班得赶紧跑，不然慢了，遇到顾客投诉就麻烦了——耽误回家。即使有电话也不要轻易接，接了就很可能成了烫手的山芋。"

这些问题看起来是微不足道的小事，但恰恰反映了员工的责任心。而正是这体现员工责任心的细小之事，关系着企业的信誉、信用、效益、发展，甚至生存。

那么，员工为什么会缺乏责任心呢？

首先是管理者不知道该如何体现和增强员工的责任心。这属于经验少，智慧不够，思维能力不足的表现。

其次是企业的管理者思想懈怠或疏于管理监督，员工自然跟着懈怠。领导懈怠一分，员工就能松懈十分。

再次是源于人的懒惰天性。企业原本规章制度执行得很好，时间一长自然懈怠，思想上一放松，责任心就减弱，行为上自然就松懈，体现在日常的工作中就是执行力下降，很多问题均由此而生。

责任心体现在三个阶段：一是执行之前，二是执行的过程中，三是执行后出了问题。怎样提升责任心呢？第一阶段，执行之前要想到后果。第二阶段要尽可能引导事物向好的方向发展，防止坏的结果出现。第三阶段，出了问题敢于承担责任。勇于承担责任和积极承担责任不仅是一个人的勇气问题，而且也标志着一个人是否自信，是否光明磊落，是否恐惧未来。

员工勇于承担责任是一种美德、一种勇气，是无私无畏的表现，更容易赢得领导的尊重，成为同事行为的楷模和样板。如有能力以一种负责的方式行事，对公司来说是一种竞争优势，对于个人而言是一笔财富，是提高执行能力的最佳途径。

勇于承担责任不是大家心中所想的那样，好像自己要付出多大的代价。在公司里主动承担责任只会给自己带来好处，虽然有时候会牺牲自己的利益。从另一个方面来讲，勇于承担责任是每一名员工的职责所在，是义不容辞的事。

你有没有意识到这一点？你害怕承担责任，害怕自己的利益受到损失，害怕自己的前途受到影响。所以，你学会了推卸责任，学会了临阵脱逃，学会了"明哲保身"。可就在你扬扬得意的时候，你的前途被你亲手毁掉了。

由此可见，执行力源于责任心，责任心决定执行力。"把责任放在第一位"，"对工作负责，就是对自己负责"，一个人有了强烈的责任心，即使能力相对弱一点，也能够全力以赴、用心做事，千方百计去战胜困难，把工作完成好。反之，缺乏责任心，即使能力再强，也会在找借口、讲条件中失去机遇。要执行到位，就要时刻有一个意识："这是我的责任。"不仅对分内事高度负责，对分外事也勇于承担，有了这样的决心和态度，何愁难题不解、事业不成！

八、中层管理者是执行的关键

中层干部的领导能力关键是执行能力。其他能力是执行能力的基础和保证，执行能力是其他能力的具体体现。在执行过程中，中层干部的执行力是全局的关键：最先发现任务执行中的故障，最先提出解决问题的可行方案，并督促整改，这都要靠中层干部执行。中层领导执行力强，其桥梁作用和纽带作用就强。只有不断提高中层干部的执行力，才能创造企业的辉煌。

有人曾把企业形象地比做一个人，企业的高层管理者犹如人的大脑，要把握方向，构筑愿景，策划战略；中层则是脊梁，要去协助大脑传达指令和完成操作，并指挥四肢即基层有目的地选择执行途径，优化工作流程，将高层的领导意图和战略决策更好地贯彻到实际工作中。所以人们习惯于把中层管理者看成是老板的"替身"，是老板的喉舌，也是支持大脑的脊梁。如果支持大脑的脊梁发生了病变，势必造成肢体和躯干的活动障碍，甚至出现整体的瘫痪。

因此，中层管理者执行力的高低，对企业发展速度的影响是显而易见的。由此可见，如何充分发挥企业中层管理者的作用，就成了摆在高层管理者面前的重要课题。

迈克尔·戴尔是戴尔公司的创建者，是戴尔公司最大的股东之一，他通过20年的努力将戴尔发展成为全球知名的计算机品牌，其戴尔直销模式更是给公司带来了巨大的效益。在戴尔公司成立20周年的时候，他辞去CEO的职务，任命凯文·罗林斯为下一任CEO。罗林斯于1993年以顾问的身份加入戴尔，从1996年开始负责公司美洲业务，2001年被提升为公司总裁兼CEO。迈克尔·戴尔本人关注于技术与客户体验，以及研发等领域，而罗林斯负责公司的策略及运营，使公司的运营模式更加完善。

关键一 找到能执行的人

在发展初期，戴尔公司处于高风险阶段，所以会甄选具有高度冒险性格而又变通能力强的人。戴尔在财务、制造、信息技术等方面，聘专业人士负责，如果聘用了好的人员，他们不光自己有所作为，还会带进更多的优秀人才。戴尔在面试新进人员时，第一件事就是了解他们处理信息的方法：他们能以经济的观点思考吗？他们对成功的定义是什么？如何与人相处？他们真的了解现实社会的商业策略吗？对戴尔公司的策略知道多少？然后，戴尔几乎每次都故意大力反对他们的个人意见，原因是戴尔想知道他们是否具有强烈质疑的能力，并且愿意为自己的看法辩护。戴尔公司需要的是对自己能力有足够信心并且坚持自己信念的人，而不是一味保持表面和谐、避免冲突的员工。

戴尔定下规矩，所有人都必须寻找并发展自己的接班人，这是工作的一部分，而不是在准备调动新工作时才做此事，这是工作绩效中永续的一环。如何找到确实可以成为明日管理者的人才呢？戴尔公司找的是具备学习者的质疑本质，并且随时愿意学习新事物的人。因为在戴尔公司成功的要素当中，很重要的一环即是挑战传统智慧，所以戴尔会征求具有开放态度和能提问、思考的人。戴尔希望找到经验与智慧均衡发展的人，在创新的过程中不怕犯错的人，以及视变化为常态并且热衷于从不同角度看待问题和情况，进而提出极具新意的解决办法的人。

戴尔的"工作执行管理"系统就个人目标和组织工作执行之间提供了坚固的联结，并帮助发展戴尔的下一代领导人。该系统有意地加强戴尔管理阶层的能力，以提供高质量的反馈及提高所有戴尔业务组成人员的工作表现力。"发展行动计划"使各业务组成人员更好地管理他们自己的事业，并帮助促进各业务组成人员和管理人员之间直接真诚地就当前和未来的事业目标的讨论。"才干指引"是戴尔的领导和事业发展的网上资源。公司员工可轻易地从"才干指引"上获得许多有效讨论所需的内容，它们为员工提供网上创建计划或与员工的经理商讨事业发展的机会。

戴尔对执行力的看法是，一个企业的成功完全是由于公司的员工在每个阶段都能够一丝不苟地切实执行。为了保证每个环节都切实执行，这就迫切

| 把执行做到最好 |

需要执行环节中的关键人物即中层管理者发挥作用，对各项工作进行贯彻执行和监督实施。

因此，中层管理者是提升企业执行力的"助推器"，中层执行人才是高效执行的关键，能否赢得高效的中层执行人才，关系着企业的整体执行水平。

什么样的中层管理者是高效的执行人才呢？一般说来，执行人才应该具备一定的个性魅力，使他既可以说服上司，又可以管理和引导下属。

在戴尔的案例中，我们可以看到戴尔在企业管理中积极培养中层人才，大胆任用中层人才的理念，只有赢得中层执行人才，才能达到企业高效执行的目的。

很多企业拥有优秀的战略，雄厚的资本，但是不能在目标与结果、雄心与组织现实的鸿沟上构筑桥梁，执行能力的缺乏是其失败的重要原因。

在中国企业改革的浪潮中，多少企业家随波沉浮，"艰苦奋斗十余年，一晚回到创业前"的失败者比比皆是，其中不乏远见卓识之士。他们冥思苦想地寻找着失败的原因，可又不知道自己在寻找什么，不能将战略、人员与运营这三个核心的决定性要素有效地结合起来，其失败的原因就是在结合的关键——执行。

执行是企业中层领导的主要工作。执行的核心在于三个核心流程：人员流程、战略流程和运营流程。

领导们必须亲自运营执行的三个核心流程——挑选其他领导者，确立战略方向，以及引导企业运营，并在此过程中落实各项计划。这些工作是执行的核心，无论企业规模如何，企业领导者都不能将其交付任何人。要投入巨大的热情和精力建立一个执行文化的结构，提拔那些能够更快更有效地完成工作的人，并给予他们更高的回报。在实施每一个项目的过程中，脚踏实地深入第一线，亲自参与任务的分配和随后的跟进工作。而且经常从事一些非常具体，有时甚至是非常关键的细节性工作。确保员工们理解每一项工作的先后顺序，并能够提出一些尖锐而富有针对性的问题。

执行并不是移植到企业中的一个项目，必须渗透到企业的目标系统和行为准则当中去，每个成员都要深入地理解和实践它，使之成为企业文化的一个重要组成部分。实现向执行型企业转变的领导者和员工会在所有事务上找出预期规划和实际结果之间的差距,然后采取措施来弥补这个差距,直到整个企业都得到更大的改进。执行的习惯从领导层养成,并要亲力亲为,促使各级领导者的行为水平得到改进。企业员工可以在自己的部门里进行实践,培养自己的执行技能,只有当人们接受了足够的训练并经常实践的时候,执行才能真正发挥作用。

因此,执行应该成为战略目标的重要组成部分,架起目标与结果的桥梁,如果战略得不到切实的执行,突破性的思维将只是胡思乱想,再好的战略也无法带来实际的价值,人们无法实现自己的目标。只有在企业中切实建立起执行文化,当适当的人在适当的时间开始关注适当的细节时,一个企业才能真正地落实一项计划,执行者必须跟进每个细节,才能将心中的理念转变为企业的实际行动。

九、敢于让低绩效的人离开

在任何地方,可以让员工无拘无束地张扬个性,或是完全以自己的喜好来行事的公司是不存在的。任何一个人都是制度中的人,规章制度是每一个企业必需的。下自普通职员,上至公司最高层,都必须以此来约束自己的行为,或是以此作为自己的行为准则。

一个没有制度、没有企业文化的公司势必会是一盘散沙;同样,一个拥有制度,而不严格按制度办事的公司,势必不能有效地端正员工的工作态度与作风,不能改善企业的不良形象。

所以,纪律是企业的生命!一个高明的企业管理者,不只注重公司制度的建设,更注重这些制度的实施。因为这本身就是管理工作的一部分。

虽然不同的公司有不同的管理理念,对员工不同的表现会作出不同的反应。但有一点是可以肯定的,那些无视企业纪律、无视公司荣誉的员工,无论走到哪里都不会受欢迎。或许他们的一些行为对企业来说无关痛痒,但是当这些行为成为一种习惯时,他们也就成了侵蚀企业肌体的蛀虫,最终会威

| 把执行做到最好 |

胁企业的生存与发展。一个有远见卓识、能顾全大局的管理者，会随时向这些员工举起大棒！

对于员工偶尔的失误，如果加以正确的引导，就可以让他们步入正轨的话，那就没有必要将他们一棒子"打死"。但是，如果员工不听劝告，并且其行为会危及整个企业的管理的时候，管理者就不能再听之任之，而要拿出严谨的作风行使自己的权威。

日本伊藤洋货行的董事长伊藤雅俊是一位值得大家学习的、以严谨著称的企业家。

在生活中，伊藤雅俊待人热情，彬彬有礼，但是在企业管理中，他从来不感情用事，他始终要求员工不要居功自傲，要忠诚敬业。凡是在工作中达不到要求的员工，他都会果断地将他们除名，其中也包括许多经营天才，岸信一雄便是其中的一位。

岸信一雄曾为公司做出过巨大的贡献，但是，他有一个致命的弱点，就是喜欢自诩，目中无人。当伊藤雅俊做出解雇岸信一雄的决定后，许多人都感到震惊，也总少不了有人会为岸信一雄求情，伊藤雅俊回答这些人的第一句话便是："秩序与纪律是企业的生命，不守纪律的人一定要处以重罚，即使会因此而减低战斗力，我们也在所不惜。"

岸信一雄是由东食公司跳槽到伊藤洋货行的。东食公司是一家食品公司，所以，岸信一雄对食品的经营颇有心得。他的到来为伊藤洋货行注入了一种活力，十多年的时间里，他为公司做出了巨大的成绩。正因为如此，岸信一雄开始放松自己，他开始在一些经营观念上与伊藤雅俊产生分歧，在人际关系方面，岸信一雄开始变得放任起来。

这与伊藤雅俊长期经营伊藤洋货行形成的管理风格产生了巨大的反差。伊藤雅俊开始无法接受岸信一雄的做法，而极力要求岸信一雄必须按伊藤洋货行的要求去改善工作态度。但是岸信一雄却不屑一顾，依然我行我素，他坚持说："你没有看到我的业绩一直在上升吗？为什么一定要改变呢？"

无奈，伊藤雅俊只能忍痛做出解聘岸信一雄的决定。他这样做的惟一理由是，如果企业中开始形成一种习惯势力，出现管理真空，那么任何绩效都

关键一 找到能执行的人

无法挽救由此给企业带来的厄运。

伊藤雅俊认为，企业管理者不但要知人善任，更要知人善免，只有这样做，一个企业才会真正形成能者上、庸者下的良性竞争机制。

伊藤雅俊手中的大棒并不只是一种道具，它时刻在警示企业所有员工：企业不是官场，更不是养老院，这里只需要奉献与自我价值的实现，而不需要权力的炫耀与毫无章法的自我演绎。

有位管理者花了很大的力气，才从某大公司挖来一名技术方面的专家。公司满腔热情地给他安排了工作，却很快发现他不能胜任本公司的工作。这位管理者试图指导、帮助他，想让他尽快能走上工作轨道，但是他的工作表现就是没有起色。

其他同事来到这位管理者面前，建议他采取行动，他却犹豫不决。此时，他意识到自己雇错了人，但是由于负疚而没有行动。他告诉这位新的技术方面的专家，他将给他一些时间去寻找新的工作，但是这位专家的表现却每况愈下。最后，当一位重要客户拂袖而去，其他员工也士气低落时，这位管理者才下决心解雇了他。这位管理者得到教训的代价不菲："下次我决不能犹豫不决，关键时候必须当机立断。"

许多企业的中基层领导者也都可能像这位管理者一样，不忍心正视没有达到标准工作绩效的员工，更不用说毫无绩效的员工了。绩效低劣的员工是指那些"在其位不谋其政"、屡犯错误、赶走客户并在企业组织中造成恶劣影响的员工。高成长型的公司尤其不能容忍绩效低劣的员工，因为他们会削弱团队的实力，给潜在客户和商业伙伴留下不良印象，并加剧对公司综合生产率的负面影响。作为企业的管理者，你必须采取措施纠正这种状况。

管理学者詹姆斯·柯林斯说："将合适的人请上车，不合适的人请下车。"假设你已经不止一次直言不讳地把工作绩效低劣的情况反馈给员工，指导他如何改进，为他确立具体的绩效目标，记录他未能改进绩效的情况，而且考虑过不解雇的解决方法，然而这一切都无济于事，那么，你的最终选择应是解雇他。

当一个团队出现问题时，如果处罚整个部门就会让大家有一种解脱心理，

31

认为并不是自己的责任。那么，就要做到只处理过错者，而且，如果受指责的对象是具有实绩的资深或重要干部，其效果必然倍增。因为部门内紧张感提高后，每个人必会心怀愧疚地自责："他被责骂是因为我们的缘故！"

如此一来，下属们各自庆幸不已，并且一定会加倍努力工作，组织则自动回到有序的状态。

当然，这并非鼓励要在部门内无中生有或捕风捉影地找某人的麻烦。只是在任何企业单位，有时需要通过刺激资深人员，来使全体人员具有蓬勃的朝气，进而达到组织的目标。所以，为了整顿组织内部涣散的士气，制造一些紧张的气氛，大胆地牺牲一个典型的越轨者还是有必要的。

千里之堤，溃于蚁穴。再严明的法纪，也经不住人们一次又一次的违反、破坏。为了维护法规、制度的严肃性，管理者必须及时捕捉第一个胆敢以身试法的人坚决从严处置以教育更多的员工。再者是重点惩罚性质最恶劣的人。只有这样，才能对企业的所有人员起到警示作用，才能让企业的各项任务得到不折不扣的执行。

关键二　打造一支高效执行的团队

杰克·韦尔奇说过这样一句话："我的成功，百分之十是靠我个人旺盛无比的进取心，而百分之九十，全仗着我拥有的那支强有力的团队。"这可是千真万确的事实，一个组织的成功，不光是靠领导人个人的智慧和才华，绝大部分的成功关键在于领导者周边的那些追随者，在于追随者完美的表现。只有团队成员之间互相配合，群策群力，才能消除工作中的"短板"，形成强大的执行力。

一、组建执行团队

领导者提高企业执行力的一个重要举措就是建立执行团队，执行团队在企业中的作用十分显著，它通过形成独特的发展和竞争优势，带来了不可小觑的执行效果。很多不可辩驳的事实表明，企业是否建立执行团队，其差距不仅仅是执行本身，更重要的是执行后的效果。

对于领导来说，建立一支强有力的团队，就等于为自己打造了一支无往不胜的常胜军。那么，怎样才能建功立一支高效执行的团队呢？这需要从以下几方面着手：

1. 制定执行目标

执行目标是团队存在的基础和奋斗的根据，因此，领导者要将团队打造成一支常胜之师，首先要精选一个共同目标，并采取有效策略，亲和每个职工的思想，使他们为实现这一共同目标全身心地奋斗。这一目标是职工共同愿望在客观环境中的具体化。它以实现公司整体利益为前提，同时要包括职工的个人意愿和目标，充分体现职工个人意志与利益，并且具有足够的重要性和吸引力，能够引发团队成员的激情，同时这一目标要随环境的变化有所调整。只有这样，才能充分调动职工的积极性和创造性，实现整个团队效率最大化。例如，台湾霖园集团把"人人都是'小富翁'"作为团队的共同目标。

霖园总裁蔡万霖被誉为台湾金融界的"聚财神"，他以贩卖大米起家，1979年开创霖园集团，下辖国泰人寿、国泰建设、三井工程等企业，20年不断壮大，现已有近20家分公司。据美国《财富》杂志报道，1990年蔡万霖个人资产达90亿美元，在全世界排行榜中排名第六，并成为全球华人亿万富翁中的翘楚。

蔡万霖认为，为自己的目的工作的人，比为别人的目的工作的人会干得更持久，更努力。

让员工发财，让员工致富，让员工感到工作会给他带来高回报，从而使员工更珍惜自己的工作——这就是蔡万霖的经营之道。

共同目标让霖园集团不断发展壮大。如今，霖园的"人人都是'小富翁'"的口号，随着经济的发展而得到了证实。经济富翁、知识富翁、精神富翁三者合一，已成为霖园团队追求的新坐标。

2. 完善执行制度

一个没有严格纪律的团队是没有创造力的，更谈不上形成强大的凝聚力。合理的制度机制建设主要包括：团队纪律，上级对下级的合理授权；团队的激励与约束；建立公平考核，健全升迁制度。

如果说选择团队共同目标是建设高效团队的核心，那么建立合理的授权、激励与约束、考核制度是实现团队共同目标的保证。有严明的纪律，团队就能战无不胜；有合理的上下级授权，就既能明确责任和义务，又能充分调动各方面的积极性和创造性；有效的激励约束、公平考核与升迁制度，就能做到人尽其才，既可充分实现职工个人价值和团队价值，又可杜绝团队中因责、权、利不明而导致的摩擦和冲突而损害团队整体利益。例如，被称为韩国企业"三剑客"的大宇公司就因在建设高效团队、合理的制度与机制方面而出名。

大宇集团被称为"速成财阀"，意指其从创业至鼎盛仅用了20年时间。确实，大宇的扩张速度是惊人的，从1967年500万韩元的注册资金入手，目前已达销售额230亿美元，资产总额315亿美元，员工8.5万人，连续几年在世界最大工业公司排行榜中位于前50位。

大宇集团之所以在短短20年时间内取得如此骄人的成绩，主要取决于其合理有效的制度与机制。

大宇集团纪律严明。大宇创始人金宇中在团队建设方面可以套用中国的一句老话"文武之道，一张一弛"。金宇中在工作中主张"严肃、紧张"，如他提出建立的"黎明会议"制度，规定每日清晨6时，所有干部都必须赶到厂里开会，由金宇中亲自主持，会议采用的是"头脑风暴"型会议，不拘形式，自由发言，最后才统一看法，作出决定。

同时，大宇集团对员工的培训更是严格得让常人难以接受，尤其对于新来的职员,要进行"流百吨汗水和泪水的地狱式训练",包括军训、野营训练、饥饿训练等体力训练和重重笔试、口试,既磨炼他们的体力、意志,又让他们在心理上做好吃得起苦的准备。

大宇集团还注重合理放权和激励。大宇集团各级管理者都有明确的职责分工,各自对自己的工作负责,同时大宇集团倡导"多工作、高报酬"与"高报酬、多工作"互为因果,缺一不可。职工的福利设施如浴池、医院、宿舍、食堂等均花大工本投入,并且设备先进,环境高雅,一时为其他企业称羡不已。另外,大宇集团还有公平的考核和健全的升迁制度。大宇集团的管理模式会使大宇集团基业长青。

3. 选择执行人才

重视人才,提倡学习和创新。人才是企业生存之本,是否拥有一批高素质人才直接决定着企业的成败。当今跨国企业竞争的焦点之一就是人才的争夺战,哪个企业得到优秀人才,哪个企业就掌握了商战取胜的主导权。知识经济时代尤其如此。但只拥有人才还不够,还要善于培养和运用人才,要充分激发其潜能,最大限度地发挥员工的主观能动性,为人才的发展和成长提供广阔空间。世界软件行业的"巨无霸"美国微软公司在重视和培养人才方面是其他企业的典范。

比尔·盖茨把一个只有 3 名人手、16 000 美元的小公司魔术般地变为拥有 2 万名雇员、年销售额 131 亿美元的全球最大的软件公司。其成功的秘诀只有一个,即重视人才,连续不断地创新。

比尔·盖茨从创业开始就敏锐地把握到电脑行业的发展命脉在于持续不断地推陈出新。为使创新成为公司生存发展的内在动因和活力,盖茨强调必须首先解决学习组织的问题。在他看来,"越是拥有大量聪明人的公司,越容易退化成一个由傲慢的、极端独立的个人和小组组成的混乱集体"。团队必须学习,团队应成为一个学习组织,所以进行不断学习和交流是非常必要的,学习是创新的基础,一个学习的团队才具有创造力。

不断学习使微软人始终处在电脑业的浪尖上。随着层出不穷的微软新产品

| 把执行做到最好 |

不断问世，连 IBM 这样的庞然大物也不得不表示自己的硬件设计今后必须考虑微软的软件支持。1996 年，《美国软件报道》杂志公开声称："是微软，而非 IBM，在推动世界软件产业的发展。"勤于学习的微软一跃成了新的电脑霸主。

4. 加强协作与沟通

团队成员间的密切团结和高效沟通，不仅可以减少成员间的矛盾和误会，促进成员间相互了解、相互帮助和相互交流，使各成员间的合力最大化，以实现团队的整体目标。而且可以实现团队成员间智力资源共享、促进知识创新。英特尔这个 1968 年成立的小公司，在 30 年内就名扬天下，很大程度上得益于其团结的、高效沟通的团队精神。

当初由葛洛夫、摩尔、诺宜斯 3 名年轻人共同创办的英特尔公司一直保持了团队合作的精神，并以此作为公司成功之圭臬。可以说，英特尔是硅谷百十家半导体厂家中最早、最持久开展团队建设的公司，这也使得它能在潮起潮落的全球计算机市场中始终能坚如磐石。

英特尔的工程师队伍中华裔占有相当大的比例。为留住这些人才，并进一步激发他们的创造力与热情，英特尔几次借用当地或其他城市的中国餐馆举办华裔工程师恳谈会。并从 1984 年 2 月开始，年年举办"与中国人同度春节"的"英特尔公司中国新年庆祝酒会"，公司总裁葛洛夫等公司高级领导层届时也亲自参与，另有 100 余名非华裔员工自费参与，气氛异常融洽。同时，英特尔成立"多重文化整合会"，对象从华人扩大至日本人、犹太人等，定期举办各种活动，促进公司不同文化背景的员工相互理解、相互尊重。

英特尔的会议形式也搞得相当活跃。英特尔将会议分为"激荡型会议"与"程序型会议"两种，前者的主要目的是集思广益，凭借大家的脑力激荡得出最佳方案。英特尔有一句名言："决策总在讨论之后。"与会者不分等级职务，畅所欲言，包括尖锐的责备与疑虑，都会得到领导者的高度重视。后来，这种"激荡型会议"形成的开放性风气被英特尔推广到企业内部管理上，这就是英特尔的"建设性对立"管理，鼓励员工与领导、员工与员工、领导与领导之间做到一方直言不讳，一方广纳众议，防止"一言堂"出现。

英特尔的团队建设以轻松、开放著称，但在讲究纪律的严明性方面毫不含糊。拿上班签到来说，迟到超过5分钟的人，则要签"迟到簿"，并张榜公布。一次，总裁葛洛夫因急事耽搁迟到，同样自觉地在"迟到簿"上留下大名，只不过他还在旁边风趣地加了条注："看来这个世界上没有完人。"

二、设定执行目标

1954年，德鲁克提出了"目标管理"的概念，这个概念的提出具有划时代的历史意义。它是德鲁克所发明的最重要、最有影响的概念，并已成为当代管理体系的重要组成部分。

管理者不能监控其他管理者。老福特曾试图这样做，结果福特汽车公司濒临倒闭。管理者必须实施目标管理，这是德鲁克给管理者的忠告。从根本上讲，目标管理把管理者的工作由控制下属变成与下属一起设定客观标准和目标，让他们靠自己的积极性去完成。这些共同认可的衡量标准，促使被管理的管理者用目标和自我控制来管理，也就是说，自我评估，而不是由外人来评估和控制。

南方卫理工会大学商学院的理查德·巴斯柯克指出，目标管理这一概念具有哥白尼"日心说"般的突破性效应："德鲁克注重管理行为的结果而不是对行为的监控，这是一个重大的贡献。因为它把管理的整个重点从工作努力——输入，转移到生产率——输出上来。"德鲁克对这一概念作了精辟的解释："所谓目标管理，就是管理目标，也是依据目标进行的管理。"

德鲁克认为，任何企业必须形成一个真正的整体。企业每个成员所作的贡献各不相同，但是，他们都必须为着一个共同的目标作贡献。他们的努力必须全都朝着同一方向，他们的贡献都必须融成一体，产生出一种整体的业绩——没有隔阂，没有冲突，没有不必要的重复劳动。

上级必须知道对下级的期待是什么；而下级必须知道自己对什么样的结果负责。每一位管理者，上至老板，下至主管和员工，都必须明确其目标。否则，一定会产生混乱。这些目标必须规定该人所管理的单位应达到的成就，

| 把执行做到最好 |

必须规定他和他的单位在帮助其他单位实现其目标时应作出什么贡献，还应规定他在实现自己的目标时能期望其他单位给予什么贡献。换言之，从一开始就应把重点放在团队配合和团队成果上。

这些目标应该始终以企业的总目标为依据。即使对装配线上的工长，也应该要求他以公司的总目标和制造部门的目标为依据来制定自己的目标。公司可能非常之大，以致个别工长的生产工作同公司的总产出之间似乎有着天文数字般的距离。但工长还是应该把自己的注意力放在公司的总目标上，并用他的单位对整体作出的贡献来表述本单位的成果。如果一位管理者及其单位不能对明显影响企业的繁荣和存在的任何一个领域作出贡献，那就应该把这一事实明确地指出来。这对于促使每一个职能部门和专业充分发挥技能，以及防止各不同职能部门和专业建立独立王国并互相妒忌都是必需的，这对于防止过分强调某一关键领域也是必需的。

为了获得平衡的工作，各个阶层和各个领域中所有管理者的目标还应该兼顾短期的考虑和长期的打算。而且，所有的目标应该既包括各项有形的目标，又包括管理者的组织和培训、员工的成绩和态度以及公共责任这些无形的目标。否则，就是短视和不切实际。

每一位管理者的工作目标，应该用他对自己所属的更高一级单位成功地作出的贡献来规定。高一级的管理当局当然必须保留是否批准下级制定的目标的权利。但是，制定自己的目标，却是每一个管理者的责任，并且是其首要责任。它还意味着每一位管理者应该认真地参与他所属的上一级单位目标的制定工作。做一个管理者就意味着承担责任。正因为他的目标应该反映企业的客观需要，而不仅是上司或他本人的想法，他必须以积极的行动承担起对企业目标的责任。他必须知道企业的最终目标，期望他的是什么，为什么期望于他，对他进行衡量的标准是什么，为什么是这样的标准。在每一单位的整个管理当局中，必须有一种思想的交流。要做到这一点，每个管理者就必须仔细考虑本单位的目标是什么，并积极而负责地参与制定目标的工作。只有下一级的管理者用这种方式来参与，上一级的管理者才能知道应该对他们提出什么要求。

关键二 打造一支高效执行的团队

目标管理的最大优点也许是它使得一位管理者能控制自己的成就。自我控制意味着更强的激励：一种要做得最好而不是敷衍了事的愿望。它意味着更高的成就目标和更广阔的眼界。目标管理的主要贡献之一就是它使得我们能用自我控制的管理来代替由别人统治的管理。

一个管理者为了能控制自己的成就，除了了解自己的目标以外，还必须了解其他一些情况。他必须能够对照目标来衡量自己的成果。在企业的所有重要领域中，应该提出一些明确而共同的衡量标准。这些衡量标准不一定是定量的，也不一定要十分精确，但必须清楚、简单合理。它们必须与业务有关并把人们的注意力和努力指引向正确的方向。它们必须是可靠的——至少其误差界限是大家所公认并为人所了解的。

每一个管理者都应该能得到他衡量自己的成就所必需的信息。而且要及时得到，以便能作出必要的修正，获得所需的成果。而且这种信息应该送交管理者本人而不是其上级。它应该是自我控制的工具，而不是由上级来控制的工具。

目标管理和自我控制假设人们是愿意承担责任的，愿意作出贡献的，愿意有所成就的。这是一个大胆的假设。如果一个管理者从一开始就假设人们是软弱的、不愿承担责任的、懒惰的，那他就会得到一些软弱的、不愿承担责任的、懒惰的人。他败坏了人。如果一个管理者假设人们是坚强的、愿意承担责任的、愿意作出贡献的，他可能会遇到一些令他失望的事情。但是，管理者的职责就在于从一开始就假设人们——特别是管理人员和专业人员——是想有所成就的。

企业所需要的是一种能充分发挥员工的长处和责任心、能统一各种见解和努力、能建立起集体协作、能协调员工目标和公共利益目标的管理原则。目标管理和自我控制使得公共利益成为每一个管理者的目标。它把外部控制代之以更严格的、要求更高的、更有效的内部控制。它激励管理者行动，并不是由于别人要他做什么事或告诉他去做，而是由于客观的任务要求他行动。他采取行动，并不是由于别人要他行动，而是由于他自己决定他必须采取行动——换句话说，他是作为自由人而行动的。

| 把执行做到最好 |

德鲁克并不轻易应用"哲学"这个词，这个词太大了。但目标管理和自我控制却可以恰当地叫做一种哲学。它适用于各种层次和职能的管理者，适用于大大小小的各种组织。它把客观的需要转化成个人的目标，通过自我控制取得成就，这才是真正的自由。

每一位管理者，都必须明确其目标。这些目标应该始终以企业的总目标为依据。制定自己的目标是每一个管理者的责任，并且是其首要责任。

三、加强团队协作

一滴水，只有融入大海才永远不会枯竭；一个员工，也只有充分融入到整个企业中，他才能发挥自己的才华，将他的各种能力转化成执行的成果。

对一个企业来说，它需要的不是孤胆似的英雄，而是能够以大局为重，懂得与他人合作的员工。于企业而言，最怕眼高手低而又锋芒毕露的员工。

锋芒毕露、恃才傲物，团队合作意识差，搞个人英雄主义，这都是成为合格员工的大忌，所以要使自我发展能够延续到社会中，融入到团队建设与企业发展中，有一点很关键，就是不要自以为是、自作聪明，团队意识很重要。

这是个讲究合作的年代，在一个企业中，真正优秀的员工不仅是能力上的"超人"，而且也是精神上的领袖。具备团队精神，致力于团队合作的人是优秀员工必备的信条。单个人的成功会在团队的成功中体现，就算你才华横溢，也只有在一个良好的团队中才有用武之地。作为公司的一员，只有当你把自己融入整个公司之中，才能凭借整个团队的力量解决各种自己无法解决的棘手问题。

加入一个新的公司，就意味着你必须要融入一个新的团队。如果在工作中你无视身边的团队，不懂得充分利用团队的力量，总是不言不语、独自费劲地闷头摸索，最后只能拐进没有前路的死胡同。

职场中最怕的就是恃才傲物，认为不需要与别人合作就能获得成功。人是群体动物，永远在产生群体活动，不要认为自己是块好料子，就一定能得到老板的赏识。假如你表现得鹤立鸡群，还没等老板发现你这块和氏璧，背

关键二 打造一支高效执行的团队

上就会插满冷箭。与老板多沟通、多交流，让老板知道你在做什么，这也是一种合作的体现。因为缺少对上的沟通而错失良好升职机会的例子比比皆是。

其实每个老板都想了解员工的工作状态，但每天亲自监督又不现实。所以，员工要主动去找你的老板，平时要多和同事或者主管、老板交流沟通，每月写一份简单的工作总结，将本月的工作情况和工作建议写一份给自己的上司，让上司了解你。在你开始埋怨上司不理解你之前，你得要给上司了解你的机会。

因此，一味地埋头苦干未必就能赢得老板的欣赏。假如你只知道埋头发奋，一定要重新审视一下自己，做一个能力强又有合作精神的好员工。

现在有很多年轻人，特立独行，从小就缺乏团队合作精神。他们什么都争着自己做、表现自己。遇到问题，宁愿自己憋着闷头解决，也不向同事伸出求助之手。结果，每个人都按照自己的思路去解决问题，最后对公司一点建树也没有。他们将那种自负与自傲毫无保留地流露出来，这使得他们很难融入企业团队。但企业之间的竞争，并不是单独的个体之间的斗争，而是团队与团队的竞争、组织与组织的竞争，所以任何困难的克服和挫折的平复，都必须依靠整个团队，而不仅仅凭一己之勇。

真正的团队合作精神，究竟有什么标准呢？很多人认为团队合作就是一群人共同去做某件事情，这种认识偏于狭隘。也正是因为很多人对于团队合作的理解片面，所以使得很多能力很强、认为一直在"与人合作"的人没有取得真正的成功。对团队合作的片面理解，不仅会导致团队无法发挥真正的实力，反而遭到减弱。团队精神的核心是无私和奉献精神，是主动负责的意识，是与人和谐相处、充分沟通、交流意见的智慧。它不是简单的人与人对话、人与人共同做事，对个人利益斤斤计较，对工作挑肥拣瘦，甚至暗藏心机，这样成员组成的团队无法担当"团队"之名，只能称之为"团伙"。

真正的团队精神，应该像是一场极限登山运动。在攀登的过程中，运动员之间都以绳索相连，假如其中一个人失足了，因为与其他队员的绳索紧紧相连，并不会危及生命，队友之间也会全力挽救。但如果试了所有的办法仍不能使失足的队员脱险的时候，只有狠心割断绳索。而那个割断绳索的人，往往就是那名失足的队员。为了保全整队队员的性命，让自己坠入深谷，这就是团队精神。

因此，要想让团队成员之间能够互相协作，那么与团队执行力提高的相关配套机制要跟上，这套配套机制主要包括三个"一"，即一套评估体系、一个工作计划、一种激励方法。

评估体系要简单有效才会起到作用。一般一套易于理解的绩效评估系统，更容易让员工接受，这样他们会认为企业确确实实是为他们着想，而非打着绩效管理的名号糊弄他们。一个有效而简单的绩效评估系统包括四个部分，即绩效标准评分表、绩效目标管理卡、绩效考核方法体系、薪酬和发展系统表。

好的计划等于成功的一半。打造执行型团队就要求管理者会制订计划。制订工作计划的目的是将战略细化为可执行的任务，将任务分配给合适的员工并确保每个员工理解个人任务与企业战略的关系。如果仅有方向性的口号，而期待下级员工去自行理解和筹划行动，将很容易导致执行偏差。

激励方法得当有助于执行型团队的快速打造。激励的目的就是要团队里的成员接受优奖劣惩，进而努力缩短与他人差距，争取团队共同进步。

由于每个人的能力总是有限的，超过这个限度，就是人所不能及的，也就是你的短处了。每个人都有自己的长处，同时也有自己的不足，这就要与人合作，用他人之长补己之短，才能让自己的长处得到充分的发挥。

只有充分发挥自身优势并能利用他人的优势来弥补自己不足的人，才能在职场生存并不断获得晋升。

同心山成玉，协力土变金。在一个缺乏合作的环境里，个人再有雄心壮志，再有聪明才智，也不可能得到充分发挥！只有懂得团结协作的人，才能让自己的工作任务得到圆满的执行，才能驶向成功的彼岸。

四、建设学习型组织

学习型团队是一个能熟练地创造、获取和传递知识的组织，同时也善于修正自身的行为，以适应新的形势和市场要求。当今世界上所有的企业，不论遵循什么理论进行管理，主要有两种类型，一类是等级权力控制型，另一类是非等级权力控制型，即学习型企业。

学习型团队最初的构想源于美国麻省理工学院佛瑞斯特教授。他是一位杰出的技术专家，是20世纪50年代早期世界第一部通用电脑"旋风"创制小组的领导者。他开创的系统动力学是提供研究人类动态性复杂的方法。所谓动态性复杂，就是将万事万物看成是处在动态的、不断变化的过程之中，仿佛是永不止息之流。1956年，佛瑞斯特以他在自动控制中学到的信息反馈原理研究通用电气公司的存货问题时有了惊人的发现，从此致力于研究企业内部各种信息与决策所形成的互动结构究竟是如何影响各项活动的，并回过头来影响决策本身的起伏变化的形态。1965年，他发表了一篇题为《企业的新设计》的论文，运用系统动力学原理非常具体地构想出未来企业组织的理想形态——层次扁平化、组织信息化、结构开放化，逐渐由从属关系转向为工作伙伴关系，不断学习，不断重新调整结构关系。这是关于学习型企业的最初构想。

佛瑞斯特的学生彼得·圣吉是学习型团队理论的奠基人。他一直致力于研究以系统动力学为基础的更理想的组织。1970年他在斯坦福大学获航空及太空工程学士学位后，彼得·圣吉进入麻省理工学院读博士学位，师从佛瑞斯特，研究系统动力学与组织学习、创造理论、认识科学等融合，发展出一种全新的组织概念。他用了近十年的时间对数千家企业进行研究和案例分析，于1990年完成其代表作《第五项修炼——学习型团队的艺术与实务》。他指出现代企业所欠缺的就是系统思考的能力。它是一种整体动态的搭配能力，因为缺乏它而使得许多组织无法有效学习。

《第五项修炼》提供了一套使传统企业转变成学习型企业的方法，使企业通过学习提升整体运作"群体智力"和持续的创新能力，成为不断创造未来的组织，从而避免了企业"夭折"和"短寿"。该书一出版即在西方产生了极大反响，彼得·圣吉也被誉为20世纪90年代的管理大师。

学习型团队是以共同愿景为基础，以团队学习为特征，是一个对顾客负责的扁平化的横向网络系统；它强调学习加激励，不但使人勤奋工作，而且尤为注意使人更聪明地工作。它以增强企业的学习为核心，提高群体智商，使员工活出生命的意义，自我超越，不断创新，从而提高企业效率，实现企业的愿景目标。

对企业来说，建立学习型团队关系到企业能否长久地立足于市场。

但是，学习型团队不是一天建成的，学习型团队需要持续培养，长期投入，不断稳定地发展相关管理流程。

任何想要成为学习型团队的公司在创业之初，最好采取如下办法：

1. 培训学习气氛

在公司中培养鼓励学习的气氛。如果员工总是被打扰或被催促，他们就很难学习；在压力很大的情况下，也往往无法学习。

2. 促进学习交流

打破有形无形的界限，促进思想的交流。界限会阻碍信息流通，孤立个人和团体。团体中学习必须精于运用深度会谈和讨论，这是两种不同的团体交流方式。深度会谈是自由和有创造性地探究复杂而重要的议题，先暂时收起个人的主观思维，彼此用心聆听。讨论则是提出不同的看法，并加以辩护。深度会谈与讨论基本上是互补的，但是多数团体缺乏区分及妥善运用这两项交谈技巧的能力。

3. 营造学习环境

管理者应为组织建立一个鼓励和开放的环境，以避免一些影响学习的因素出现。官僚主义作风必须加以剔除，作为管理者应该以身作则，成为持续学习的样板。

学习型团队的成长具有一定的生物生长特征，组织的学习必须自己完成，所有外界都只是提供参考，咨询公司、专家教授都只是建议的提供者，深刻的变化一定是在组织内部产生的，一定是在员工的内心成长起来的，这就是学习型团队的核心。学习能力不仅是一个人也是一个企业最重要的能力。因此，建立学习型团队对企业来说是有着重要的意义。

对员工来说，只有每一个员工积极学习，他们所在的组织才能成为学习型团队；同时，在学习型团队中的每一个员工都会在无形中得到培训，从而得以更快成长。

五、提倡良性竞争

每一位管理者都应该十分清楚：无论在什么样的条件下，员工之间是一定会存在竞争的，但竞争分为良性竞争和恶性竞争，恶性竞争最容易引发员工冲突。管理者的职责就是要遏制员工之间的恶性竞争，并在遇到员工之间进行恶性竞争时，积极引导他们参与到有益的良性竞争中。

每个人对美好的事物都有羡慕之心。这种羡慕之情来源于对别人拥有而自己没有的好的东西的向往。关系亲密的人，这种羡慕之心尤为显著。你也许不会去羡慕奥巴马能当美国总统，但是你可能会对你同事最近晋升一事羡慕不已。这种情感有时会因为某种关系的确定而消失，例如，由恋人而变成夫妻，对方的长处就会被另一方共同拥有，此时这种羡慕的想法就会消失，而当这种关系亲密的人的角色不能转换时，羡慕之情就会一直维持下去。比如说大家抬头不见低头见，工作上又相互较劲的同事之间；学习成绩不相上下，又竞争同一所名牌大学的同学之间。一般来说，越是亲近，越是熟悉的人之间越是容易产生羡慕之情。女人往往比男人更容易产生羡慕之心。

有的下属羡慕别人的长处，就会鞭策自己，努力工作、刻苦学习，赶超对方。这种人会把羡慕渴求的心理转化为学习、工作的动力，通过与同事的竞争来缩短彼此间能力的差距。这种良性竞争对部门有着很大的好处，它能促使部门内的员工之间形成你追我赶的学习、工作气氛，每个人都积极思索着如何提高自己的能力，掌握更多的技能，从而取得更大的成就。这样一来，整个部门的整体水平就会不断地提高，充满生机与活力。

但并不是所有的人都明白"临渊羡鱼，不如退而织网"的道理，他们由羡慕转为忌妒，甚至是嫉恨。这种人不但自己不思进取，相反还会想出各种见不得人的花招打击比他们强的人，通过使绊、诬蔑等手段来拉先进的后腿，让大家扯平，以掩饰自己的无能。这种恶性竞争只会影响了先进者的积极性，使得部门内人心惶惶，员工之间戒备心变强，提高警惕以免被暗箭所伤。如果整个部门长时间形成了这样的气氛，那么员工的大部分时间与精力都会耗在了处理人际关系上，就是身为管理者的你也会被如潮涌来的相互揭发、抱怨给淹没，这样的部门你还能有什么指望呢？在这样的企业里，大家相互抗拒，工作不能顺利完成，谁也不敢冒尖，因为出头的椽子会先烂。人人都活得很累，但是企业的业绩却平平。

因此，为了在竞争中取胜，领导者会千方百计地提高员工的工作绩效，所以，在企业内部引入了竞争。适度的竞争确实能够提高员工的工作效率，但是，一旦竞争过度，就和企业内部需要的合作产生了矛盾，这时候竞争就会对企业产生副作用。所以，对于领导者来说，要想达到企业的和谐管理，就要协调好员工之间的关系，鼓励合作，避免过度竞争。

如果领导者鼓励企业内部的竞争，并且奖励那种极个别人的话，就会使企业内出现过度竞争的情况。员工之间将会不断出现冲突，使整个企业充满火药味，员工们将无法坦诚对话，更不必说互助合作了。因为当同事成为自己的竞争对手后，每个人将牢牢守住自己的"阵地"，不肯再把自己工作中的经验和教训与别人分享，甚至还会想方设法找出对手的漏洞进行打击，以抬高自己的身价。这将阻碍企业内部相互间的沟通和交流。

过度竞争还会使员工变得谨小慎微，生怕自己工作出错，而采用最稳妥的方式进行工作。这将使员工的积极性和创造性大大降低，员工不会再冒险尝试新的方法和新的技巧，因为一旦失误，自己就有被排除出去的可能。如果员工连犯错误的机会都不肯给自己，那么创新就无法实现。员工小心翼翼地对待自己的工作，同时还要睁大眼睛盯着同事的错误，自然就毫无效率可言，这造成了企业内部资源的极大浪费。

当每一位员工都想成为那个唯一的胜利者时，员工们之间的信任关系也将成为过去。因为他们开始把同事当作竞争对手，从而互相隐瞒真实情况，且不断猜疑试探，生怕对方掌握自己的"底细"。这样，员工之间也就无法建立起那种亲密的、牢不可破的关系。员工甚至会产生那种挤掉同事自己就有可能成为胜利者的思想,以至于把自己努力的方向变成打击同事,而不是安心工作。这样的工作状态只能使整个企业的工作绩效下降,不但损害了整个企业的利益,而且会阻碍员工个人的成长,最终的结果只能是企业和员工都得不到好处。

  过度竞争还会让员工盲目追求业绩和速度,而开始走捷径。这只能牺牲掉产品和服务的质量。表面看来,员工的工作效率提高了,甚至员工拿到了奖励,实际上,这样的捷径带来的是严重的负面影响。顾客的利益受到了侵害,企业自然难以长久发展。而且熟悉内情的其他员工也会效仿或者在企业内部散布消极信息,这对于企业的不良影响是巨大的,甚至会为企业带来致命的打击。

  如果领导者认为内部竞争带来的只有工作效率的提高,那就太乐观了。因为适度的竞争,确实能够使员工更加积极努力地工作,付出更多的热情来提高自己的工作效率。但是一旦出现了过度竞争,那么员工的工作效率不但不会提高,反而会大幅下降。员工之间不再是合作伙伴而成为竞争对手以后,本应由他们合作完成的工作将难以协调,员工会凭借自己的力量完成,这将会出现大量的重复劳动,工作效率也就难以提高。

  在那些员工都十分优秀的企业里,一个人的胜利所带来的效果,并不是领导者以为的那样理想。获胜的人尽管得到了奖励,但他将面临着残酷的考验,他将被排斥在"失败者的团体"之外,那些竞争时互相敌对的员工这时会联合起来孤立他,对付他。而没有获胜的人,想的并不是要努力在下一次获胜,而是认为自己的运气比较差,并不承认获胜者比他更优秀。他们会认为比赛是不公平的,甚至认为整个竞争无稽可笑。他们的自尊心和自信心都会在这样的竞争中受到打击,长期失败的人更是无法信心十足地工作。

  当企业内只有一个人胜利时,领导者无疑是在告诉其他员工,你们都是失败者。在这样一个失败者组成的团体里,企业发展是难以想像的。所以,领导者应该认识到,过度竞争带给企业的是阻碍的力量,只有避免过度竞争,企业才能向前发展。

六、形成互补团队

作为一个集体，团队是一个企业发展和竞争的核心力量，企业与企业之间的竞争，关键是团队与团队之间的竞争。如何打造自己的特色团队，是一个企业长久发展的关键。过去常常强调领导者个人的领头羊作用，但是一个人毕竟不能撑起一个企业，关键还必须依靠团队的力量。一个优秀的团队，最关键的是要有互补性，团队必须是一个互补的群体。包括互补性的成员构成、互补性的性格类型，有人激情就要有人稳重，有人天马行空就要有人脚踏实地，只有形成优势互补，最终才能实现高效执行。

有这样一个寓言故事说明了人员组合的重要性。有一个瘸子和一个瞎子都急着想走出一片茂密的森林，走了没多久两人就相互抱怨起来：瞎子抱怨瘸子连路都走不了，真是个累赘；瘸子抱怨瞎子看不见路，他才是真正的累赘……两人相互埋怨着，走了整整一天都没有走出这片大森林。

倘若二人忘记彼此的缺陷进行优化组合：让能走路的瞎子背着不能走路的瘸子，让能看见路的瘸子为瞎子指路，做到扬长避短，优势互补，走出森林的目标很快就会实现。

这是最简单的人员配置问题，它说明一个团队内部各个成员之间有着很大的差异，这需要管理者根据职位的特点、需要运用的技能等把不同的人员安排在不同的职位上，这样才能收到最好的管理效果。

在一个团队中，每个成员的情况各不相同，领导应该去积极寻找团队成员中积极的品质，只有团队中的成员才干学识和个性互不相同，合作起来才能取长补短，才能有利于命令的执行，从而确保工作任务的完成。

在现代企业中，能否与同事友好协作，是否以团队利益为重，已成为现代企业招募人才的重要衡量标准，因为只有这样的人，才更能够把工作执行到位。

对一个企业的团队人员配置也是一样的道理，每一个团队中都需要有凝聚者、实干者、协调者、创新者、监督者的角色。一个人不可能具有以上五个角色的多种特征，比如团队中的创新者头脑灵活、勇于创新，但也可能会自高自大，目中无人；实干者就像老黄牛一样勤勤恳恳、默默无闻，但是他应变力和创造力可能比较差；监督者观察力强，能很好地促进工作，但是可能指挥能力不够；凝聚者号召力、感染力强，在他的带领下，大家会一起形成合力，但处理具体问题的经验可能不如实干者丰富。所以，团队的领导者需要通过不同角色之间的合理配置打造出一支高效的执行团队。

我们先来看看下面这个故事：

某著名公司招聘管理层人员，12名优秀应聘者从几百人中脱颖而出，进入复试。

此次招聘仅有5个名额。复试开始后，负责人把这12个人随机分成甲、乙、丙、丁4个组，指定甲组的5个人调查婴儿用品市场；乙组的5个人调查学生用品市场；丙组的5个人调查中青年用品市场；丁组的5个人调查老年人用品市场。

"我们录取的员工是负责市场开发的，所以，你们应该具备对市场的敏锐观察力和对一个新工作的适应能力。现在，你们分别去办公室领取一份相关的资料。"两天之后，12个人把自己的市场分析报告送到了负责人那里，负责人一一看完之后，对甲组成员说："你们被本公司录取了，因为在这4个组中，只有甲组的5个人互相借用了各自的资料，补全了自己的分析报告，这正是我们公司需要的人才——具有团队合作意识的人才。要知道，团队精神才是现代企业成功的保障。"

作为团队中的一个分子，如果不融入这个群体中，总是独来独往，唯我独尊，必定会陷入封闭的圈子里，自然无法得到友情、关爱和同事的尊重。

一个具有独立个性的人，必须融入到群体中去，才能促进自身发展。执行到位才变得更切合实际。

世上没有完美的人，也就没有完美的团队。领导可以通过了解四种类型的人，建立一支互补型团队。

1. 运用分析型的人

这类人是典型的完美主义者，绝大多数时候都是正确的，因为他们善于在事情上投入时间和精力进行理性分析。他们追求事实，他们主要的优点是耐心，但这也正好成为了他们的缺点——小心谨慎，裹足不前，不是出于恐惧，而是要完全搞懂问题之后再采取行动。对于这种类型的人，上司必须努力事先准备好自己的问题，不要着急，要坚持不懈；支持他们的原则，重视他们深思熟虑的思路；说清楚所有基本要求，不要抱侥幸心理，不要指望计划外好事情的发生；对任何行动计划列出时间表，明确分清角色和职责；条理清楚，作说明时不可无序和凌乱；避免情绪化的争执；不食言，否则招致他们的记恨。

2. 运用友善型的人

这类人是典型的"群居动物"，体贴别人并富有同情心。他们总是出现在人们需要和可能受到伤害的任何地方，无论过去、现在还是将来。正因为他们花时间与各方联系，他们是世界上最好的协调员。诚然，他们有自己的意见，但他们更想知道对方的意见。他们最大的优点是了解各种关系。当身处险境时，他们的反应通常是屈服。对于这种类型的人，上司首先要以行动表示出对任务和对他们的承诺。其次对他们表示尊重，任何高高在上的态度都会伤害到友善型的人；倾听并回应，要不慌不忙了解整个情况；不要让人感到受威胁，生硬、命令的方式会令友善型的人畏避；用"如何"提问，引出他们的意见；清楚说明要他们完成的任务；保证现有决定无论如何不会伤害、危及或威胁到其他人；对于做不到的事情，不要做保证。

3. 运用表现型的人

这类人是胸怀大局者，总是不断从新的视角看待他们周围的世界。他们是未来导向的人，他们不想让别人约束他们的宏伟梦想。如果上司想得到直截了当的答案，那么表现型的人不是最好的人选；而如果上司需要直觉和创意，那他们再合适不过了。当身处险境时，表现型的人会行动狂野，主动攻击。对于这种类型的人，上司应在谈论公务时，满足他们的社会需要，愉悦、刺激他们；谈论团队目标时也谈论他们的目标；要公开透明，强硬和沉默对表现型的人不起作用；征询他们的意见和主意；注意宏伟蓝图，而不是技术细节；用他们认识和尊重的人或事例来支持自己的论点；提供特殊待遇、额外补偿和奖励；尊重他人，千万不要以居高临下的口气对他们说话。

4. 运用实干型的人

这类人最喜欢行动。他们坚定地扎根现在，努力争做行动的践行者。他们最大的强项是：追求结果。如果想同人讨论一项工作，找其他三种类型的人；而如果想完成工作，那把它交给实干型的人吧。实干型的人可能是尖刻的自我批评者，非常憎恨闲聊。当身处险境，实干型的人会变成救世主。对于这种类型的人，上司必须做到简明扼要、直截了当、效率当头；不离主题，不要闲聊、杜绝任何漏洞、消除任何歧义；随时准备就绪，清楚手头任务的要求和目标，将自己的论据整理成简明的要点，清楚而又有条理地陈述事实；所提问题要具体，不要转弯抹角地探求答案；对于不同意见，要对事不对人；列举出目标和结果来说服他们；有礼貌，不要摆出上司的架势咄咄逼人。

七、保障相互配合

德鲁克的去世令人遗憾——但他在晚年作出了他人生最后也是最重要的一个决定：把自己最后的 16 个月交给埃德莎姆——那位因《麦肯锡传奇》而成为美国管理咨询界翘楚的传奇女子来协助整理自己的最后感言——这次授权是大师一生中最后的一项管理。其成果成为了德鲁克的"第 40 本书"，也是唯一一本并非由他本人亲自执笔撰写的著作——这就是管理，借助别人的合作完成自己的意愿。

但不单单是大师注重团队管理，现在团队已经在各种各样的组织中得到认可。有人在不久前做过调查，80% 的《财富》500 强企业都有一半或者更高比例的员工在团队中工作。

对于一个团队来说，除了员工与员工之间相互配合外，部门与部门之间也要相互配合，这样才能减少工作中的失误，才能让企业减少不必要的麻烦与损失，也才能更好地执行上级的工作任务。

　　有一家企业的生产技术部因缺少高技术人才而影响到了工作进度，他们希望企业人力资源部通过年底的高级人才招聘会招聘三名优秀人才，以解燃眉之急。在招聘会上，当应聘者问及公司的薪水待遇问题时，人力资源部的招聘负责人都没有给出明确的回答，只是说通知面试时再定，这使很多应聘者感到不满意，都放弃了这家公司，最后这家企业没招到一个合适的高技术人才。因此，生产技术部对人力资源部很是不满："去了这么多天竟然一个人都没招上，真是不负责。"人力资源部对生产技术部也不满："都不说待遇标准，谁还敢应聘？"生产技术部回应说："我们部门的待遇标准，人力资源部怎么会不了解呢？"人力资源部也毫不相让："生产技术部要用人，待遇标准当然要由生产技术部提供，我们只负责现场招聘，招不上人来与我们没有关系。"

　　企业老板见没招上人来，不管谁对谁错，都有责任，对这两个部门分别进行了处罚。对于这样一个极其简单的问题，两部门都要相互扯皮，怎能加快工作的进度？倘若生产技术部门提供招聘岗位、用人专业标准和报酬标准，人力资源部主动与生产技术部门研究和核实一下招聘标准和条件，将招聘会上应聘者的反应反馈给生产技术部门，这样问题就会很好得到解决。但是部门之间相互配合不力，各部门以自我为中心，招聘工作就难以得到理想的效果。

　　有的企业部门之间之所以会出现相互扯皮、配合不力的现象，还可能是因为企业对部门职责的划分不是很清晰。许多部门不清楚自己的职责界限，一旦越过了这个界限就可能会引起其他部门的攻击；但是一旦达不到这个界限，尽不到自己部门的责任，企业老板又会不满意，结果不知如何去执行。

　　企业职责划分的目的不是为了隔断部门与部门之间的联系，而是为了明确各自的职责，相互之间能得到有力的配合，确保任务的顺利完成。

　　这就像体育比赛中的接力赛，这项比赛是最能体现运动员之间配合的项目。参加接力赛的团队就像一个公司，四位选手就像公司的所属部门，他们的共同目标就是夺得最后的冠军，拿到奖牌。实现这一目标不仅需要每位运动员尽职尽责，奋力拼搏，跑好各自的一棒，还要相互之间的配合，漂亮地完成交接棒。如果每位运动员跑得都很快，但是在交接棒时动作不娴熟，耽误的时间过多，也会被对手赶上并超过。

大家知道在运动场的交接棒处有一条清晰的界线，这条界线划定了每棒选手的职责界限，他们要在界线内与相应的竞争对手比拼，但是如果运动员死守这条界线，认为跑到这条线就等于完成了任务，在交接棒时不肯越过这条界线，接棒的运动员停在另一处等着拿到接力棒后再跑，就会耽误很多时间。正确的做法是传棒的人要冲过界线，等与接棒人的速度达到最快时再将接力棒传出。这样密切配合的团队才能夺取最后的胜利。

人员之间的相互配合在一些重要的行业起着非同一般的作用。比如，在对病人进行重大手术时，医护人员必须紧密配合，保持融洽的工作氛围，这才有利于手术医师与手术室护士在工作中保持稳定的情绪，保证手术的成功。

为保障公司部门和人员间的相互配合，企业应建立起相互支持的系统。比如，让销售部去拓展全国市场，研发部应不断地研发新产品，生产部确保产品质量，财务部及时提供资金支持，市场部提供市场信息数据，后勤部保障及时到货。并且部门与部门之间给出对方充足的准备时间。

从表面看，部门间的矛盾冲突是一些工作上的小事，是一些工作上不合作的问题，但其实质却是不同部门间如何维护自己部门的利益并如何在维护自身利益基础上改进与相关部门工作合作的问题。而改进合作的根本方法只有两个：一是梳理工作流程，二是制定部门间沟通制度，改善沟通，提高协作效率。做到了这两个方面，部门间的合作就能够消除不应有的障碍，共同为实现企业的目标任务而保持一致。

八、消除执行短板

"木桶理论"是由美国管理学家彼得提出的。说的是由多块木板构成的木桶，其价值在于其盛水量的多少，但决定木桶盛水量多少的关键因素不是其最长的木板，而是其最短的那块木板。这就是说任何一个组织，可能面临

把执行做到最好

着一个共同问题，即构成组织的各个部分往往是优劣不齐的，而劣势部分往往决定整个组织的水平。

若仅仅作为一个形象化的比喻，"木桶理论"可谓是极为巧妙和别致的。但随着它被应用得越来越频繁，应用场合及范围也越来越广泛，已基本由一个单纯的比喻上升到了理论的高度。这由许多块木板组成的"木桶"不仅可象征一个企业、一个部门、一个班组，也可象征某一个员工，而"木桶"的最大容量则象征着整体的实力和竞争力。

在一个企业中，许许多多的员工和部门共同构成了企业这个木桶，而决定企业整体质量和执行力的因素却是这个企业中能力最低者的部门的能力水平，这实际上是最差者或者能力最弱的部门剥夺了能力最强者和最优者的努力，其实质是人才和资源的巨大浪费，当然也不会为企业带来增长，为员工们创造更多的福利和待遇。那么，一个企业要寻求发展，追求卓越，就必须把好员工关，无论是从选择员工、培训员工、回馈员工都得秉持严格的标准。

劣势决定优势，劣势决定生死，这是市场竞争的残酷法则。这只"木桶"告诉我们，领导者要有忧患意识，如果你个人有哪些方面是"最短的一块"，你应该考虑尽快把它补起来；如果你所领导的团队中存在着"一块最短的木板"，你一定要迅速将它做长补齐，否则它给你的损失可能是毁灭性的——很多时候，往往就是一件事而毁了所有的努力。

"短板"的表现主要是企业的某一方面的职能不健全或弱化，特别是那些对于企业的发展起着关键作用的管理能力、资金、技术、人才问题等因素，如果这些因素难以和其他的职能实现协调统一的发展，那么就会使企业的整体运作能力降低，盈利能力降低。

多年以来，长城电脑公司在技术方面始终处于同行业领先地位，然而长城电脑却一直难以获得较大的发展。原来长城公司的老总是搞技术出身的，所以对技术及生产非常重视，却忽视了企业发展的另一个主要环节——销售。在过去的几十年中，长城电脑公司不断投入巨资进行技术研发，从而取得了令同行羡慕的技术进步。过于强调技术和生产的经营观念使得它的销售部门很难聚集一流的销售人才。在企业收入分配方面，销售部门的收入远不及研发部门，仅仅是与车间持平。在电脑行业，同行广告费占到销售额的7%，而长城电脑的广告费用只有3%。因此，长城电脑的销售与市场始终没有大的起色，公司的效益也一直难以提升。

由于公司高层的忽视，销售成为长城电脑的弱项，以致影响了整个公司的效益。这正应验了管理学中的"木桶效应"。

企业是一个由很多板块组成的组织系统，如果一个企业只是一味地发展优势、强化"长板"，最终就会使本身产生问题。就像一个看似体格健壮的人，如果对某一种疾病不注意防范，最轻微的病因也会成为对他的致命一击。最好的例子是秦池酒、爱多这些当年风云一时的企业，他们只看到了央视广告标王所带来的市场知名度方面的优势，一度获得了成功，却没有在企业的基础管理、市场营销、市场形势分析方面给予足够的重视，导致了企业的"长板"无限制地发挥，最终由于失去了其他板块的支持、配合而夭折。

有一家公司的营销员提前到一家酒店里为客户预订房间。这家酒店的环境很好，就餐、住宿条件都非常理想。正当他准备选择这家酒店时，但是在察看房间时，看到一个服务员没有敲门就进了一个房间。按照常理，如果房间里有客人，服务员肯定要敲门的，除非这个房间里没有住进客人。当他提出要预定这个房间时，对方却说这个房间已经有客人了，只是他们白天不在房间里。

这个服务员的回答顿时让营销员打消了选择这家酒店的念头。原因很简单，虽然这个服务员可能知道只要房间已经入住客人，就不能随随便便连门也不敲就进入房间，但是他并没有这样实际执行。

饭店服务员没有敲门的一个小细节，让营销员打消了订房的念头，尽管它其他方面的服务都很好。

的确，一只木桶装水量的多少只取决于它最短的木板，而我们的工作要想做出更好的成绩，就不要护短。一味地护短，只能让我们故步自封，失去创新和竞争意识，成为执行障碍。

因此，一个组织、一个人，不是某一方面的超群或突出就能立于不败之地，而是要看整体的状况和实力。一个人是否具有较强的竞争力，往往取决

| 把执行做到最好 |

于他是否具有突出的薄弱环节，如果你某一关键能力真的非常薄弱，那你就丧失了参与竞争的入场券，更不用说是与他人平分蛋糕了。西点出身的巴顿将军，在战场上出生入死、功勋卓著，是西点学员乃至全世界士兵狂热崇拜的偶像，但就是因为他生前脾气过于暴躁，有时对人过于苛刻，因此，最后无论是军衔还是职位上都难以得到继续晋升。

工作中的许多事情都是这样，关注自己的薄弱环节，可以让自己成为一个全面的职业选手。而如果我们始终觉得自己有一方面突出的优势就可以的话，我们必将被社会所淘汰。

任何一个组织或许都有一个共同的特点，即构成组织的各个部分往往是优劣不齐的，但劣势部分却往往决定着整个组织的水平。问题是"最短的部分"是组织中一个有用的部分，你不能把它当成烂苹果扔掉，否则你会一点水也装不了！

因此，一个企业要想成为一个结实耐用的木桶，首先要想方设法提高所有板子的长度。只有让所有的板子都维持"足够高"的高度，才能充分体现团队精神，完全发挥团队作用。在这个充满竞争的年代，越来越多的管理者意识到，只要组织里有一个员工的能力很弱，就足以影响整个组织达成预期的目标。而要想提高每一个员工的竞争力，并将他们的力量有效地凝聚起来，最好的办法就是对员工进行教育和培训。企业培训是一项有意义而又实实在在的工作，许多著名企业都很重视对员工的培训。通过对企业员工进行针对性的培训，就可以消除工作执行中的短板。

九、破解执行难题

英国科学家做过一个有趣的实验，他们把一盘点燃的蚊香放进一个蚁巢里。蚊香的火光与烟雾使惊恐的蚂蚁乱作一团，但片刻之后，蚁群开始变得镇定起来了，开始有蚂蚁向火光冲去，并向燃烧的蚊香喷出蚁酸。随即，越来越多的蚂蚁冲向火光，喷出蚁酸。一只小小的蚂蚁喷出的蚁酸是有限的，因此，许多冲锋的"勇士"葬身在了火光中。但更多的蚂蚁踏着死去蚂蚁的尸身冲向了火光。过了不到一分钟的时间，蚊香的火被扑灭了。在这场灾难中存活下来的蚂蚁们立即将献身火海的"战友"的尸体转运到附近的空地摆放好，在上面盖上一层薄土，以示安葬和哀悼。

过了一个月，这位科学家又将一支点燃的蜡烛放进了上次实验的那个蚁巢里。面对更大的火情，蚁群并没有慌乱，而是在以自己的方式迅速传递信息之后，开始有条不紊地调兵遣将。大家协同作战，不到一分钟烛火即被扑灭，而蚂蚁们几乎无一死亡。科学家对弱小的蚂蚁面临灭顶之灾所创造出的奇迹惊叹不已。

其实，蚂蚁的成功就是来自于它们的团队精神。对于蚂蚁这样一个弱小的物种来说，任何一个个体面对类似的灾难时都是无能为力的。甚至是一个数量很大的蚂蚁群体，在无组织、无秩序的情况下来应对这样的灾难，其结果也只能是全军覆没。可蚂蚁恰恰是一种组织性、秩序性很强的物种，它们依据自己的规则和方式，组成一个战斗力极强的群体，以应对生存过程中的一切事务。这正是蚂蚁这个弱小的物种之所以能在时时存在着各种天灾人祸的环境中得以存在和繁衍的关键。

为什么蚁群第二次能够轻松地战胜灾难，主要是这种有组织、有秩序的团队合作精神成了它们顺利执行任务的关键。

这个小故事告诉我们：理想往往很"丰满"，现实却又很"骨感"。要克服现实的困难去实现理想，只有毅力是不够的，还要学会与他人合作，取长补短，相携共进，才能突破执行难题，取得最后的成功。

一个人的力量是有限的，很难突破环境的限制。以至于有人说，一个人是一条虫，两个人才是一条龙，由此可见合作的重要性。

香港著名的企业家郑逸夫指出："人们在组织中个人价值的实现，参与感的满足是通过一个相对独立的团队群体而得以实现。在这里，人们的奇思妙想和智慧的火花正是伴随团队中无拘无束、轻松自如、协调一致的气氛而不断闪现的。"美国管理学家詹姆斯说过："要想取得今后的成功，就应充分运用人力资源，尤其要尽力形成强大的团队合力。"

21世纪是一个合作的世纪，没有合作只有死路一条。社会分工越来越精

| 把执行做到最好 |

细，一个人不可能完成整个任务。与同事要形成合作关系而不是竞争关系。把同事堪称竞争对手是团队成功的最大障碍。一个团队、一个人想在市场竞争中胜出就要进行合作。

在专业化分工越来越细、竞争日益激烈的今天，靠一个人的力量是无法面对千头万绪的工作的。一个人可以凭着自己的能力取得一定的成就，但是如果把你的能力与别人的能力结合起来，就会取得更大的成就。一个哲人曾说过这么一段话：你手上有一个苹果，我手上也有一个苹果，两个苹果交换以后还是一个苹果。如果你有一种能力，我也有一种能力，两种能力交换以后就不再是一种能力了。

德国足球队是世界上最优秀的足球队之一，被誉为"日耳曼战车"，然而令人惊异的是，在这样一支传统的优秀球队里，却极少有个人技术超群的球星。和意大利、英国、巴西等国家的球队相比，德国的球员都显得平凡而默默无闻，有些德国国家队的球员竟然还不是职业运动员！然而，这并不影响"日耳曼战车"的威力，他们频频在世界级的比赛中问鼎冠军，把意大利、巴西、英国、荷兰等足球强队撞翻，谁也不敢轻视"日耳曼战车"的威力，原因在哪里呢？

一位世界著名的教练说："在所有的队伍当中，德国队是出错最少的，或者说，他们从来不会因为个人而出差错。从单个的球员看，德国队是脆弱的，可是他们11个人就好像是由一个大脑控制的，在足球场上，不是11个人在踢足球，而是一个巨人在踢，作为对手而言那是非常可怕的。"

全队拧成一股绳，发挥团队的最大力量——这就是德国队的秘诀！这也正是很多企业和组织能够形成强大竞争力的关键。

如今，在任何一家优秀企业中，你都会发现，他们最在意、最强化的就是团队合作精神，因为这是企业赖以生存和发展壮大的基础。所以，要想成为一名优秀员工，要想让你的工作任务能够顺利得以执行，你就必须学会与他人进行合作。

关键三　领导力决定执行力

　　领导力是一种复杂的活动，是领导多种能力的综合。执行力与领导力的关系应该是下属的执行力源于上司的领导力，执行力是领导力中的一种，有领导力的领导，执行力通常都很好。如果执行力不好，那么领导力也不会好。领导力是一种影响力，它偏重于领导的决策能力、战略目标制定的能力。而执行力则更多的是向下属贯彻战略意图、有效授权并让下属乐于接受并完成工作任务的实际操作能力。领导力的好坏往往决定着执行力的强弱。

一、领导力是领导的综合能力

领导力就是一种获得追随者的能力。领导者凭借自身的魅力使追随者真诚地集合在自己身边，并引导他们自觉地沿着一定方向前进，这时，便产生了领导力。

通常来说，领导力主要包括以下四方面的内容：

1. 领导力是一种相互凝聚的合力

"领导力"的含义远远超出"领导者"的含义，它包括领导者与追随者两个方面的含义。人们因为对一些高瞻远瞩的领导者由衷敬佩而常常产生这种错误的看法，即领导力来自某一个人。"英雄创造历史"就是片面强调个人作用的论调。事实上，领导力是一种合力，即领导者与追随者相互作用而迸发出的一种思想与行为的能力。若是用公式来表示就是：合力＝领导者的能力＋追随者的能力－阻力。简言之，"合力"就是一个团队显示出的整体能力。

"领导者的能力"与"追随者的能力"就是领导者与追随者分别具有的潜在能力。至于阻力，它是导致团队能力不能充分发挥的力量，它包括外界阻力和内部摩擦力。阻力可能是客观条件造成的，如国家政策、经济环境、资金状况、技术力量等非主观因素；也可能是人为原因造成的，如人际关系、工作态度、管理制度等主观因素。

领导者的主要任务就是最大限度地发挥团队的作用，进而激发团队和个人的最大潜在能力。它包括两点：一方面，选择正确的方向，采用有效的方法，以避开外界阻力，清除前进道路上的障碍；另一方面，进行科学的指挥与激励，减少内部摩擦力，使追随者以饱满的热情沿着指定的方向前进。在这里，有必要对"团队"做一个简单的介绍。团队是有领导者和追随者存在的、设立了管理机构的、合法的正式"组织"，它可以是一个机构，也可以是其下的一个部门。

把执行做到最好

任何团队要想取得成功，一定要对"合力"有深刻认识，并在企业中也一定有能力将合力充分发挥的领导者。领导者的个人能力在合力中所占的比重与成功几率是成反比的，其占的比重越小，越能成功；所占比例越大，事越难成。唯"合力"才能形成真正的实力，正所谓"一根筷子容易折，十根筷子折不断"就是合力的最好写照。

2. 领导力是一种相互作用的爆发力

领导力不是一个人、一个职位产生的力量，而是领导者与追随者相联系时所发生的相互作用的关系，只有在相互作用中，团队的潜力才会爆发出来，成为促进团队前进的动力。可以将领导力的产生过程比作化学反应：领导者就好比媒介物，通过一连串化学作用，激活团队潜在的各种能量，同时也激发出自身能量。但它与化学反应有所不同的是，团队潜在能量不会因释放而耗尽，反而会因爆发而累加。

领导者与追随者相互作用的关系并不是简单的上下级之间的关系。虽然领导者与追随者之间可能最终发展为上下级关系，但也可能是在确立上下级关系之后才建立起相互作用的关系，但这种关系绝非上下级关系那么简单。这种相互作用的关系并非总是发生在上下级关系之中，它完全可以发生在上下级关系之外。这种关系能成为上下级关系的前提，但上下级关系却不能成为这种关系的前提。

那么，领导者与追随者相互作用的关系应如何建立起来呢？这是一个非常复杂的过程，以下是作为一位优秀的领导者应该具备的几种素质：高瞻远瞩的决策能力，平易近人的亲和力，精湛的专业能力，激励他人的鼓动能力，超人的自信心和胆量。

这些都是令人羡慕、敬佩的品质与行为，它们可以使追随者很自然地被吸引到领导者身边，并与之建立起那种相互作用的关系，使双方相互吸引、相互认同、相互影响。

领导者与追随者的关系正是这样由少到多、由短暂到长期地建立起来的。两者之间的相互作用也会逐步加强，并最终形成一股能达成共同目标的力量。

3. 领导力受追随者认知度的影响和制约

领导者与追随者之间建立良好的互动的关系是要以相互认同作为前提条件的，并且双方的认知水平越接近，相互作用越大。时间可以证明人的认知度是由先天智力、所获知识、后天经验等客观条件所决定的，同时也受情感、期望值等主观因素来左右。领导者获得追随者的前提是取得追随者的认同，这包括：思想与行为得到追随者的充分理解；得到追随者感情上的认同；符合追随者的期望值。

以上三者缺一不可。一般来说，领导者和追随者的认知度越接近，他们之间相互作用的关系越紧密，领导力越大。当领导者不能与追随者的认知水平相一致时，他们便迎合不了追随者，更不用说是获得追随者的支持。

追随者对领导者的服从未必都是理智的。可以这么说，每个追随者身上，总有一部分盲从的因素。在领导活动中，领导目标应建立在对事物的正确认识上。可是，领导者对事物的认识有时也会有偏差，这就要求领导者要广泛地听取群众意见，集思广益，充分提高对事物的认知水平，避免失误。如果部下对领导者敬若神明，不去了解事物的真相，只知道即听即从，而不为领导者提供参考意见，那么，领导者的见识必然会越来越浅薄。总之，盲从是领导力发挥本领的阻碍因素，这是领导者必须注意的。作为领导者，应该尽力提高下属理智的认知度，将盲从的因素降到最低，这样，才能将领导力发挥到最大。

4. 领导力更多来源于个人的品性和能力

领导力的来源并不是地位或是头衔，领导力不是一种职务影响力，更多的应是一种领导者个人的品性与能力。那种依靠自己的地位和职权，只会在自己所处的狭窄范围内指挥别人的领导者并不是真正意义的领导者，也谈不上领导力。真正的领导者应该像耶稣、马丁·路德·金、丘吉尔、肯尼迪那样，虽然他们的价值体系和管理能力大不相同，但每个人都有大批的追随者，

| 把执行做到最好 |

都拥有毋庸置疑的卓越的领导力。

很多人拼命地追逐地位或是头衔,到手后便自诩为领导者。但那些自认为是领导者而又没有追随者的人,无论装出多么悠闲神气的姿态,也仍然改变不了他们缺失领导力的事实。权力不是万能的,它并不能为领导者带来追随者,也不能让你和追随者的队伍愈行愈近,只有依靠对自身能力、品性以及为人处世方式的不断修炼,才能获得越来越多的追随者。

上级主管部门为了进一步开发一个国有矿山企业的资源,决定由一名副矿长牵头,去开辟一个新的矿点。新矿点地处山区,条件极其艰苦,上级原拟定暂去100人,先以自由报名的方式决定人选。但出人意料的是,报名者竟远远超出了预期,工人们都争着抢着要去新矿点工作。原来工人对现任的矿山领导失去了信心,几位主要领导根本不管矿上的事,每天却总有忙不完的个人事情:盖房子、买车子、给孩子安排工作。而只有这位副矿长整天埋头在工人堆里抓工作,从来不参与那些为私人谋利益的事。因此,工人们都很佩服他,愿意跟着他干。

副矿长带着100多工人进入了新矿点,在他的带领下,项目进展得很快。虽然新矿上有许多困难,但是工人们都任劳任怨,他们在私下里聊天时对副矿长说:"跟着你这样的领导,再累再苦我们也愿意,就是喝凉水我们也愿意干。"一次下雨,一辆拉着50多吨钢管的汽车陷进了路边的地里,没有人动员,几乎所有的人都去卸车、装车。没有一个小时,就让车开走了。后来,新矿上又出现了资金困难,工人发不出工资,连车用汽油也断了。在这种情况下,工人们自己喊出口号:"与新矿共存亡!"这段困难期整整持续了近一年,但没有一个人嚷着要回总矿的。

新矿就在副矿长和工人的共同努力下,渐渐发展起来了,不论是生产效益还是工人收入都有了大幅提高,这时总矿的干部和工人也都十分向往来新矿发展,因为这些年由于领导不关注生产,总矿效益连年滑坡,人心也越来越涣散。

从这个简单的例子中我们可以看出,工人们追随的不是某个计划或是某项利益,他们需要的是能带领他们做出绩效的真正领导人物,需要的是有强大个人魅力和沟通鼓舞能力的领导者。领导者要想获得尽可能多的追随者，其本身必须具备某种突出的人格特质，这些特质实际上影响着那些追随者，而当这种特质与某些情境相匹配时，就会影响到领导的有效性，进而影响追随者的数量和范围，也影响了领导力。

有了领导力，才能服众，才能让自己的想法和意志得到执行。因此，领导力决定着执行力。

二、决策正确才能有效执行

决策和执行力对于领导者来说，任何一项都不可以偏废。就拿决策来说，人在做决策时不能出错，而且越是高级别的领导，犯错造成的损失就越大，因为你的决策是让下属执行的。决策正确，自然按此方案执行就会有好的结果；决策失误，必然会造成巨大的损失。三国时期的曹操，因决策失误，最后在赤壁败于孔明和周瑜的火攻，最终形成了魏、蜀、吴三国鼎立的局面。由此可见决策对于一个领导者能否有效执行来说至关重要。

决策理论奠基人西蒙认为，决策是一种选择的过程，它贯穿于动机与结果之间，这一过程既可能是经过思考的理性行为，也可能是条件反射、习惯反应或本能反应等非理性行为。说得通俗一点，决策就是指组织或个人在某一时点上决定一种选择或行动方案，以期达到既定目标的过程。

决策对于一个企业的发展来说起着至关重要的作用，决策正确，企业就向好的方向发展；决策失误，企业就会走下坡路。

摩托罗拉公司就是因决策正确而成功的典型。它的发展历程成功地印证了决策的重要。摩托罗拉第三代掌门人，前总裁克里斯托夫·高尔文的独到之处就在于预见，在于每逢关键时刻都能提出领先于大家普遍意识的决策，并在不久以后证明这些远见的正确。回顾公司在全球的发展，克里斯托夫·高尔文认为，正是不停地果断地作出符合市场竞争的正确决策，才帮助摩托罗拉开拓了新的市场领域，成就了摩托罗拉公司今日的辉煌。其中，在中国建立庞大的生产基地正是摩托罗拉发展史上十分英明的决策之一。

| 把执行做到最好 |

克里斯托夫·高尔文在一次演讲中说:"1986年,我跟随父亲访问中国三个星期,走了一些地方,看到中国正在寻求更快的发展。通过这次访问,我们意识到与中国人民建立一种密切的伙伴关系,将为我们带来巨大的市场,并且对摩托罗拉的生存与发展是不可或缺的。"

1992年,摩托罗拉经过一番考察及评估之后,出资12亿美元在天津开发区注册成立了摩托罗拉(中国)电子有限公司。

十多年过去后,摩托罗拉在天津投资已达34亿美元。建有6家现代化的高科技工厂,生产手机、芯片、半导体、双向对讲机、基站和手机配件等产品。在天津成立了亚洲通讯产品和半导体集成生产中心两大基地。天津已成为摩托罗拉在全球主要的生产基地之一。

摩托罗拉公司这艘巨船找到了中国市场这片广阔的海域,为公司的进一步发展提供了巨大的推动力。如果当年摩托罗拉公司惧怕中国这个未知的"海域",不愿承受开拓市场的风险,没有果断地作出这个决策,那么如今中国的市场很可能已经没有摩托罗拉的一席之地。如此巨大的机遇没有好的决策来掌控,只会让它白白浪费在市场的浪涛之中。摩托罗拉的管理者总会为目标的达成而果断地作出英明的决策,带领公司员工夺取竞争的胜利。

克里斯托夫·高尔文在每次决策过程中都有一个习惯,即不单单考虑到这个决策带来的机遇和发展,也考虑到这个决策的后果和影响,这种思维体现了一个企业决策者的成熟。

在复杂情境中要勇于决策,敢于冒险。正是因为勇于决策、果断决策、正确决策,摩托罗拉才渡过了发展中的种种难关和困境。在近年来一些公司面临诚信危机、通信行业发展整体下滑的情况下,摩托罗拉的决策能力在确保其优秀业绩上发挥了极为重要的作用!

既然决策对于提升企业领导力和执行力如此重要,那么,领导者怎样才能作出正确的决策呢?

1. 确定决策目标

确定解决问题的目标,这是进行决策的重要一步,也是起决定性作用的一步。一般来讲，决策目标应该是明确、清晰、具体的，如果决策目标过于笼统，在设计与选择备选方案时就缺乏明确的标准。在执行决策时也会使人感到不知所措，目标就难以实现。怎样才能使决策目标具体而明确呢？首先要让执行者明白自己执行的目标；其次要将目标分解为具体的小目标；最后要确定目标完成的期限。

量化是使决策目标明确化的最有效、最常用的手段。有了明确的目标，接下来就是确定责任人。如果目标无法落实到具体的责任者，或者说，没有切实可靠的人来担当重任，实现目标就只能是一句空话。如果是多个目标，还必须分清主次。

同时，还应注意子目标是为主目标、总目标服务的，否则，尽管分清了主次，仍然达不到预期的目的。

2. 设计决策方案

在诸行动方案中进行抉择，即根据当时的情况和对未来发展的预测，从各个备选方案中选定一个方案。需要指出的是，备选方案愈多，满意方案包含在内的可能性就愈大，决策成功的机会就愈大。

3. 确定决策方案

在若干方案中挑选一个理想的方案，有时是比较容易的事了，但有时也会遇到多个优劣很难评出上下的方案，那就不是一件容易的事了。倘若此时决策者在时间不允许的情况下犹豫不决，必然会贻误战机，给企业和事业造成不必要的损失。这就要求领导者充分发挥决策能力，果断坚决择定最优方案。

总之，不管用什么方法对备选方案进行评估和优选，最终的决断还得依靠决策者的素质、经验和能力。

为什么一些领导者总能作出优秀的决策，使企业迅速腾飞，而一些企业却饱受决策失败之苦呢？这当然取决于领导者的决策能力。美国兰德公司的一项统计显示，世界上85%的企业破产、倒闭是由于决策失误造成的。由此可见，只有正确而又恰当的决策才能推动企业永续向前。

决策是整个领导过程中的首要环节，正确决策是各项工作成功的前提。可以说，领导的关键就是正确决策。

要建立一套公平、合理、科学、开放的决策程序。既能让各种意见充分表达，又能迅速作出让大家都认可的决策。

正确的决策来源于对客观实际的周密调查。如果不了解实际情况，光凭主观愿望、想当然、拍脑袋，就不可能作出正确的决策。

所以，制定决策时要认真调查，收集信息，抓住关键问题。

作为领导者，必须善于研究和分析问题，抓住事物的本质，对当时的形势作出迅速而准确的判断，这样才可能作出正确的决策。毫无疑问，决策正确才能有效执行。

三、制定切实可行的目标

所有的企业都将执行力视为实现目标的关键，这本是无可非议的，但不能忽略了一个前提，即要保证目标的正确性和可行性。

目标是一切管理活动的中心和总方向，它指引着企业成员努力前进，决定了计划时的最终目的、执行时的行为导向、考核时的具体标准。有效地把握好目标，管理活动就是有效的、高效的。

目标对领导者的工作起着引导作用，具体体现在对管理活动的控制上。目标为组织成员的活动指明了方向，而且提供了标准，使成员在实现组织目标的过程中清楚懂得下一步努力的方向，哪些是重点要努力争取实现的，哪些是次要的，并能准确评价自己做得怎么样，这样便实现了组织成员的自我控制和自我管理。

目标也指导着上级对下级的控制，领导者用目标控制员工比用权力意志控制员工更易被员工接受。有了目标管理在无声中得到实施，领导者就可以根据对目标的及时检查，掌握下级实施目标的情况和达成目标的效果。

目标不但使领导者的行动有了依据，使领导者的思想有了明确的方向，而且还能激励领导者的斗志，开发领导者的潜能。所以，从这一意义上说，组织目标可以直接拉动领导力的提升。

一个有能力的领导者必然会给企业带来较高的业绩，但怎样才能证明一个领导者的能力呢？要证明这一点并不仅仅是看领导者个人才智如何超凡，其个人权威、形象如何高大，个人的领导影响力如何之强，而是要看其是否真正能履行其职责——为团队制定明确而坚定的目标。

要发挥目标对领导力的影响作用，必须注意这样几个问题。

1. 目标是成功的起点

"成功的秘诀在于坚持目标"，这句话是本杰明·迪斯雷利当选英国首相后在一次简单的演说中对自己的成功总结之言。雷利本来是一位毫无建树的作家，写过不少小说和政论作品，但都没有给人留下深刻印象。后来，他涉足政坛，并下定决心要成为英国首相。他克服重重阻力，谋求政治上的发展，先后当选议员、高等法院首席法官、下议院主席、保守党领袖等，并终于在1868年实现了自己的目标，成功当选为英国首相。

也许数字更能说明问题，1953年，耶鲁大学对当年的毕业生进行了一次有关人生目标的调查，当被问及是否有明确的目标以及实现目标的书面计划时，结果只有3%的学生给予了肯定回答。20年后，有关人员对这些毕业多年的学生进行跟踪调查，结果发现，那3%定有明确目标的学生在经济收入上要远远高于其他97%的学生。

明确而坚定的目标是成功的开始。古往今来，凡是成功的领导者无不在他们成就事业之前就为自己树立了明确的目标。

明确而坚定的目标可以产生强大的前进动力。当你面对各种困难和挫折时，如果你咬定目标，就会有无尽的激情催你奋进。当你将目标锁定心中并愿意为之努力时，你就会发现所有的行动都在引领你朝着这个目标迈进。

2. 目标要具有挑战性

远大的目标一旦实现，给人的感觉就会更加强烈。因此，那些卓越的领

把执行做到最好

导者总是将目标定在看上去似乎遥不可及的水平上,只有达到那样的目标才能给他们带来愉悦的感觉。

约翰·史考利在百事可乐取得了辉煌的成就后,转到了苹果电脑,他是百事可乐最年轻的总裁,就任时只有38岁。到了苹果电脑,史考利刚上任就遇到了很多困难,其中最严重的就是夺去史提芬·杰伯的权力。史考利拟定了一些新策略,积极推行桌面出版的观念,并推动销售人员积极推销麦金塔电脑。这样一来,销售量大增,公司开始赚钱。他在《奥德赛》这本自传体的书中交代得很清楚,他说:"我们必须提高卓越的目标,而我也要提高对各位的期望。在上个月我们的麦金塔电脑销路已好转,但现在还不是放松的时候。"

什么样的目标能使组织士气高涨,将每一个成员的能力发挥到极致,永远成为竞争中的赢家呢?一个富有进取心的领导者往往把目光投向这样一种目标——挑战性,即远大的目标。领导者在制定挑战性的目标时要因时、因地、因人而异,灵活掌握,遵循这样一条原则:不断强化必胜的观念和信念。

3. 制定的目标要简单明了

目标的制定,一定要言简意赅,简单明了,要言不烦,千万不要洋洋洒洒、枝枝蔓蔓,不得要领。

美国政府制订登月计划,根本不需要一个专门委员会花很长时间字斟句酌地写出一份冗长的、空洞的、非常难记的"目标申明"。他们认为它可以用一百种方式来表达,然而所有人都能轻而易举地理解其含义。如果一个探险队决定攀登珠穆朗玛峰,那么他根本不需要用一份长达3页的、语言晦涩难懂的目标申明来解释攀登珠穆朗玛峰的意义。

因此,高明的领导者认为,一个真正的组织目标具有强大的吸引力,人们会不由自主地被它吸引,并全力以赴为之奋斗。它要非常明确,能够使人受到鼓舞,而且中心突出,让人一看就懂,它几乎完全不需要解释。

4. 确立的目标要有一定的权威

使目标高于领导人本身,这是发挥目标对领导业绩产生巨大影响作用的重要一环。一个企业将其命运依附于某个领导者还是依托于企业的目标，该企业的成败就会一目了然。如果企业的命运是依附于某个超凡的领导人，结果往往是悲惨的。所以，必须让目标凌驾于领导人之上，即使他是世界上最伟大的领导人也必须做到这一点。

以登月计划为例，我们不能否认，约翰·肯尼迪的领导才能非常令人钦佩，我们也不能否认，他有很大的功劳，因为是他认真地提出在那个10年结束之前，登上月球并安全返回地球这个大胆而富有想象力的目标。然而，肯尼迪的领导并不是促进进步的主要因素。肯尼迪于1963年逝世，他不能再敦促、鼓励、鼓舞和领导登月计划了。肯尼迪死后，登月计划不激励人心了吗？它不了了之了吗？它不再使人感到一种民族进取精神了吗？当然没有。登月计划一经提出，其魅力就在于它能够促进进步，不管谁当总统，难道约翰·肯尼迪逝世，林登·贝恩斯·约翰逊就任总统，登上月球就变得不太激动人心了吗？当然不是，这个目标本身已成为促进进取的工具。

可见，只有目标切实可行，执行才不会有问题；如果一个企业的目标存在着严重的缺陷，一个企业的战略存在着重大的隐患，一个企业的资源存在着难以弥补的短缺，一个企业的体制与机制存在着根深蒂固的问题，那么就谈不上提高员工的执行力！

四、善于安排下属的工作

作为领导，给下属安排工作，是日常事务。但经常有些领导安排工作的时候出现这样那样的问题，这是为什么呢？毫无疑问，你没有掌握安排工作的技巧，没有把安排工作的要素表述完整。是否善于安排工作，也是领导力的一个重要体现。善于安排工作的领导者，执行力自然就强；不善于安排工作的，下属心里自然会模棱两可，有的甚至是一头雾水，你说下面的执行又怎么能有好的结果呢？

但在现实中，身居管理者位置的人并不一定会自然具备正确给员工安排工作的能力。事实上，许多管理者都是非常拙劣的工作安排者。他们虽然也分配工作，但对工作的情况、员工的情况却不完全了解。他们常常把工作分配给不适当的人去做，结果当然很糟。等到浪费了很多时间以后，他们便又卷起袖子亲自去做。这样一来，不仅浪费了时间和金钱，而且打击了员工的积极性。

管理者的一个重要职责就是要把工作安排给别人去做。怎样做到有效的安排呢？下面几点是值得领导者在安排工作时务必要讲清楚的：

1. 确定安排的工作

管理者可以把任何一件员工能够处理的工作安排给员工去做，但在安排工作之前，管理者首先要对即将安排的工作有一个全面的了解。

确保自己理解了这些工作都需要做些什么、有些什么特殊问题或复杂程度如何。在你没有完全了解这些情况和工作的预期结果之前，不要轻易安排工作。

当你对工作有了清楚的了解以后，还要使你的员工也了解。要向处理这件工作的员工说明工作的性质和目标，要保证员工通过完成工作获得新的知识或经验。最后，把工作安排出去以后，还要确定自己对工作的控制程度。如果一旦把工作安排出去，自己又无法控制和了解工作的进展情况，那就要亲自处理这件工作，而不要再把它安排出去了。

管理者最好不要把"烫手"的工作安排出去。所谓"烫手"的工作，是指那些需要紧急处理而又很难处理的工作。自己还没有把握能处理好，怎么能冒然让下属去做呢？这种工作最好要自己亲自去做。

2. 选择工作的人选

要做到科学有效地分配任务，领导者还应对每位员工的现实工作情况进行全面的了解。如果你了解到某位员工技术水平非常高，为了表明你对他的认可和信任，你可以亲自为他分配新任务，但是如果他手头已经有了很多等着去完成的任务，每天忙得都要加班加点，那么你最好不要在这个时候交给他新的任务，否则他不但不能感觉到你对他的器重，而且还会造成巨大的压力，影响到其他任务的进度。

分配任务并不是命令下属去做某事，然后坐等结果就完了。当你把某项工作任务交给一名员工去完成时，你应告诉他将这项任务交给他而不是交给别人去做的原因，如果有可能的话还可以指导其制订执行计划，这对于实现任务目标会有很大的帮助，在分配完任务之后还要密切监控工作的进展情况。当然，这并不意味着当工作进行过程中出现问题的时候你就要立即介入，代替员工本人去解决问题，而是要为他们提供必要的帮助。

3. 确定安排工作的时间

安排工作的时候，告诉你的员工，什么时候开始，什么时候结束，中间的过程中，什么时间为关键时间段，如果计划时间内不能按时完成，可能会多给多少时间来缓冲与补救。工作中没有时间观念是不行的，时间观念不强，就没有效率，没有效率，就做不出什么业绩。

安排工作的时间最好是在下午，你要把安排工作作为一天里的最后一件事来做。这样，有利于员工为明天的工作做准备，为如何完成明天的工作做具体安排。还有一个好处，就是员工可以带着新任务回家睡觉，第二天一到办公室便集中精力处理工作。

面对面地安排工作是最好的一种安排方法，这样安排工作便于回答员工提出的疑问，获得及时的信息反馈，充分利用面部表情和动作等形式强调工作的重要性。只对那些不重要的工作才可使用留言条或转告的形式进行安排。

4. 正式安排工作

在安排工作之前，需要把为什么选他完成某项工作的原因讲清楚。关键是要强调积极的一面。向他指出，他的特殊才能是适合完成此项工作的；还必须强调你对他的信任。同时，还要让员工知道他对完成工作任务所负的重要责任；让他知道完成工作任务对他目前和今后在组织中的地位会有直接影响。

在解释工作的性质和目标时，要向员工讲出你所知道的一切。不要因为

| 把执行做到最好 |

没有讲完所掌握的信息，而给员工设下工作的陷阱。你要把所有的目标全部摆出来：是谁要求做这件工作的，要向谁报告工作，客户是谁等等。还要把自己在这个工作领域的体验也告诉员工，让他们了解过去的一些事情是怎样处理的，得到了一些什么结果等。

给员工规定一个完成工作的期限。让他知道，除非在最坏的环境条件下才能推迟完成工作的期限。向他讲清楚，完成工作的期限是怎样定出来的，为什么说这个期限是合理的。另外，还要制定一个报告工作的程序，告诉他要在什么时间带着工作方面的信息向你报告工作；同时，你也要向他指出，要检查的工作的期望结果是什么，使他明确要求。

最后，要肯定地表示自己对员工的信任和对工作的兴趣。像"这是一件重要工作，我确信你能做好它"这样的话，可以对员工发挥很大的激励作用。总之要记住，安排好工作，不仅能节约时间，还可以在员工中创造出一种舒畅快乐的工作气氛。

5. 说出想要的结果

告诉你的员工，你所预期的最终结果如何，如果有可能的话，也可以把预期的阶段性结果或预期的进度性结果告诉他们，在什么时间，进展到什么程度，达到什么结果。这样，你的员工做事的时候，会有清晰的目标，不至于盲目蛮干，甚至出现严重的偏差也不能及时纠正。如果你没有办法预计阶段性的结果，那没关系，不过你一定要将你最终想要的结果讲清楚。

五、让下属乐于执行命令

管理者在下达指令时一定要明确，否则会让下属搞得一头雾水，那样是干不好工作的。明确的指令实际上包含两个方面的内容：一是下达指令的对象要明确，即让谁来完成这项工作；二是下达指令的内容要明确，即让下属做什么工作，有什么要求，在什么时间完成，这些都务必要说清楚。

指令也是一种沟通，上司在下达指令之后，还必须说明自己说的"谁"

在哪里，切勿用模棱两可的词句命令下属。

污水处理厂的王厂长想推行绿化工程，他率领有关人士作现场巡视时，一边走一边指划着，"这里可以种些夹竹桃"，"这里可以种些杜鹃花……"一个月之后，这里都遵照王厂长的指示种满了植物，而王厂长没有提到之处仍是老样子。过了一段时间，王厂长突然想起了这件事，便将总务科李科厂叫到办公室："上次谈到的绿化计划，你还没有呈报上来，是不是有什么问题啊？"

李科厂吃惊地回答说："啊！那一件事，早就实施了。"王厂长也大吃一惊，问："谁下的决定，我怎么不知道呢？"

李科厂理直气壮地说："怎么会呢？你在某月某日巡视工厂时，就下达了指示，我特地记录下来了。"

这就是一场沟通误解造成的工作失误。其实王厂长心目中认为这项绿化工程需要一笔大的经费，那些话只是为下属计划作参考的，没想到下属竟把它当成命令了。

而李科厂虽然没受训，心里也抱怨死了："怎么说了又不算呢？随便说说不是指示，那上次搞重修扩建，也是在酒席上随便说的，起初自己还没注意，听到了他第二次督促才知道那是个指示。于是赶紧弥补，最后他说得越来越重要，差点因为没有完成任务而挨批。"

做领导的对下属说话也不可太随便，因为下属会把你的一字一句都当作指示且奉行不误。不过，最关键的一点还是领导应该把自己对下属的意见和指示分开，遇到指示，要特别强调说明，交代清楚。譬如说：

"这只是我的想法而已，不是命令，你们可以斟酌着自己制订一个完备的计划。"

"你们先提出绿化方案，让我看看以后再说。"

如果厂长对下属这样强调一下，就不至于再发生类似的事。再说，到合适的时候再下达命令，也比那些经常性的指示威力大得多，如果你胡乱说了一大通，之后只能让下属瞎猜，就很容易造成工作上的失误。

领导者在下达命令时切忌命令不清。只有明确指令，才能令到即行。

把执行做到最好

有的上司喜在命令之前，加上"也许"的字眼，往往令人无所适从。例如："明天有个会议，也许你应该去听听。"在下属听来，好像是可去可不去。如果不去的话，又怕是重要会议；但如果去的话，又怕是不重要的会议，阻碍了做其他事情。下属总不能反问上司："是应该去，抑或不去？"这样问，无疑是批评上司的指令不明确，但是不问清楚，又怕被上司指为擅作主张。上述情况，往往会发生在许多上司的身上。

明确的命令，包括做该事项的目的、内容、有关的时间和地点，以及建议的处理方法。有时候，因为上司本身的疏忽，令下属不能预期做妥工作，反被上司指责。这样的上司做不得，所以，上司在下命令时一定要明确，让下属知晓该干什么，这才能显示出干练的作风，你也会成为一个好的领导者。

命令是管理的基本形式，"有令必行"是管理工作的原则。发布命令不仅是一句话、一张纸而已，更要懂得一些技巧才行，因为到处是命令，等于没有命令，只有最恰当、最正确的命令，才是最有效的命令。只有技巧性地发布命令，才能让下属心甘情愿地接受命令，把命令落实到实处。那么，该如何使用你的命令权呢？

1. 下达指令要准确无误

许多领导者都有这样的毛病：下达"不着边际的指示"，却奇怪下属为什么没有有效执行。事实上，该检讨的是领导者。再有能力的下属，如果弄不清楚领导者究竟要他做什么，当然无法完成任务。

命令明确为分清职责提供了条件，当工作中出现问题时，很容易分清是领导者的责任还是下属的责任。这样可以防止相互推诿，减少工作中的矛盾。另外，它为客观评价下属的工作也提供了前提条件。

发出正确有效的指令，其要点是指令要明确、要相对稳定。只有发出的指令是明确清楚的，才能使下级对同一指令产生相同的理解，员工才会有一致的行动。要使指令明确，在发出指令时就要使用准确的词语，多用数据，减少中性词语和模糊语。指令应当包括时间、地点、任务要求、协作关系、考核指标和考核方式等内容。指令还应当简明扼要，一目了然。

如果指令变化太多太快，缺乏稳定性，下级就会形成一种采取短期化行为的倾向，以便捞取好处。或者下级根本不信任领导发出的指令，这就会难以管理和控制。因此，在发出指令前要仔细审查指令的可行性，在执行中可能遇到的阻力，以及处理的方式。向下级解释清楚指令的内容和要求执行的原因，以统一全员的认识。如在执行过程中发现指令有不切实际的地方，应因事因时而异，区别情况采取不同的补救措施，更正发现的原则性的错误。

2. 用词礼貌，避免命令口吻

许多领导者在下属面前经常犯这样的错误，他们总是以一种高高在上的姿态与下属说话，传达"我是你的领导，你就必须按我的要求去做"的信号。不错，作为上级，你是有权这样去说，下属慑于你的权威也必须这样做。但没有任何人喜欢被他人命令来命令去，下属即使勉强执行，那也是心不甘情不愿，执行结果必定会大打折扣。

因此，作为领导者，在与下属沟通时要注意尊重对方，注意表达方式，避免命令的口吻，如"小张，进来一下"，"小李，把文件送去复印一下"。这样的用语会让下属有一种被呼来唤去的感觉，缺少对他们起码的尊重。为了改善和下属的关系，使他们感觉自己更受尊重，你不妨使用一些礼貌的用语，例如："小张，请你进来一下"、"小李，麻烦你把文件送去复印一下。"要记住，若想获得别人的尊重，首先要尊重别人。这句话同样适用于上下级之间。

3. 及时予以确认

上司在与下属沟通时，由于心理认识、语言技巧运用和信息传播方面的原因，下属可能会出现对工作指令认识上的偏差。同样的指令，不同的人有不同的理解，执行起来也就会有不同的结果。当你说出一句话，认为自己表达清楚了，但是不同的下属有可能对指令有不同的理解。这时，管理者就有必要把自己交代给下属的事情阐述清楚。

六、通过有效授权，深化执行力

授权如同放风筝。风筝既要放线，又要有线牵制。光牵不放，飞不起来；光放不牵，风筝不是飞不起来，就是飞上天后也容易失控，并栽到地上。只有倚风顺势边放边牵，才能把风筝放得高，放得持久。

在有限的范围内，风筝是放得越高越令人感觉妙趣横生，权力则是下放得越多越能起到更大的作用，领导者应该在自己能力许可的范围内大胆授予员工权力，这样不仅便于工作的开展，又可以最大限度地减轻领导者的工作量，让自己可以抽出更多时间去做更有价值的事。

有一位企业的生产经理就十分善于对下属进行授权，他不仅将每天生产部门内的日常工作交给助手去做，同时还将每天的生产计划、多个车间的人员调配等重要事项也放手交给助手去安排，自己只是不时对生产进程、产品质量进行跟踪。这样一来，既有效锻炼了这位助手的能力，也能使自己有更多的时间去做总体上的宏观决策。

授权只是管理者工作的一部分，授权后的监督和检查则是领导者授权工作中又一重要的内容。授权后只有监督和检查，才能保证所授权力在正确轨道上执行。

因此，管理者要想让授权真正发挥作用，就需要从以下两个方面来把握：

1. 授权前应有的心态

管理者在向下属授权之前，应该具有以下的心态，才能有利于工作的执行。

（1）做一个聪明的管理者

记住：你是领导者，不是士兵。你是决策者，而非执行者。二战时，有人问一个将军："什么人适合当头儿？"将军这样回答："聪明而懒惰的人。"的确是精辟的论断。领导的主要工作是什么？——找到正确的方法，找到正确的人去实施。作为主管你应尽可能地授权，把你不想做的事，把别人能比你做得更好的事，把你没有时间去做的事，把不能充分发挥你能力的事，果断地托付给员工去做。只有这样，你才能不被"琐碎的事务"所纠缠，而有充足的时间思考和处理"重要的事情"。成功的领导不是整天忙得团团转的人，而是一切尽在掌握、悠然自得的人。诸葛亮是个很好的谋臣，但不是一个好的领导，"事必躬亲，呕心沥血"，结果没有培训出能独当一面的下属，以至于他死后"蜀中无大将"。

(2) 敢于承担风险和责任

如果员工把事情办砸了，应勇于为其承担责任，而不要推诿。员工的错误就是你的错误，员工的缺陷就是你的缺陷，员工的失败就是你的失败，至少用人不当就是你的责任。

(3) 不要惧怕员工"功高盖主"

作为领导，不仅要有统率全军的能力，还要有鼓励团队超越的胸怀；不仅要脚踏实地拼搏，还要具备激励和提携员工的韬略。激励他人成功是自己最大的成功，促使他人进步是自己最大的喜悦。

(4) 对员工要有信心，不要怕员工犯错误

一个足球队员如果要不犯错，最好的办法可能就是站着不动，但是也永远不可能进球。作为一个领导者，不要怕员工犯错误，恰恰要鼓励他们创造性地开展工作。授权是培养激励员工的过程，绝不能因为怕员工犯错而不给予机会，相反应提供充足的机会以使员工成熟，从而尽量少犯错误。

2. 授权后应如何追踪

管理者在授权之后，并不是万事大吉了，时刻还要关注下属的工作进程及工作效果等情况，只有经常进行监督核查，才能保证执行的效果。

(1) 要强调结果，而不是过程

疑人不用，用人不疑。要放手让员工挑大梁，要让他勇于决策，而不要指手划脚。如果过多地聚集于细节，一是使自己忽略了战略性的问题，二是影响员工的自主性和积极性。就如比武一样，只要能打败对手，你就不要管他用的是什么招法。

（2）给授权者以威信

授权应公开进行，如果授权未能公开进行，导致相关人群不知道他的权力范围，势必影响其工作开展。还有是在有人不支持他的工作时，毫不犹豫地为其扫除障碍。

（3）要帮助员工解决问题

当员工在工作中遇到困难时，在施加压力使之不要放弃的同时，应尽力帮助他找到解决问题的办法。要当一个坚定不移的支持者，而不是教练。

（4）要事先协调

如果两个人或更多人负责的工作要授权给某一个人，则必须事先协调好，否则会激化矛盾，产生阻力。最理想的办法是把其他的人另行安排。

（5）要防止权力被滥用，要建立反馈和控制机制

权力导致腐败，绝对的权力导致绝对的腐败。对授权者应在制度框架下进行约束和监督。

（6）奖罚分明，以充分刺激其积极性

对屡败屡战最终获得胜利的员工，要进行重奖；对有违反军令和不受军令者，要进行重罚。对把任务当球踢的员工绝不姑息；否则你将丧失威信，你的团队将彻底丧失战斗力。

七、修炼领导力，提升执行力

执行力与领导力的关系就是下属的执行力源于上司的领导力。执行力是领导力里的一种，有领导力的领导，执行力通常都很好；如果执行力不好，领导力一般也不会好。因此，对于企业管理者来说，修炼自身的领导力，有利于提升执行力。

一个人到花鸟市场上去买鹦鹉，看到一只鹦鹉前标着：这只鹦鹉会两种语言，售价200元；另一只鹦鹉前标着：这只鹦鹉会四种语言，售价400元。这两只鹦鹉同样毛色鲜亮，模样可爱。究竟该买哪一只呢？正当这个人犹豫不决时，他发现不远处还有一只鹦鹉，这只鹦鹉看上去又老又丑，确实觉得

不怎么样。但奇怪的是这只鹦鹉标价竟是800元,难道它会8种语言?这个人不解地向店主寻问缘由?

店主说:"不是"。

这个人更加不解了,"那它为什么值那么多钱呢?"

店主说:"因为它能指挥另外两只鹦鹉干活,是'老板'。"

鹦鹉老板虽然在语言方面不如另外两只鹦鹉,但它却可以指挥它们高效工作,这就够了。

可见,领导者不一定样样都行,但一定要具备领导力。

就像技术的创新离不开设备工艺的改进一样,当然执行力的提长,也离不开领导力的修炼。领导力是一种能力,它能激发企业成员的信心,赢得他们的支持,来实现企业的目标。在如今高度竞争的年代,企业呼唤强势的领导力来带领企业在竞争中脱颖而出,因此,领导者只有不断修炼自身的领导力才能提升企业的竞争力,使企业立于不败之地,并在此基础上不断发展前进。

领导过程是管理者工作的重要组成部分,涉及了变革、激励和影响等种种职责。领导并不是以抽象的方式独立存在的,而是涉及一系列和领导者、被领导者或是人群、环境中的各种力量等相关的因素。一个充满了人格魅力,富有愿景的领导者正是一个深处竞争中的企业所需要的,他可以带领它成就世界级的成功。

领导者在企业的管理中会面临种种两难的困境。诸如广泛授权还是事必躬亲,合作还是竞争,信任还是变革,精简还是集权,收入增长还是成本控制等等,任何一个领导者在面临这些问题时都应该通过不断修炼自己的领导力来提升自身以及整个企业的竞争力。

接任杰克·韦尔奇成为通用电气公司的董事长和CEO的杰弗里·伊梅尔特在就任之初就面临着许多困难,首先,他很难超越像杰克·韦尔奇这样强大的领导者,此外,伊梅尔特接任的大背景是股市熊市开始以及"9.11"袭击加剧了全球经济放缓,而且,拟议中的GE购并霍尼威尔的计划流产,环境保护署也正迫使GE解决因为向哈德逊河倾倒PCBS而产生的问题。

> 把执行做到最好

尽管如此，伊梅尔特仍然带着自信声称："无论相信与否，从操作上来说我清楚如何做好这个工作。"他确信公司内部的人都已经准备好接受这个交接，因为他已经在先前GE的领导工作中建立了优秀的声誉。他在GE已经有20年的经历，在接任前担任GE医疗系统的总裁和CEO。他接受的教育是哈佛的MBA，他主修应用数学和经济学两门学科，成立兄弟会并任主席，并在橄榄球队里做攻击型拦球手。他深信这些经历都对他的领导力有决定性的影响。

为了带领GE继续前进，伊梅尔特第一个战略改革是加速将GE由一个低利润的制造商转变为利润更丰厚的服务性公司，推销问题解决的能力而不仅是销售耐用商品。他想要加速GE的改革步伐，他认为GE是一些较小的、有充分发展空间的公司的组合。"我并不感到因规模而负重难行。在GE，一个好主意价值10亿美元，而不是100万美元"。

此外，伊梅尔特还运用数字化的力量来减少管理成本，同时，他还希望通过进一步加大运用在线拍卖的方式购买零件和供给来减少成本。

另外，他所做的一项改革是收购更多的公司。伊梅尔特解释道：2002年的股票价格探底使得很容易收购其他公司，因为收购它们的价格很低，他将此解释为一种施展进攻的策略。

伊梅尔特运用了与韦尔奇完全不同的管理风格，他通过取悦员工而不是斥责他们来贯彻指令，伊梅尔特认为他自己是一个非常现实而无情的领导者，但并不会使人难堪。他周围的人注意到，伊梅尔特是一个非常富有激情和竞争性的人。他充满对新观念的热情，也会对绩效不良的运营部门挥舞大斧头。

在伊梅尔特的带领下，GE在全球经济缓慢进步的大形势下仍然迅速发展，并没有出现因为领导层的变更而遭受停滞甚至是毁灭性的打击。

伊梅尔特在谈起自己的领导力时说，正是因为在GE电器部的那一段很短的时期里处理过一次上百万的不合格的冰箱压缩机的召回事件，这使他从一个平和少语的人转变为一个经常发表意见的人，那段时期也让他学会了如何作鼓舞人心的演讲，他认为，在艰苦挣扎的经营中能锻炼出令人难以置信的领导技能。

可见，成为一位领导者，并带领企业不断在竞争中获胜，就必须不断修炼自己的领导力，进一步开发自己的领导技能。虽然这是一个漫长且复杂的过程，但更是一个有所回报的过程。

这样看来，对于企业的各级管理者来说，执行和领导几乎就是同义词了。领导的主要职责是执行，而有效的执行需要得力的领导。

八、提升执行力先从领导做起

现在有许多老板都自以为自己知识渊博、经验丰富，他们在慷慨地把《执行》送给管理层人手一册时，想当然地认为自己是老板，是决策者，需要的是领导力，而管理者们处于执行层面，他们需要的是执行力。实际上老板没有看到，当他用一个手指指着下属斥责他们缺乏执行力的时候，他其余的多数手指都是指向他自己：实际上，部下执行力差，往往是老板领导力弱的反映。

为什么这么说呢？

1. 领导是执行的主体

许多领导者认为自己的任务就是制定战略决策，而执行属于下级人员的事情，不值得自己费神。这些领导者认为自己的责任就在于描绘远景，制定战略，至于执行嘛，那是下属的事情，作为领导者只需要授权就行。这个观念是绝对错误的。相反，执行应该是领导者最重要的工作之一。

执行是否到位既反映出组织的整体素质，也反映出领导者的角色定位。领导者的角色不仅仅是制定战略和下达命令，更重要的是具备执行力。如果某位领导者认为从事管理工作不需要执行力，那么这位领导者的角色定位一定有问题。

组织要培养执行力，应把工作重点放在各层领导者身上。领导者的执行力能够弥补战略的不足，而完美的战略也会死在没有执行力的领导者手中。在这个意义上，我们可以说执行力是组织管理成败的关键。为了更好地实现战略目标，我们必须反思领导者的角色定位——领导者应该不仅仅制定战略，还应该具备相当的执行力。

2. 做一个有执行力的领导

一般我们理解的领导，需要具有战略眼光，能够站得高、看得远。除此之外，领导不光是决策的制定者，领导自身也要是执行者。如何才能做一个有执行力的领导呢？

（1）领导首先必须懂得放权

领导是"掌舵人"，就是知道企业要向哪里去，所以，领导更多时候，应该去思考企业的战略以及如何实现企业的战略，所以，领导大多时间都应该从宏观的角度来看问题，并且在干部培养上努力，在此基础上放权，给干部以权力，让他们去发挥其才能，为战略而努力，领导则重点在于监督与管理。

（2）领导要懂得用人

用人的关键，是找到合适的人，用合适的方式让员工更努力，所以，领导首先应该是伯乐，具有犀利的眼光；其次要有领导力、影响力，掌握良好的激励员工、影响员工的技巧。

（3）领导要与下属同苦乐

只有舍，才能得，不舍，则不得。所以，领导在激励员工上，不能太抠门，该给的就得给，该奖的就要奖，否则，员工迟早对领导失去信心，一旦员工失去了信心，执行力便很难提高了，所以，舍得很重要。

因此，当企业的执行力不理想的时候，领导首先要检讨自己，从自身找原因。只有真正找到问题的症结，才能从根本上改变执行力不佳的现状。

3. 执行力离不开领导的指导

指导力是执行力的源头。作为领导者，你要求下属所执行的战略，他们真的清楚吗？在执行前，你是否结合他们的具体情况，和他们一起讨论过具体执行的方案呢？在执行中，你自己又是如何进行动态的监管，并提供及时的指导？当下属执行不力时，除了发挥职位的威慑力，来自你的建设性意见又有多少？

一个优秀的领导者，一定不能以超然的"领导者"自居，相反，他应是一个高度关注执行过程、切实指导执行方法的"指导者"。一味地抱怨下属执行力太差，只能说明你对执行的指导力太差。并且，从因果关系上来说，指导力决定执行力，指导力比执行力更重要！

现在，几乎每个组织都在学习执行力、强调执行力。但在执行的过程中，不可忽视极其重要的一点——指导力。作为领导者，如果你不能有效地指导下属，下属如何执行你的战略，整个组织的执行力如何体现？

执行力的强弱不只是源自员工信念的强弱，相反，面对不同信念的员工，领导者应该施加不同方向、不同程度的指导，帮助下属寻找执行的规律、深化执行的方法、接近执行的目标。

由于职位的影响力，领导者也比下属更能发现和解决实际执行过程中存在的较大的隐性障碍，有些困难在下属看来，甚至是不可逾越的，但在领导者的指导下，就有可能轻松地予以克服。

由于事实上的上下级关系，领导者和下属之间在组织内部已经形成了事实上的"传、帮、带"关系，而这种关系，是其他部门的人，包括间接领导者，都不愿意或者很难介入的，所以作为领导者，指导下属就成了一种职责。优秀的领导者都是善于利用每一次见面的机会来传授经验，指导下属。这样，在提高下属操作能力的同时，也提升了领导者自身的执行力。

九、落实执行力的必备要素

落实企业执行力的重担主要落在中基层领导者身上，中基层领导作为企业高层和员工的连接环节，往往要面对两方面的压力，一方面是高层对决策的执行效果不满意，另一方面基层员工感到很委屈，抱怨高层决策质量不高，缺乏操作性。中基层领导则是夹在中间左右为难，不知如何是好，这种困惑主要是因为中基层领导没有把握好自己的角色定位而导致的。

| 把执行做到最好 |

上级领导的角色是统览全局，制定企业发展的大政方针，充分授权，让中层领导某一项目的执行工作；基层的角色是策略的执行者，一切听从指挥，努力将决策转变为现实。中层承担着什么样的角色呢？很多位于中层的人士自己也搞不清楚，简单地把自己看作二传手的角色，上级有什么决策，传达给基层，再将基层的执行结果上报给高层，甚是轻松自在。这其实是中层领导对自身角色的错误界定。

陈述是某家企业生产主管，一次老总向他交代说，广州客户需要的订货必须在明天发出，陈主管就把老总的要求通知给了手下负责人王科长。第二天老总打电话询问货发出去没有，陈主管说：我给您问一下负责发货的王科长。陈主管打电话一问才知道还有大量的产品没有打包，老总得知情况后大发雷霆，命令陈主管马上下车间，动员一切力量把货发出去。因为这批货非常重要，只有提前发货才能在与竞争对手的比拼中获得优势，保持市场占有率。如果今天不能发货，就会贻误商机。但是作为中层领导的陈主管并没有认识到老总决策的重大意义，觉得自己的责任就是将老总的意图传达给下属去执行，发现老总情绪不对头时，就对王科长呵斥："告诉你今天要把货发出去，还磨磨蹭蹭、拖来拖去，你想拖到什么时候？"王科长则感到自己很委屈，这几天人手不够，招不上人来，新员工不熟悉工作流程，遇到这样的情况谁有办法呢？再说老总应早点通知才是，昨天干了大半宿，一直都没休息，还想怎么着？

后来老总亲自来到车间指挥，这批货终于按时发出去了。老总算是松了口气，对车间里的员工说，我要不是多操心，非耽误了大事不可。陈主管也顺着老总的意思指责王科长说："这下知道发不出货的后果了吧？人手不够也要想办法，不能耽误大事啊。"王科长对主管的这种做派很是不满，但因是自己的上级，就没有吭声。

这家企业的执行力落实不力，主要原因就在于中层领导没有认清自己的角色定位，简单地认为中层就是起个上传下达的作用，把上级的旨意传达给下属，出了问题就责怪下属，既不承担协助上级制定决策的责任，也不承担下属执行不力的责任，时间长了就会形成不愿意承担任何责任的习惯。

关键三　领导力决定执行力

与上述企业中层领导的做法相反，有的企业的中层是从基层被提拔上来的，但是角色没有转变过来，还跟以前似的，什么事都亲自去跑，结果自己忙得手忙脚乱，而整个团队的执行力却很差，同样也没有取得应有的执行结果。

以上两种错误的做法——无作为、瞎作为都是没有正确认识到中层在执行中的角色所致。中层在企业中承担着不可或缺的角色，他们对执行的结果有着重大的影响。在企业，高层制定策略，对决策负责，但是高层不可能对公司的一切事情都了解得一清二楚，中层应做好高层的助手，调查好实情为高层制定正确的决策提供依据，如果基层在执行决策后发现决策脱离实际，缺乏可操作性，影响到执行结果，中层负有不可逃脱的直接责任。另外，中层还要领导基层员工不折不扣地执行上级的计划，对执行的进度进行跟踪和检查，以保证圆满完成任务。这两种角色既可以促使中层献计献策，协助制定出科学的决策，又可以使其根据执行过程中的实际情况灵活调整策略并上报上级领导，这样即便策略存在某方面的不足也能很漂亮地执行，把事情做圆满。总之，中层对于上级领导来说是策略的执行者，对于基层来说是执行的领导者，基于对这两种角色的认识，扮演好角色，中层应努力提高以下几种能力。

（1）领悟能力

中层作为执行策略的领导者，在开始执行某个项目之前，一定要吃透上级领导的意思，把握好做事的方向，否则方向出了问题，工作就很难执行到位。

（2）计划能力

高层制定的策略为中层执行提供了总体的目标，但是怎样实现这一目标，还需要中层在执行之前确立具体的工作计划，包括任务怎样分配，时间怎样安排，事情处理的先后顺序等。

（3）协调调度能力

许多工作需要全体成员合作才能完成，这就需要中层协调好内部上下级之间、部门与部门之间的关系，加强团体对外部客户、有关组织的协调，以使策略顺利得以实现。

(4) 控制能力

不管计划得怎样周密，事情不可能完全按着计划好了的路径发展，决策实施过程中出现的意外很可能使计划落空，达不到预期的效果，给企业造成直接与间接的损失。这就需要中层领导具有控制局面的能力，不断地发现问题、解决问题，将危机消灭在萌芽状态。当然，要控制好局面就需要中层有很好的判断能力，在错综复杂的环境中弄清事情的真相，找到问题的症结所在，这样才能制订出合理的应对方案。

中层领导只有认清了自身的角色定位，着重提升以上几方面的领导能力，才有可能成为优秀的中层管理者，带领下属更好地执行上级的决议，创造出超人的业绩。

关键四　执行力离不开影响力

　　组织管理心理学认为：一个领导者要实现有效的领导，关键在于他的影响力。在大力提倡执行文化的前提下，一个企业执行力的强弱，与该企业领导者的影响力有直接关系。一个企业执行力的强弱，不仅决定于领导者权力的大小，还取决于他自身素质对全体员工的影响力。要想充分提高自己的影响力，就必须在自身素质上下功夫，通过自己的优秀品质、表率作用对员工起潜移默化的影响，用"心"去经营，用"心"去管理，才能最大限度地调动员工的积极性，使自己的执行力发挥到极致。

一、己正才能正人

俗话说:"喊破嗓子不如做出样子。"要想管好下属,管理者首先要管好自己。要下属做到的,首先自己要做到。只有这样,管理者在安排下属工作的时候,才有说话的本钱。

《论语》中说:"其身正,不令而行;其身不正,虽令不从。"清朝道光年间,为了抵抗外国列强的侵略,陈化成70多岁了,仍旧接受了道光帝的使命,率领军队驻扎在宝山。一天夜里,忽然刮起了狂风,暴雨倾盆而下,致使驻地附近的水塘迅速涨溢,大水随之向营区蔓延开来。随从的将士请陈化成把帅帐移到高处,以免大水进入影响休息。陈化成说:"我的大帐是士兵们的向导,一旦移动了,士兵们不明原因,必然会使军心动摇,影响士气。况且士兵们都睡在泥水中,我却一个人高高在上,这怎么行!"坚决不准移动帅帐。七十多岁的陈化成坚持在水中处理各种军事事务,这件事感动了所有的士兵,士兵的士气大增,作战英勇无比。

管理者在员工眼中,同样也要具有某种他人所没有的特质,若你不具备某种独特的风格,就很难获得员工的尊敬。在此特质中,最重要的即在于管理者的"自我要求"。你是否对自己的要求远甚于对员工的要求呢?偶尔,你会站在客观的立场,为对方设身处地地想想吗?这种态度与涵养是身为管理者所必备的。一天到晚只为自己打算的人,绝非优秀的管理者。

只有不断地反省自己,高标准地要求自己,才能树立起被别人尊重的自我形象。如果管理者对客户鲁莽无礼或说三道四,那么员工也会如此。如果管理者对员工与客户公平、尊重,这同样会在员工身上得到体现。

管理者如果能够身先士卒,以积极正确的表率作导向,就可以激发员工努力向上的干劲,调动员工的积极性;反之,管理者持一种消极观望的态度,只能削减员工的工作热情,使他们对企业的发展前途失去信心。

由此可见,管理者的行为对下属的激励作用是多么的巨大,甚至比言语和舆论的作用大得多。也正如俗话所说的:"上梁不正下梁歪,强将手下无弱兵。"领导的表率作用永远是激励员工的最有效的方法。

许多管理者总是忽视对自身的严格要求，发生错误时总是喜欢推托责任，找下属的麻烦。譬如一个公司到了不得不开发新产品的时候，才想起来召集人员搞研发工作。一个无能的管理者常常抱怨别人在关键时刻拿不出新的构想，其实，新构想不能全靠员工去构思，身为管理者应该多动动脑筋，先制定个框架，或先为员工指明个方向，然后再要求员工全力筹划，这样靠着双方的努力才能顺利达成目标。如果只是把责任全部推给员工，即使事情成功了，也会失去员工对你的信任。要知道，管理者是需要做领头羊作用的。

管理者只有身体力行，以身作则，才能建立起人人遵守的工作制度。

比如说要求公司的职员遵守时间，管理者首先要做出榜样；要求员工对自己的行为负责，管理者也必须明白自己的职责，并对自己的行为负责。

在企业中，如果管理者能够率先垂范，能够以身作则，那么这种激情和精神就会影响员工，让大家形成一种积极向上的态度，形成热情的工作氛围。可以说，管理者的榜样作用是具有强大的感染力和影响力的，是一种无声的命令，对员工的行动是一种极大的激励。

因此，作为员工的领头人，管理者要处处严格要求自己，成为员工的标杆人物。这样，就会产生强将手下无弱兵的激励效果。

管理者处在众人瞩目的位置，既是组织管理者，又是示范引导者，管理者的所作所为很容易引起下属的模仿。在这种情况下，管理者如果骁勇善战，员工就会不计安危冲锋陷阵；管理者如果处处吃苦在前、享受在后，员工就会不计私利、甘于奉献。

管理者要培养良好的自律性，成为员工的表率，最好能参照以下几点建议身体力行：

1. 严于律己

据说，日本"最佳"电器株式会社社长北田先生，为了培养自己员工的自我约束能力，自己创立了一套"金鱼缸"式的管理方法。他解释说，员工的眼睛是雪亮的，管理者的一举一动，员工们都看在眼里，如果谁以权谋私，员工们知道了就会看不起你。

"金鱼缸"式管理就是明确提出要提高管理工作的透明度，管理的透明度一大，把每个人置于众人监督之下，每个人自然就会加强自我约束。

2. 清正廉洁

作为一个管理者，应该清楚自己的节俭行为，不管大小，都具有很强的导向作用。管理者的言行举止是员工关注的中心和摹仿的样板。中国台湾塑胶集团董事长王永庆曾说："勤俭是我们最大的优势，放荡无度是最大的错误。"他是这样说的也是这样做的。在台塑内部，一个装文件的信封他可以连续使用 30 次；肥皂剩一小块，还要粘在整块肥皂上继续使用。王永庆认为："虽是一分钱的东西，也要捡起来加以利用。这不是小气，而是一种精神，一种良好的习惯。"

3. 树立威信

制度是管理的一根标杆，但有了制度、按制度办事并不意味着一切问题都解决了，管理者的个人威信对管理的成效也有着举足轻重的影响。当然，树立威信不是一朝一夕的事情，作为管理者，重任在肩，职位越高，就越应重视给人留下好的印象。因为管理者总是处于众目睽睽之下，所以在做任何事情时务必要考虑到这一点。希望手下的员工做到的，管理者自己得首先做出个样子来，持之以恒的实际行动更甚于多余的说教。身教重于言教，在长期的工作过程中，员工自然而然会受到感染，按照正确的方法行事。

二、有能力才会有影响力

对于管理者来说，有能力才会有影响力，没有能力，就谈不上影响力。有了影响力，才能让下属自觉地服从并执行你的命令。

管理者的影响力主要体现在以下几个方面：

把执行做到最好

1. 管理者要有渊博的知识

一般来说，管理者的能力离不开各方面知识的支撑。知识，尤其是与工作相关的专业知识，是管理者的宝贵财富。专业知识不但是管理者战胜困难的力量，也是征服人心的力量。管理者具有丰富的专业知识，能够回答下属回答不了的问题，能够解决下属解决不了的问题，特别是其丰富的知识能够给下属带来实惠时，下属就会对管理者产生敬佩感，管理者也就给自己增添了无穷的个人魅力。

但是，在这个信息快速变化的时代，知识更新的速度往往超人想象。管理者必须及时掌握行业动向以及本公司的实际经营状况，根据经营环境的变化，随时随地学习新的知识。这样，才能跟上时代的步伐，取得事业的成功。

一个管理者要随时随地去研究和注意自己领域的知识与技能，而且一定要研究得十分透彻。在这方面，管理者千万不能疏忽大意、不求甚解。有些事情可能看起来微不足道，但也要仔细地观察；有些事情虽然有困境险阻，但也要努力去探究清楚。倘若能做到这一点，那么管理过程中的很多障碍就可以一扫而尽，管理者的魅力也会因此而提高。

有些管理者时时刻刻都注意身边的事务，随时随地专心学习，处处留意积累经验，他们能把自己的工作、自己的机构当作一所不断学习的学校。由于他们总是努力钻研、刻苦磨练，因此进步神速，成绩斐然。

一个明智的管理者随时随地都会注意提高自己的实力，任何事情他都想做得高人一筹；对于一切接触到的事物，他都能细心观察、留意研究，对重要的东西务必弄得一清二楚方肯罢休。他也随时随地能把握机会来学习、研究，他更是看重与自己前途有关的学习机会，在他看来，积累知识要远胜于积累金钱。

他随时随地都注意学习管理的方法和技巧。有些微小的事物，他也认为有学好的必要；对于任何做事的方法，他都要详细考察，探求其中获得成功的诀窍。如果他把所有这许多事情都学会了，他所获得的内在财富要比有限的薪水和现有的位置高出数倍，而他的个人魅力也会不断提升。

2. 管理者要是个内行

只有内行管理者才能让下属心服口服，否则，外行是不行的。所以，要带出一支过硬的队伍，必须精通自己的本职工作，做一个内行领导。"打铁还需自身硬"就是这个道理。

把海尔送上了成功之路的张瑞敏，本人不仅是管理实践上的行家里手，更提出了很多闪光的管理思想。他发扬了中国传统文化中的诚信精神，把它运用到对客户的服务当中去；他还把中国传统的回归自然的思想同现代管理制度结合起来，提出"斜坡球"理论、"赛马不相马"等人力资源理念以及"围墙之内无名牌"的品牌观念。

专业理论上的突破、管理实践上的成功，使得张瑞敏不但成为海尔的行政领袖，更是海尔的精神领袖。几乎海尔的所有成员的行动都是围绕着张瑞敏的一言一行来进行的。许多职工毫不掩饰地说："在海尔集团干，就是因为有个张瑞敏。"

世界上确实有人天生就是领导，他们天赋异禀、魅力独具，能让公众为之癫狂，但这只是极少数的例外，绝大多数的成功管理者都是普通人，他们的勤奋工作和学习造就了他们管理者的品质。比尔·盖茨就说："我的工作最让我乐此不疲的一点，就是我的四周环绕着其他热爱学习的人。"

个人的经验无法涵盖任何领域的事务，管理问题所涉及的内容之多远远超过某个人所具有的经验，所以，管理者必须敢于超越常识性的东西，不断为自己充电，读一些管理专家的著作，或者订阅一些这方面的期刊，向那些成功的管理者学些经验。

3. 能给下属做出榜样

印度圣雄甘地说："我就是以身作则来影响他人。"企业里制定了种种制度，但是无法保证人们都照章办事，这是困扰领导最大的难题。要解决这个难题，方法之一就是领导自己以身作则。

表率作用是一种巨大的影响力，它通过管理者榜样般的言传身教，使广大下属自觉地产生敬佩与信赖,从而产生巨大的凝聚力、向心力和感召力,进而转变成无坚不摧的战斗力!

韩国大宇集团总裁金宇中每天半夜12点睡觉,次日凌晨5点起床,工作十几个小时,坚持了20多年。他经常对下属说的就是:"为了明天的繁荣,我们必须牺牲今天的享乐!"他的行动感化了整个大宇集团,每位员工都会自觉地为集体利益而努力工作。

古人说:"人不率则不从,身不先则不信。"如果企业家能够起到表率作用,他们不用发号施令,下属自动就会奋勇跟上。

4. 管理者要敢于承担责任

20世纪90年代末期,三星集团受困于"大企业大制造"的错误思想。当时,国内汽车产业已经生产过剩,总裁李健熙仍然在汽车业务上投资了数亿美元。果不其然,他建立的三星汽车公司很快就债台高筑,2000年被迫贱卖给雷诺汽车公司。

这个错误的决策给三星造成了巨大损失,李健熙本人也因此一度被投资者批评为一个"失败的管理者"。韩国舆论一针见血地批评说,三星汽车公司的建立"不仅是个盲目的决策,也是官僚主义管理体制的一次失败"。更有一些偏激的观察家指责李健熙自从1987年下半年接替他父亲成为总裁后若干年内"一事无成"。

面对巨大的舆论压力,李健熙勇敢地承担起了责任。他一次性捐献出20亿韩元的个人财产,承担几乎全部投资汽车领域失败的责任。这个公告发出后,投资者都惊呆了,原来要等待裁员消息的员工们眼中含着泪花,《财富》杂志撰文称赞李健熙是"为错误的投资决策承担责任的CEO"。李健熙没有丢面子,反而赢得了下属的信任与爱戴。

熟悉业务,以身作则,承担责任,这是作为一个领导的基本要求。领导自身素质过硬,就是一张王牌,往那儿一摆,不怒而自威,下属们自然就去效法,管理好他们,也就成了水到渠成的事情了。

在很多企业中,常常有人从管理者的位置上被赶下来,其中大部分人都是由于自己没有进一步发展的实力，驻足不前，被人超越，最后丢掉了原有的位置。这些人也许具有深厚的专业知识，后来没有决心去积累经验、学习技能，遇到工作也是马马虎虎、敷衍了事，这种人无论如何也不可能在领导的位置上长久坐下去。

三、不断扩大自身的影响力

稍加留意，你便会发现，一个成功或失败的公司总是和一个成功或失败的领导者的名字联系在一起的。宝洁公司的雅克、福特汽车公司的纳赛尔都曾将这些著名的公司带向危险的边缘，而他们之后的雷富礼、小福特却利用自己的个人智慧和魅力迅速扭转了颓势，并最终引领保洁和福特走出低谷，步入正常的发展轨道。

领导者，特别是高层领导者对公司的发展至关重要，是由他们所处的特殊位置及个人强大的影响力所决定的。这种强大的影响力，更多的是来自非权力性因素的影响，这种来自非权力性因素的影响力是一种极为神奇的力量，使被领导者愿意顺从，并且去有效地完成交办的事项和任务。

大凡卓越的领导者在言谈举止上，都具有一股令人难以抗拒、挡不住的"影响力"。他们之所以大大影响到部属们的印象和态度，是因为这些成功的领导人或多或少都具有以下几种特质：

1. 引起他人注意的特质

这些领导人身上最明显的一个特质，就在于有能力引起他人的注意、向往和崇拜，并让他的追随者对他们的团体或单位产生归属感。

拥有高度影响力的领导者，几乎个个都有超凡脱俗的远见，梦想可望成真的蓝图，以及一套周密可行的计划方案。他们常常带头领军，强调团队精神，教导新进伙伴认同组织的价值观念，使伙伴们觉得跟随他是一种至高无上的荣耀，从而吸引追随者，让人不由自主地与他携手合作。

2. 要有长远的眼光和远见

企业领导首先应是一个合格的战略家。战略眼光是企业领导带领企业在不确定的环境中生存和发展的关键。企业要发展，必须有一个发展战略，这就要求企业领导必须具备战略眼光，这是构成企业领导素质最基本的要素。可以说，战略上的失误是企业领导的致命伤，会导致企业全军覆没。

战略眼光是全局眼光、长远眼光、系统眼光。例如为迎接入世挑战，企业经营者必须了解国际市场，认真对待和研究国际化的发展战略，对中国加入世界贸易组织给本行业、本企业带来的利弊客观地进行分析，加强企业发展战略研究，积极参与国际竞争。

3. 要有创新能力

如果说竞争是市场经济的灵魂，那么创新就是企业的生命。企业家作为经济发展的带头人，创新是其本质特征。企业家的创新意识直接影响和制约着企业生产经营各环节的成效，决定着企业的生存和发展。企业领导个人的创新精神与独特思维往往起着"四两拨千斤"的关键作用，他的思想与行动又可带动企业的技术创新、组织创新和文化创新。例如美国戴尔公司从上世纪创业初期的电话直销到网络直销，都是公司总裁戴尔以其独特的逆向思维方式创立的经营模式，而且他创造了大规模定制的最佳案例。戴尔公司与顾客建立直接的关系，只生产客户下订单的计算机，正是这种经营模式，使戴尔公司成为最受赞赏的企业之一。

4. 要有科学管理的能力

科学管理能力是企业领导的看家本领，是帅才，是指挥才能，是当机立断的决策能力。管理的核心在于一种约束和诱导机制，通过约束诱导，能使企业在经营中实现最佳效益，而不至于因为自身的疏漏而遭受损失，不至于产生内耗，不至于因为企业的内在潜力得不到发掘而陷入困境。海尔在经营管理实践中总结出了青岛海尔定律。即"斜坡球体论"，把它巧妙地运用于企业管理之中，成为海尔成功走向国际市场的重要因素之一。该定律从动力层面，提出了企业发展依靠基础管理的止退力、优质产品的服务和科技发展的提升力、国际市场拓展和市场占有率扩大的推动力这三种力，以及用这三种力去克服阻碍企业发展的来自内部惰性的下滑力及来自外部竞争对手的压力。

5. 要有防御风险能力

风险防御力是企业家区别于一般厂长、经理等经营者的明显特征。办企业本来就是一种风险性的事业，在激烈的市场竞争中，企业的生产经营活动具有很大的不确定性和变动性，企业所面临的风险更大，每一项决策都不同程度地存在风险。无论是企业的战略选择、制度制定、内部经营管理，还是发展过程中的任何活动，都存在着许多风险，可以说，风险往往与收益息息相关，一般认为，风险越大，收益越大。所以，为了使企业获得更大的利益，企业家还必须树立正确的风险经营意识，学会运用风险管理的方法，注重预测、分析、判断能力的提高，为提高决策水平提供必要的保证。

6. 言行一致，诚实守信

令人敬佩的领导者，都堪称是有品德的领导人，百分之百值得信赖；即使面对强大的压力、胁迫和艰难，也绝不动摇。他们总是把团体的利益置于个人利益之前，不是偶尔为之，也不是为了博得良好的声誉，而是随时随地都能让人信赖，让人不顾一切地跟随在他身旁。

一个成功的领导者不是指身居何等高位，而是指拥有一大批追随者和拥护者，并且使组织群体取得了良好绩效。真正的领导者是拥有强大的领袖气质的，让人心悦诚服并愿意矢志相随的。领导者获得追随，不是靠着领导者身临其中的居高临下，也不该是身先士卒的驾驭指挥，更不能依靠权力来发号施令，而更多的应是领导者的人格力量、领袖气质和领导魅力。

很多领导者尚不能做到这点，所以他们不能被称之为领导者，充其量只是一个管理者。做一个好的领导者，只靠发号施令是不够的，领导，其实就是如何发挥自身的领袖气质，影响他人合作和达成目标的一致性。追随者之所以愿意心悦诚服为领导者或是企业卖力工作、奋斗，在很大程度上是因为他们拥有一位"气质"逼人的领导者，他就像磁铁般捕获了追随者的心，激励他们勇往直前。

任何一位成功的领导者，都具有独特的领袖气质吸引着追随者，激发他们的工作意愿。

领导者的领袖气质或影响力，会比职位和薪水的高低、奖金更吸引员工，而这才是真正促使人才发挥最大潜力，实现计划、目标的关键所在，它可以帮助你完成许多不可能完成的任务。也许很多领导者担心和怀疑自己是否具有足够的魅力，但这大可不必，因为这种领袖气质是可以培养出来的。

四、以待己之心待人

管理者要想管好下属，光靠威严是远远不够的，更重要的是要让下属服你，怎么样才能让下属服从你的管理呢？最重要的办法是要管住下属的心，只要你付出真心，下属自然对你也会百依百顺。

"己所不欲，勿施于人"是指自己不想要的东西，切勿强加给别人。孔子所强调的是，人应该宽恕待人，应提倡"恕"道，唯有如此才是仁的表现。"恕"道是"仁"的消极表现，而其积极表现便是"己欲立而立人，己欲达而达人"。孔子所阐释的仁以"爱人"为中心，而爱人这种行为当然就包括着宽恕待人这一方面。

《论语》中提到：夫子之道，忠恕而已矣。这句话所揭晓的是处理人际关系的重要原则。孔子所言是指人应当以对待自身的行为为参照物来对待他人。人应该有宽广的胸怀，待人处事之时切勿心胸狭窄，而应宽宏大量，宽恕待人。倘若自己所讨厌的事物，硬推给他人，不仅会破坏与他人的关系，也会将事情弄得僵持而不可收拾。

孔子的这句话用在企业管理上也非常适用。

管理者管理人的方法很多，管理的手段也不一，但要想真正管理好下属，从本质来说并不复杂，只有掌握好下列一条管人的准则，你就会发现，管人其实很简单，那就是：己所不欲，勿施于人。以你想让别人对待你的方式来对待别人。

退一步想，也可以说换个角度来考虑这个问题，我们自己究竟希望别人怎样来管理我们呢？如果你想成为一名成功的管理者，那么，在你管理别人之前，你一定要弄明白你希望别人怎样管理你。

下面是国际管理集团总裁麦考梅克总结的把简单管理运用得极好的方法：

1. 言行要一致

管理者都希望他们的下属能够言行一致并且值得信赖。当管理者做出决策时，他们必然希望有关决定将会得到执行，而不是被下属忘掉或者被拖延。即使他们不明确表示出这种期望，但是这种期望也会以其他方式表现出来。这种期望是一个老板向下属作出指示的基础。与此同时，下属们也希望他们的老板能够言行一致值得信赖。也就是说，只有在老板和公司下属之间形成一种互相信赖的关系，一个公司才有可能搞好。

比如，高效率的管理者最害怕浪费时间。有些人是以天或者小时来安排日程的，他们可能会对管理者说："我会周四给你打电话。"而繁忙的管理者则是以分或者秒来安排日程的，如果你想与这样的管理者约会，他会告诉你："请于12点半钟来见我。"那么你就千万不要提前赴约或迟到。

麦考梅克指出："从某种意义上讲，为我这样的人工作，要比为另外一种人工作好得多。因为后者往往会笼统地告诉你，要在几点钟与你谈话，而后，你就可能整天都听不到他的声音。也许，他可能会在两天以后打电话过来，傲慢地道歉说：'啊，对不起，我忘了给你打那个电话。其实也没有什么重要的事。但是，这个电话又有什么用呢？不愉快和不信任的种子已经由此播下了，要想消除这种影响，就得付出更大的努力。与其如此，还不如一开始就恪守诺言的好。"

2. 目标要简单可行

一个长达10年的目标和一个1年的目标，你说哪一个更易被人接受并被付诸实施呢？当然是1年的目标了，因为短期目标更易让人找到成就感和做事的动力。

许多管理者都试图养成一种明确果断的工作作风，力求避免说话含含糊糊、模棱两可。他们通常只圈定题目，然后让下属们从自己的立场出发，去思考如何做好文章。这比较有利于有关问题的解决，而且可以培养下属独立思考的能力。但是，如果你只为你的下属订立一个远期目标，并希望通过他们发挥主观能动性去实现这些目标，那么结果可能是一团糟。

下属们对那些不够明确的遥远计划是不会感兴趣的，你必须把这些远期目标具体化，把它们制定成为比较具体的中期目标和短期目标。较长期目标而言下属更喜欢简单明了的短期目标。

3. 让下属看到工作前景

如果管理者告诉下属说，只要按他要求的去做，10年后就可以得到很高的职位，下属会感到鼓舞吗？很难说！因为10年太漫长了。在这10年里，什么事情都可能会发生。但是，下属会很乐意地希望管理者能够告诉他一两年内他会得到什么样的回报，当然，前提是他必须做得不错。如果管理者不能告诉下属一两年内的工作前景，就等于是在告诉他，他必须靠自己去创造美好前程。这种人是不适合做管理工作的。

4. 尽可能多给下属一些帮助

作为管理者，许多人往往走向两个极端。一种是控制狂，这种人希望支配下属的一切行为；另一种是自由放任型的管理者，他们重视的是结果，只要达到了预期目的，他们是不会过问其他任何事情的。

多数下属比较喜欢第二种管理者，但是，这样做往往会由于下属缺少兴趣而产生始料不及的后果。如果管理者对下属说："我并不打算过问你每天早上几点上班，只要你在工作，晚点来也是可以的。但是，我希望你能够告诉我你准备跟哪些人取得联系，当然要在事前告诉我，而不是事后。我或许能够给你提供一些帮助。"对此，下属一定会十分感激的。

可见，管理者一旦能安抚下属的心，那么接下来的工作就没有什么不好办的了。人们常说："得人心者得天下！"同样，对于管理者来说，得人心者就能得到企业的发展壮大。

五、用激情感染你的下属

卡耐基把激情称为"内心的神"。员工是工作的主体，无论遇到什么情况，只要开始工作，就要勇往直前，毫不退缩。点燃工作的激情，让每天工作都变得完美。

激情是一种感染力。一般来说，老板的工作都非常有激情，因此在与老板交往中，他的激情，会使你受到感染，你也会以激情的态度来对待工作。

比尔·盖茨有句名言："每天早晨醒来，一想到所从事的工作和所开发的技术将会给人类生活带来的巨大影响和变化，我就会无比兴奋和激动。"

他的这种理念，成为微软文化的核心，像基石一样让微软王国在 IT 世界傲视群雄。

微软在总结国内企业管理中存在的问题时，将企业分成三个不同阶段：处于第一阶段的企业有一个神人、超人，所有的规章制度都是由他说了算；第二个阶段的企业把决策者的思想变成了规章制度，然而，规章制度的管理要设计并实施，监督的成本很大，员工可能不喜欢这种规章制度；第三个阶段则是对文化的管理。这里，微软强调，要用一种企业文化、企业的核心价值来进行企业管理，如要鼓励员工对工作有激情，强调对工作的责任感。

工作的激情不是凭空诞生的，需要从以下三个方面着手激发。

1. 从内在需求激发

从主观上讲，主体能否从一种更高的视角重新审视你的工作？重新思考你所从事的工作的神圣与伟大。神圣与伟大，并不一定都指马上能看到你的工作对全人类的效果，如微软以它的软件刷新世界的面貌一样，任何工作都有它自身的神圣与伟大。假如你做了多年的教师，你很有可能为整天和小孩子、粉笔打交道而厌烦；假如你是医生，你很有可能对患者的痛苦和患者家属的愁容无动于衷。公事公办式的职业道德学习在你眼里是那么可笑，你可能会想，老板给我涨点工资可能会改变我的工作态度。其实，这时你缺少的不是薪水与职位，是工作的激情。

微软中国公司的前任总裁高群耀说："岗位可能只有一个，涨薪也许会让你高兴15分钟，但作为社会的人，会有很多需求，比如自信心、成就感、被大家认可的感觉等。业绩好的时候希望听到赞美，希望领导知道；心烦意乱的时候，希望找人倾诉。如果满足了他们'内在的需求'，激发出其内在的热情，则会产生长期的激励效果。"聪明的管理者不仅会用提职、涨薪等"外在的报酬"笼络人，还会通过一些"内在的报酬"激励人。

2. 实行科学的管理

管理一个组织老化、体制僵化，或在日常工作中充斥着勾心斗角的企业，是难以得到员工的激情的。

微软的"外在的报酬"强调公平，而"内在的报酬"则很难直接与效益挂钩，所以管理者要学会通过各种各样的途径激发它，最终目的是要发挥团队的整体作用。一位微软公司的领导人曾说："一般的公司都倾向于提拔中层干部，比如设两个处长、两个总监等等，整个组织架构的中间就渐渐鼓出一个大包。职位多了就会造成混乱，老板对大家的关注就会不够，政治斗争也会随之出现，结果往往是业务很好的人拂袖而去，留下的人为争夺职位而战。这就是夸大外在的报酬所产生的负面影响"。为了防止出现此类弊病，微软试图使企业达到这样一种理想的状况：每个员工都是企业的主人翁，工作不是为了提职加薪、邀功请赏，而是一种自觉自愿的行为，即使老板和同事没有看到，也要努力把事情做好。

我们看到，微软的员工都很渴望参加一些全球性的公司内部会议，这些会议对新员工尤其具有强大的震撼力。每个人的周围都有成千上万的人在一起交流，他们的脸上洋溢着对技术近乎痴迷的狂热和对客户发自内心的热情，这样的会议通常是在大家的欢呼、甚至是眼含热泪的情况下结束的。这些场景会激起你同样的感情，每个人都会自然而然地融入其中。一位微软人说："没有这种热情，你在和客户交流的时候就很难说服他们。这种热情就来自于我所说的内在的东西。在微软工作，热情与聪明同等重要。"

3. 塑造良好的企业文化

培养激情还有一个不可忽视的要素，就是树立归宿感。"贤臣择主而事，良禽择木而栖"，一定要是个"好"公司，才能留住"好"人才。人们在确立将来事业的目标时，都会扪心自问："这是不是我最热爱的专业？我是否愿意为这个公司全力投入？"一般而言，我们能够对自己选择的工作充满激情和想象力，对前进途中可能出现的各种艰难险阻无所畏惧。微软似乎特别能让年轻人投入热情，其秘诀，当然首先是它在软件业的霸主地位。此外，我们还不能忽视它的企业文化能投合卓尔不群的年轻人那种超凡的志趣。今年初，比尔·盖茨访华前夕，中国最大的门户网站向全世界网友征集问题，一位13岁的留美中国少年问的第一个问题是："怎样才能成为一个成功的人？"这说明，尽管微软有这样那样的不足之处，但在人们眼里，它代表一种理想，比尔·盖茨更是成功的代名词。这大概是微软能登高一呼，应者云集的秘诀之一。

激情是战胜所有困难的伟大力量，它使你保持清醒；使你全身的所有神经都处于兴奋状态；它督促你把全部精力都投入到工作中去；它使你相信自己无论做什么事情都会做得更好；它使你时刻鞭策自己不要让自己沦为平庸之辈。没有激情，你会纵容自己做事马马虎虎。你会甘于平平淡淡。你无法在工作过程中留下任何印记，无法为公司的成长贡献任何价值。等到你离开这个世界的时候，你才发现自己和千万个平庸之辈一样荒废了大好时光。

一个企业，如果员工充满了工作激情，必然是朝气蓬勃，富有活力的。反之，企业就显得死气沉沉，在激烈的市场竞争中必然会被淘汰出局。激情是火，可以点燃干柴，可以融化冰雪。要创造一个高绩效、高忠诚度的企业，管理者不但要具备科学的经营理念、理性的思维方式，更要注重运用"感情管理"，要让员工及顾客被你感动，心甘情愿地投入并付出激情。

| 把执行做到最好 |

不要怀疑成功,要永远充满激情!

如果没有激情,那么当遭遇困难时就会退却,这是工作的最大敌人。如果一个人充满激情,那么在困难面前,他们愈挫愈奋,热情不减,始终激励自我前进。

工作的激情是企业的活力之源。一个优秀的员工能创造出一种非常和谐的工作气氛,从而使周围的同事都能产生极大的工作激情,无形中提高了团队的士气。

六、增加自身的亲和力

亲和力,简单地说,就是具有一种让人想去亲近你的情感魅力。对管理者而言,亲和力是以自己的高尚品德和人格魅力联系和带动下属员工,向周围辐射而产生的影响力和感召力。

随着人们日常生活节奏的加快,工作过于紧张、矛盾日益增多,在这种情况下,亲和力就显得越来越重要,亲和力在领导力的诸多因素中占有重要的地位,起着不可替代的作用。一代伟人毛泽东在总结历史上战争胜负的规律时得出结论:"得道多助、失道寡助","决定战争胜负的主要因素是人心的向背"。一代明君李世民从历代王朝的兴衰更替中醒悟:"水可载舟,也可覆舟","得民心者得天下"。管理者需要具备多方面的知识和才能,但有能力并不都能成为好领导,更不能代表成功。主要原因在于你是否能得到群众的认可和拥戴。

亲和力不仅能增加领导者的凝聚力,更重要的是能提升自身的执行力。那么,管理者怎样才能提高自身的亲和力呢?下列几点极其重要。

1. 经常与员工聚会

每逢重大节假日时,不要忘了请大家聚会;当员工请你去参加他们的私人聚会时,最好不要拒绝,这是管理者与下属交流的大好机会,这样才能和员工打成一片。同时,你的参与也能让他们感觉到你对他们的重视和尊重。

关键四 执行力离不开影响力

管理者光靠摆架子是管不好下属的，这样他们会对你敬而远之。要想让下属从内心里服你，就要使他有亲近你的愿望。

有一位主管以有事为由拒绝了员工的盛情邀请，此后员工无论有什么聚会也不再向他发出邀请，这样整个部门上下级之间的气氛就淡薄了许多。有时，他明明听到员工们正在热烈地讨论什么事情，但只要他一跨进去，气氛就立刻冷却下来。他平时说些什么亲切的话，回答他的却总是一张一张讪讪的笑脸，这个问题的根源在他的那一次拒绝上。

2. 在员工生日时送上祝福

聪明的领导者是不会忘记员工的生日的，更不会忘记在这时向他祝贺，这的确是进行感情投资，展现你的亲和力的好机会。一个蛋糕，一束鲜花，即便仅是一张贺卡，也能温暖员工的心，让他们感受到浓浓的人情味儿。

3. 员工生病时不忘探望

当公司里一位普通的员工生病时，领导者若能亲自去探望，这一定会让员工受宠若惊，那种感觉一定非同一般。当领导对你说："平时感觉不到你做了多少贡献，现在没有你在岗上，才感觉工作没了头绪、慌了手脚。你安心养病吧，大家都盼着你早日康复呢！"一席话说得你心里暖暖的，你一定会感到自己在公司里的重要，不用说，今后对工作一定会更加努力。

4. 对员工的家人表示关心

家庭是员工最坚实的后盾，是员工安心工作的基础，领导者对员工家庭的关心，更会让员工无比感动。

玫琳·凯就深深懂得这个道理。当她得知公司一位机械师的兄弟患了致命的癌症，就给他写了一封信，鼓励他振作起来，勇敢面对死神。

她的这种做法令这个机械师及家人非常感动，机械师说："我的家庭是我的后盾，总裁这么关心我的家人，我一定全身心投入工作，以此表示感谢。"

5. 在细节上表示关心

领导者若能在一些不引人注意的细小事情上体现出自己对员工的关怀，这会收到意想不到的良好效果。

美国斯凯特朗电子电视公司总裁阿瑟·利维在这一点上就做得很好。他为了研究一种新的显像管，雇用了国内首屈一指的著名物理学家、电子扫描管的发明人罗森博士。罗森博士有一个弱点，那就是他很怕黑夜、打雷，有一天夜里，风声大作，雷雨交加，房屋停电，到处漆黑一片。罗森博士吓得在床上缩成一团，利维冒雨跑进他的居室，陪了他整整一夜，直到第二天天亮。从此之后，当利维需要罗森博士的时候，不管条件有多艰苦，他都会主动跑去为他效力。

6. 满足员工的特殊需求

当员工向你提出了一些特殊请求时，就尽可能去满足他，这会让员工感觉到你对他的善意，激发他为你工作的热情。

有一位新来的技术人员，正面临妻子临产，部门主管知道后就给了他足够的时间让他陪着妻子。此举让他很感动，他说："要是在原来的公司，我请这么长时间的假，不仅不会得到任何薪水，而且很可能因此而失业。"

7. 善于控制自己的情绪

许多优秀的领导者都有鲜明的个性，其中不乏脾气暴躁者，但他们同样可以成为团队的领军人物，这主要得益于他们能够控制自己的情绪。

领导者在批评下属的过程中常常会出现这样的情况，开始只是针对一件事情进行批评，但后来因情绪的激动就变成了对人的一种责骂，不仅搬出许多以前的过错，而且态度上也极为粗暴。这样的结果是闹得彼此心里都不痛快，员工由此而怀恨在心，工作积极性也受到极大的挫伤，进而在工作中产生抵触情绪，更严重的是这种情绪也会在群体中形成不良影响。

因此，在实施批评的过程中，我们一定要记住针对的是一件事而不是一个人，对员工出现的失误和错误，既要分清性质、程度和危害，不失时机地予以教育处理，又要与人为善，留点面子，不伤其人格，避免方法不当而激化矛盾，以至产生顶撞、对立的后果。

亲和力的魅力在于"亲"，体现为爱心、关心、支持、信任等，有亲才有近，有亲才有爱，有亲才有力。一个人，一脸威严和冷漠，让人望而生畏，唯恐避之而不及，是不会有亲和力的。只有怀揣爱心，以同情、友情、亲情、爱情和热情陶冶自我、关爱他人，互相感染、互相影响，才能凝聚成一种超常的智慧和力量。亲和力的魅力也在于"和"，既包含有对人与物的包容理解，展示出人的内心世界的深厚博大，也包含有对万事万物和谐相处、共同发展的理解与追求。一个人如果只有霸气而无和气，只有高傲而无谦和，只有尖刻而无和善，那就会成为孤家寡人，是难有作为的。亲和力的魅力还在于"人"，就是与人为善、相互尊重、齐心协力，真诚倾听下属呼声，真情关心下属疾苦，尽心竭力解难事、坚持不懈做好事，那么，下属也一定会死心塌地为追随你，不折不扣地执行你的命令。

七、危机关头临危不惧

风险对于一个管理者来说，可能是灾，也可能是机。风险的到来，破坏了组织系统的稳定与常态，迫使其重新进行抉择，挽回损失，树立新形象。因此，当风险到来之时，作为管理者应是临危不惧、从容应对，要善于驾驭危机，要把危机有效地转变为契机。这要求管理者既要敢于负责又要大智大勇，具有应对危机的素质与能力。

危机关头，管理者的泰然自若，对于稳定局势、安定人心、解除危机、化险为夷起着决定性的作用。

1942年，太平洋战争爆发，土光敏夫顺势而动，不到半年，建成飞机用的排气透平厂，然而刚建成，美国炸弹就将工厂炸成一片废墟。1945年8月15日，日本投降，土光敏夫高喊"重新建造一个超一流的工厂"。1946年，他作了石川岛芝浦企业的领导。

| 把执行做到最好 |

战后的日本，经济、交通遭到了重大的摧残。许多人家因炮火的焚烧，家财失却一空，就连平时煮饭用的锅、熬汤用的罐也是残缺不全。

当土光敏夫了解到上述情况后，他下令先用工厂的材料为员工们生产出锅碗瓢盆，然后又一一发放到这些急需的员工的手中。

也正是由于土光敏夫的真诚举动感动了员工，将他们在战争中涣散了的精神重新凝聚起来，石川岛芝浦企业在日本众多企业还未恢复元气之时，首先露出了勃勃生机。

为了节约成本，避免浪费。接着，他又对企业的上层管理人员进行了精简，董事人数由原来的11人减为8人；同时规定，董事的工资为5个工资较高的部长的平均数，在企业经营好转能分红之前，维持这个标准不变。

土光敏夫的这一改革举措是向整个企业宣告，经营班子决心冲在前面，为重振企业而全力以赴。他自己亲自赶火车到全国各地去争取别人的订单了。一天，他在火车上听到一些农民议论：现在的工厂不知怎么搞的，居然不生产锄头、铁皮桶和烧火用的炭炉了。土光敏夫的眼前顿时一亮：在没有订单前，我们何不生产这些东西呢？于是一声令下，原来生产军舰、大船的工厂如今叮叮当当地生产起了锄头、铲子、钉耙之类的农具。

总之，为了使企业生存下去，土光敏夫绞尽了脑汁，只要能够为企业赚取利润而石川岛又能够生产的，土光敏夫都倾注了极大的热情。

土光敏夫后来在总结这一段经历时说："一切均是为了生存。"好在这段艰难的日子因为有土光敏夫的介入，持续的时间并不长。企业在1950年新领导上任的当年亏损1.8亿日元，在第二年即转而盈余9000万日元，到了1952年，利润额竟达到了令人吃惊的4亿日元。

从土光敏夫应对危机的策略中，我们看到了一个领导者临危不惧、处险不惊的可贵品质。土光敏夫在处理危机时雷厉风行、机动灵活，他积极稳定的处理危机的态度，使危机事件朝着良好的态势发展。

通常，从处理危机事件一般过程来说，领导者应具备以下五个方面的能力。

1. 当机立断，迅速控制事态的能力

突发事件的出现，要求管理者立刻做出正确反应并及时控制局势，否则会扩大突发危机的范围，甚至可能失去对全局的控制。因此，管理者已不可能像正常情况下按程序进行决策论证和选优。突发危机决策活动中，管理者的"从容"应是快速反应，果断行动，这是解决突发事件时效性的要求，也是突发事件决策的主要特征，是并非违反常规的决策程序或决策环节，但又必须即刻反应的情形下的明智的非程序化决策行为。

2. 敢于负责、临危不惧的能力

管理者要有过硬的素质，既有胆有识又能高度负责的责任感，要能把握全局，从战略高度处理事件，沉着稳健应付危机。作为领导，只有临危不惧和临危不乱才能作出正确的决策，妥善处理危机事件。事件本身信息不完全，又关系重大，需要紧急处理，因此，处理突发事件的非程序化决策具有很大的风险性，决策措施对化解危机的作用有时难以衡量和预测。这种处理结果的风险性要求管理者在作出决策时抛开个人得失，敢于承担责任，在危机处理中具有高超的领导艺术，要有敢冒风险，敢当风险的精神和能力。

3. 打破常规，果敢行事的能力

突发事件的后果往往扑朔迷离，犹如处于瞬息万变的战场上的军队，需要强制性的统一指挥和力量凝聚。同时，在突发事件决策实效性要求和信息匮乏的条件下，任何莫衷一是的决策分歧都会产生严重的后果。所以，对突发事件的处理需要灵活，要改变正常情况下的行为模式，由管理者最大限度地集中决策使用资源，依决策经验或采纳某些建议，迅速作出决策并使之付诸实施。

4. 循序渐进，准确预测事态发展的能力

在处理突发事件时，管理者固然要有冒险精神，但也要倾向于选择稳妥

的阶段性控制的决策方案，以控制事态的发展。管理者在信息有限的条件下采用反常规的决策方式，并对决策后果风险进行预测和控制时，需回避可能造成不必要波动的方案，同时注意克服急于求成的情绪。因为突发事件的表象固然可以迅速得到控制，但其根本的处理则需要在表象得到控制的阶段上进一步决策，这又要求领导者能够根据事态发展进一步作出准确决策。

5. 完成使命，忍辱负重的能力

管理者作为危机决策和危机管理的核心，往往是各种矛盾的焦点，其承受的压力也是最大的。因此要求管理者具有强烈的使命意识，在危机处理中能够超负荷工作，有时甚至需要忍辱负重。比如基层管理者在受到员工的攻击，甚至过激言行时，要不厌其烦、耐心细致地做员工的工作，要讲究临危处置艺术，力求最大限度地减少损失或负面影响，而不能莽撞从事、激化矛盾。

因此，处理危机能力是管理者不可缺少的重要领导力之一，这种能力对下属的影响是巨大的，是深远的。能在关键时刻力挽狂澜，能让风雨飘摇的企业起死回生，哪个下属能不为之佩服，哪个下属又不愿为之拼搏呢？

八、思路清晰，要事第一

英国的泰晤士报曾举办过一项高额奖金的有奖征答活动，题目是在一个充气不足的热气球上，载着三位关系着人类生死存亡命运的科学家。

第一位是环保专家，他的研究可拯救无数人们免于因环境污染而面临死亡的厄运。

第二位是核子专家，他有能力防止全球性的核子战争，使地球免于遭受灭亡的绝境。

第三位是粮食专家，他能在不毛之地运用专业知识成功地种植食物，使数千万人脱离饥荒而亡的命运。

此刻热气球即将坠毁，必须丢出一个人以减轻重量，使其余的两人得以

关键四　执行力离不开影响力

存活，请问在这关键时刻该丢下哪一位科学家？

问题刊出之后，因为奖金数额庞大，信件如雪片般飞来。在这些信中，每个人皆竭尽所能，甚至天马行空地阐述他们认为必须丢下哪位科学家的宏观见解。

最后结果揭晓，巨额奖金的得主是一个小男孩。

他的答案是：将最胖的那位科学家丢出去。

事物原本很简单，但人们往往把他们复杂化。

思路决定出路，无论是在工作中，还是在生活中，能够对系统的把握有一个清晰的思路，从根本上说必须具备善于将复杂问题简单化的能力，也就是一针见血地捕捉问题实质的能力。所谓当局者迷，旁观者清。在繁忙的企业日常运营中，公司高级管理人员往往无法从具体事务中解脱出来，缺乏全局观点，考虑问题都是从自身位置出发，容易就问题而论问题，而无法跳出问题看问题。因此，往往站在企业整体发展的角度，需要解决的问题都并不复杂，但却人为地将其复杂化，到最后越搞越乱，谁也解决不了，找不到方向。

对于企业的管理者来说，越是在复杂的情况下，越要保持清醒的头脑，杂而不乱，清楚自己下一步该做什么，如何做？这样才能影响下属使其按部就班地工作。

1. 把复杂问题简单化

世间事情本来是不复杂的，有时候是人为搞得复杂化了。人类社会数百年来的生活方式发生了巨大的变化，但人生存发展的规律仍然不变，只是不断地变化方式，就比如马车变成了汽车。就像驾驶汽车一样，这是个复杂的事物，不仅仅是汽车的复杂，更体现在驾驶汽车的时候所需要掌握的技能以及应变不确定的外部复杂环境的影响。但万变不离其宗，驾驶汽车最重要的一件事情是方向。只要方向把握对了，什么事情都能迎刃而解。

管理企业也是如此。尽管铺天盖地的管理理论、管理模型席卷而来，然而，管理应当把握的几件事情，还是一样。管理最重要的也是方向，一个企业如果失去了对方向的判断，那么决策失误将导致企业的损失将是致命的。所以我们说，企业管理复杂现象中，只要方向把握准了，才能做正确的事情。

管理先要定战略，而战略所讨论的问题无非就是找对正确的方向，走正确的路，也就是愿景领导的概念。一个领导人要带领一个团队去谋求事业，首先解决目标问题，既有长远追求，又有短期目标。如作战略的时候，就不能把所有的问题考虑得太复杂。

因为战略首先是宏观的，其次才是微观的。

因此尽量从本源进行思考。战略无非就是要明确告诉人们，我们存在的目标是什么，在哪个领域赚钱，怎么赚钱，这样就行了。只要这三个问题想清楚了，战略也就形成了，不能整天陷入具体的事务性考虑之中，不然就会越陷越深，觉得什么事情都要解决，而什么事情都解决不了。

很多企业的决策者把握方向的能力很差，一个问题延伸出很多问题，自己给自己制造不必要的麻烦。比如容易发生的情况是这样，在一个行业里做久了，也想在这个行业里继续发展，那就围绕自己最强来设计战略，但往往不是，看到别人从某种发展模式中发展了，就觉得是不是自己企业也应该这么去走，今天这个发展了，就想学这个；明天那个发展了，又想模仿那个，结果搞得自己最核心的优势都没有了，该往哪里走又没有方向了。等到找到了方向，又迟迟不作出明确的决定，总想着先规划好每个细节再来开始，可是等到规划好了，时机早就丧失了，这样的决策是不是太可惜了呢？

因此我们说把复杂问题简单化是一种宏观的战略能力，这是战略首要的原则。把复杂问题简单化并不是否定问题的复杂性，而是要做到"在战略上藐视敌人，在战术上重视敌人"。

只要你选择了进入市场，那么决定你的脚步的不是你自己，而是市场、客户与竞争对手，而且资源永远都是有限的，人才总是有限的，时间总是不够的，企业的发展永无宁日可言，任何希望通过战略规划体系的严密构建来达至成功的观点都是不合现实的。企业管理者每时每刻都要把握好方向和对于基于愿景的追求。

2. 把精力集中在要事上

如果你能集中精力去处理最重要的任务，你就能花较少的力气做完较多的工作。何时做事最有效率？各人不同，需要自己摸索。

当你面前摆着一堆问题时，应问问自己，哪一些真正重要，把它们作为最优先处理的问题。如果你听任自己让紧急的事情左右，你的生活中就会充满危机。根据你的人生目标，你就可以把所要做的事情安排一下顺序，有助你实现目标的，你就把它放在前面，依次为之，把所有的事情都排一个顺序，并把它记在一张纸上，就成了事情表，养成这样一个良好习惯，会使你每做一件事，就向你的目标靠近一步。

众所周知，人的时间和精力是有限的，不制订一个顺序表，你会对突然涌来的大量事务手足无措。

美国的卡耐基在教授别人期间，有一位公司的经理去拜访他，看到卡耐基干净整洁的办公桌感到很惊讶。他问卡耐基说："卡耐基先生，你没处理的信件放在哪？"卡耐基说："我所有的信件都处理完了。"

"那你今天没干的事情又推给谁了呢？"经理紧追着问。"我所有的事情都处理完了。"卡耐基微笑着回答。看到这位公司经理困惑的神态，卡耐基解释说："原因很简单，我知道我所需要处理的事情很多，但我的精力有限，一次只能处理一件事情，于是我就按照所要处理的事情的重要性，列一个顺序表，然后就一件一件地处理。结果，完了。"说到这儿，卡耐基双手一摊，耸了耸肩膀。"噢，我明白了，谢谢你，卡耐基先生。"几周以后，这位公司的老板请卡耐基参观其宽敞的办公室，对卡耐基说："卡耐基先生，感谢你教给了我处理事务的方法。过去，在我这宽大的办公室里，我要处理的文件、信件等，都是堆得和小山一样，一张桌子不够，就用三张桌子。自从用了你说的法子以后，情况好多了，瞧，再也没有处理不完的事情了。"

这位公司的老板，就这样找到了处事的办法，几年以后，成为美国社会成功人士中的佼佼者。因此，无论是企业的管理者，还是企业的员工，一定要根据事情的轻重缓急，制出一个顺序表来，以便于集中精力去处理一天中最重要的事情，这样才能轻松愉快地把事情做好。

九、塑造下属认同的企业文化

　　企业文化是客观存在的，它伴随着企业的崛起而产生，伴随着企业的发展而发展，它源于企业实践，又影响着员工的行为方式。不管是有意认同还是无意回避，企业文化不是有没有的问题，而是优劣的问题；不是存在不存在的问题，而是它的影响力大小的问题。企业文化是企业在生产经营实践中逐步产生和形成的、并为员工所认同的、具有本企业特色的价值观及其行为模式。企业文化的使命是将广大员工的思想观念和行为方式调整到企业的发展战略和行动纲领上来，为实现企业的战略目标而努力奋斗。因此，建设符合企业特色的企业文化，并被广大员工所认同，不断增强企业文化的影响力，是企业文化建设中一个十分重要的课题。如今，越来越多的管理者逐渐认识到无形的企业文化比有形的机器设备对企业发展更有力量，因为最先进的管理是用"文化"来影响的。

　　但必须强调的是，企业文化不是用来标榜企业的美丽外衣，它是企业里每一个人心目中的价值观念和行为准则，是工作生活的自然习惯，它需要企业中每个员工的参与和认同。如果每一个员工都能融入到企业文化中，企业的人性化管理就实现了。因而，只有当员工和企业的价值观保持一致并完全融为一体的时候，员工的潜能才能发挥到最大值，才能创造出奇迹。

　　一般来说，成功的企业都有自己独具特色的文化，并且非常注重培养员工的认同感，能够让员工尽快融入企业文化。

　　IBM公司创始人老托马斯·沃森早在1914年创办IBM时，就设立了"行为准则"：他希望他的公司财源滚滚，同时也希望能借此反映出他个人的价值观，于是，他把这些价值观标准写出来，让所有为IBM工作的人都必须明白公司的文化："必须尊重个人"、"必须尽可能给予顾客最好的服务"、"必须追求优异的工作表现"……IBM每位员工都将这些准则牢记在心中，任何一个行动及政策都直接受到这三条准则的影响。

关键四　执行力离不开影响力

后来的事实也证实了"沃森哲学"对 IBM 公司贡献出的力量。它比技术革新、市场销售技巧以及庞大的财力所贡献的力量都大。无疑，IBM 公司的企业文化是成功的。

文化的锻造就是必须让员工"亲身体验"到，让员工感觉到文化就在身边，跟自己的工作息息相关。

1. 企业文化应彰显自身特色

要增强企业文化的影响力，就需要建设企业的特色文化。个性和特色是企业文化的一个重要特征。从企业文化的形成过程来看，企业文化与生俱来就具有独特性。企业文化是在企业发展过程中形成的，每个企业都有自己的历史传统和经营特点，它所形成的文化个性，与其他企业不同的文化特征，只为自己的企业所独有，只适用于自己的企业，这是企业生存和发展的必然。这就是企业的特色文化。

建设企业的特色文化，关键就在于它符合企业自身的实际，它可以把最适合企业发展的目标和理念转化成自己的文化符号，成为企业的灵魂。每个企业在其创业和发展过程中，往往会逐步形成自己的经营特色、组织特色和管理特色等，这些特色就是一种文化的力量。事实上，企业在长期运行中，人们对此已经习以为常了，往往会忽略它的存在，往往觉察不到这种文化的力量，因为这种特色文化的影响方式往往是潜移默化的，它所传递的行为方式也是比较内敛的。也正因为如此，这就使得许多企业无法认识到自身的特色文化，以致在企业文化建设中，不能有效地强化特色文化，使它更具生命力和影响力。

2. 企业文化能让员工感受得到

管理者应该清楚地告诉下属公司的目标是什么，然后关注目标的每个细节，让员工在自身的工作中来感受文化的不同，那么跟员工工作相关的因素有哪些呢？包括管理风格、职责权限、绩效考核、激励机制、团队关系、工作流程、培训体系、制度和规范等。

从员工接触公司的第一天，见到的第一个人起，他实际就在感受公司的文化了。诸如面试时有没有人热情接待，考官的态度，进入公司后主管和同事是否真心帮助他，是否让他感觉到公司的温馨，这些都还是初步和浅层次的文化融合。当他在公司工作了一段时间，业务开始熟悉，就会深刻体会到公司的流程、制度、规范、考核、激励机制，等等，这些是企业文化的深层次表现形式，也会使他逐步形成自己对文化的理解。

3. 企业文化能让员工做得到

思考并不能使我们养成一种新的行动方式，而实践却可以帮我们形成一种习惯。通过积极的沟通和培训使员工改变观念，按照企业文化的要求行动起来。

必须让员工行动起来，即使是带一定强制性的，但必须按照要求做，我们可以将文化与奖励或业绩联系起来，一个组织中的人们应清楚明白哪些行为是应该受到重视和尊敬，对于那些希望在事业上取得成功的人来说，这也是他们需要改进的地方，如果一家公司能够真正地将员工的回报和文化联系起来，它的文化才会真正地发挥作用。

4. 企业文化应重视人的发展

要增强企业文化影响力，需要建设企业发展与人的发展相协调的企业文化。这就要求在企业文化建设中，要充分体现人的发展的重要性，并把它作为企业文化建设的根本目标。对此，可以这样来理解，就是在企业发展的同时，企业的员工也能得到相应的发展；企业在制定发展战略时，也要制定员工的职业发展目标；企业投资者在分享发展所带来的利益时，也要让员工一同分享发展所带来的利益。这种企业发展与员工发展相协调的企业文化，体现了企业目标与员工目标的一致性，其中包括企业利益与员工利益的一致性，这样的企业文化理所当然地会被广大员工所认同，并使企业文化建设提升到了一个更高的层次。

现在已经进入了知识经济时代，知识经济的本质就是以知识为中心、以人为中心，这就要求现代企业必须追求"以人为本"的管理理念，在谋求企业发展的同时，也要谋求人的发展。因此，在企业文化建设中应体现"以人为本"，把实现人的发展作为企业的价值观。人的发展的根本意义在于实现人的价值，企业在经营管理中要体现"一切为了人，一切依靠人"的原则，为员工个人的职业发展创造有利条件。一个着眼于长远发展的企业，必然会把员工个人的职业发展作为企业的一项重要战略工作。当"以人为本"的价值观得到广大员工认同后，员工就会把企业看成是一个命运共同体，把本职工作看成是实现共同体目标的一个重要组成部分，并付诸实际行动，这样生成的企业文化就会成为企业前进的一种动力。

那些世界上有名的大公司并没有什么特别的理念，理念的真实性和公司对理念执行的一贯性程度比理念的内容更重要。也就是说，重要的是如何根据企业理念的要求改善员工的行为，自觉认同和遵从公司文化才是文化塑造的真谛和影响下属自觉工作的根本。

关键五 落实执行力的机制保障

执行力是企业把战略目标转化为最优效益、最大成果的关键所在。管理者要想真正让执行力落到实处，完善制度是保障，只要工作规范化、管理程序化、机制科学化，就没有做不好的事情。有了制度以后，还需要监督检查。再好的制度没有监督，也就成了无源之水、无本之木。制度的生命力在于执行，只要制度面前人人平等，执行起来就不难，只要对事不对人，执行起来也就不难。否则，缺少了制度的约束，提升执行力就会成为一句空话。

一、建立执行制度

众所周知，企业领导者做企业，信誉是第一位的，但只有信誉是不够的，要有一定的制度保障才行。因为员工需要一个更加开放、透明的公司环境，需要一个顺畅的内部沟通渠道，更重要的是形成一套规范的、有章可循的"以制度管人"的管理制度，增加内部管理的公平性。在企业持续发展阶段缺少"人本管理"并不可怕，而缺少行之有效、人人平等、贯彻始终的制度管理才是可怕的，它会导致管理流程混乱，执行效率低下。

因此，企业只有通过严格的制度管理，打破"人管人"的旧框架，实行"用制度管人"的管理方式，实现管理职能化、制度化，明确管理者的责、权、利，从而避免"多头领导"，才能提高管理效率和企业执行力。

同时，通过规范化的制度可以完善整体战略规划，规范执行力的标准，员工才能按照制度的要求规范行为，避免按各自的理解去做事，才能实现用制度调动员工积极性的目的。

在第二次世界大战中，美国空军为了降落伞的安全性问题与降落伞制造商发生了一起纠纷。当时降落伞的安全性能不够，合格率较低。厂商采取了种种措施，使合格率提升到99.9%，但军方要求产品的合格率必须达到100%。厂商认为这是天方夜谭，他们一再强调，任何产品也不可能达到100%合格，除非奇迹出现。

99.9%的合格率已经相当优秀了，没有必要再改进。

99.9%的合格率乍看很不错，但对于军方来说，这就意味着每一千个伞兵中，会有一个人的降落伞不合格，他就可能因此在跳伞中送命。后来军方改变了检查产品质量的方法，决定从厂商上周交货的降落伞中随机挑出一个，让厂商负责人装备上身后，亲自从飞机上跳下。这个方法实施后，奇迹出现了：不合格率立刻变成了零。

原本认为不可能的事，制度一改，奇迹就发生了。关心自己的利益是人的本性，怎样让制度顺应这种本性，以此激发人的工作热情，是制度设计者需要深思的问题。

对于企业管理者来说，如何经营企业，如何管理企业中的人，以及成功的企业最需要什么样的素质的问题，也许不同的人有不同的回答。比如有人强调要具有创新精神的企业家，有人看重充足的资金和高素质的人才，还有人倚仗良好的市场大环境和国家政策的倾斜，等等。这些各有侧重的看法无疑都是正确的，也是企业发展所不可或缺的，但这些都只是些硬件的要求。而对于软件的呢？制度、文化的因素又是不可忽视的。毕竟企业是关于人的组织，企业管理归根到底还是关于人的管理，而人的复杂多样的价值取向和行为特质要求企业必须营造出有利于共同理念和精神价值观形成的制度和文件环境，并约束、规范、整合人的行为，使其达成目的的一致性，最终有助于企业实现最大的效益。因为从根本上说，经济学关于人性本懒惰自私的假设在商品经济社会里从提高管理效率的角度来说，还是放之四海而皆准的。所以，在任何单位里都需要规章制度。一套好的规章制度，甚至要比多用几个管理人员还顶用。

规则制定的目的是对一些工作中不明的事项定出一个明确的标准。因此，它时间性很强，同时也是为适应时代环境而定出来的，因而绝非是千古不变的定律，当时间、环境发生了变化，规则本身也必然发生变化。

制度不合理，缺少针对性和可行性，或者过于繁琐，就会不利于执行。有的企业常常用各种考核制度企图达到改善企业执行力的目的，但效果却不容乐观。因为企业每定一个制度从某种意义上讲，其实就是给执行者头上戴上一个紧箍咒，也进一步增加了执行者内心的逆反心理。最后导致员工敷衍了事，使企业的制度流于形式。所以，针对性和可行性是制定制度时必须要考虑的两个原则。

在国内，许多企业的制度之所以得不到很好的执行，大多都是因为制度本身的不合理或缺乏人情味所致。一家真正管理严格的公司，管理制度就应人性化一些，但执行时则要严格。

因此，作为一个管理者，必须时刻关注本单位的规则，发现不切实际或不合情理的规章制度要及时革新。一个好的规章制度，必然是不断发展不断改革着的。这样的规则是活的规则,而只有活的规则才有意义。

总之,规章制度的建立、制定是随着生产的发展、企业的进步不断变革的,而不应该一成不变。一个有经验的管理者,要善于用规则管理下属。一套完整、完善的规章制度,是一个领导管理人才,使用人才的法宝。只有规章制度完善,才能使人们有章可循,有法可依,一旦触犯这些条例,就会遭到制裁。

一个有经验的领导,应善于用规则管理你的下属。没有规矩,不成方圆,规矩坏了,也会乱了分寸。所以只有制定良好的规章制度,执行才会更有效,领导才会更轻松。

二、严格执行要求

制度是用来规范约束公司员工行为的工具,制度建立后,关键在于执行,只有制度得到有效执行才能保证公司的正常运行。再好的制度如果没有人去执行或执行不到位也是没有用的。工作中切忌只喊口号不做事。虽然有许多公司制度制定得比较完善,并把制度编制成册,或经常把制度性的标语贴在外面,但是在制度的执行过程中往往就变了样。员工应以制度为准绳保质、保量地完成工作指标,以强化各级管理人员的执行力。

被严格执行的制度才有生命力。但在执行制度的过程中,总会有一些人只看到了规章制度对自身的约束性,而没有看到规章制度对员工的保护性。他们利用种种手段,想方设法去逃避制度,或者根本视制度为无物,我行我素。更为严重的是,在违反制度的同时,因为违纪者的职位,或者与其他相关人员的关系,使得违纪的行为不仅难以制止,而且难以得到应有的处罚。

制度面前人人平等。企业内不允许有不受制度约束的特殊人、关系人。如要在企业内超越工作关系,超越规章制度办事,只能让其选择离开。我们经常可以看到这样的情况:企业的管理者有很好的悟性,一些好的规章制度非常科学严密,但在执行过程中却像是一拳打在棉花上,不能落地生根。执行力不是一个表象问题,要达成"提高执行力"的目标,我们首先要找出执行体系中的关键要素——那些起到特别作用的要素，制定相应的法则，才能保证执行力的健康发展。

任何一个组织，都离不开严明的纪律，否则这个集体注定会成为一盘散沙。

在洛克菲勒即将退任时，当时有望成为继任者的有两位副总裁，其中一位是洛克菲勒的弟弟。在培养继任者的过程中，他从未因为其中一位是他弟弟，便对他有一些特殊照顾，给他一些特权。

在竞选过程中，他采用了公平竞争的原则，两位副总裁受到了平等的待遇。

其结果是，另外一位副总裁获得总裁职位，洛克菲勒的弟弟失败了。

洛克菲勒在他后来的回忆录中写到，他觉得他亏待了弟弟，弟弟帮助他打下了江山，而却没能继任公司的总裁之位。

洛克菲勒这种不拘亲情，平等对待下属的做法深受下属的尊敬。有一种倾向值得注意：有的领导把同下属建立亲密无间的感情和迁就照顾错误地等同起来，对下属的一些不合理，甚至无理的要求也一味迁就，这就走进了一个误区。尤其是在面对下属之间的纷争时，更应该公平一点，千万不要偏向某一方。有失公正，就会在下属之间引起恶劣的反响，对以后的工作会造成种种困难。因此，在处理内部问题时，一定要"一碗水端平"。

纪律的水平和你教育的水平一样，是由领导者决定的。如果你希望组织的成员尊重你，尊重他们自己，而且工作出色，你就必须教会他们这样做。做到这一点并不是瞬间能完成的，你也不能很快就泄气。

如果你的组织中纪律已经涣散，你应该怎么办？

首先，你应该树立一个好的榜样。如果你自己不能做到这一点，你永远也不要希望别人自觉遵守纪律。

其次，树立危机意识，以危机式管理提升员工执行力。

危机对于企业来说，既是一种破坏力量，也是一种促进力量，那些有着较好经济效益的知名企业的老总都有着较强的危机意识。在国内，海尔总裁张瑞敏："永远战战兢兢，永远如履薄冰！"

关键五　落实执行力的机制保障

在国外，迈克尔·戴尔对危机这样说："我有的时候半夜会醒，一想起事情就害怕。但如果不这样的话，那么你很快就会被别人干掉。"微软比尔·盖茨："我们离破产永远只有18个月！"正是这种强烈的危机意识才使他们狠抓员工的执行力。但是企业老总感受深刻的危机，员工们并不一定感同身受，尤其是那些不在市场一线打拼的员工，长期处于收入稳定、高枕无忧状态，危机意识几乎荡然无存。员工没有了危机意识，就没有动力，没有动力，执行就无从谈起。

那么，怎样才能将企业的危机意识转化为每个员工的危机意识，进而提升员工的执行能力呢？这也许是许多管理者思考已久的问题。解决此问题的最好方式就是管理者有意识地制造涉及员工切身利益的危机，用危机激发他们的执行力。

制造危机强化员工执行力的有效方法是多种多样的：

第一，通过目标和责任的分解，将公司业务的压力传递到每一位员工。员工一般对于企业的危机感到不疼不痒，但是将企业所面临的危机分解为每一个员工自身的危机，刺激他们的神经末梢，员工就会产生一种急迫感，自动自发地去执行。

第二，通过企业内部成员之间对有限的资源争夺，激发员工各方面的潜能，提高员工的执行力。一位微软企业的老板这样说：公司要提高整体执行能力，就必须保证没有人在这里感到安闲舒适。只有公司的员工在切身感受到危机的情况之下，他们才会始终保持充分的战斗状态。

第三，向员工进行市场竞争危机教育。企业领导要让每位员工体会到市场竞争的残酷性，告诉他们市场上同类的产品很多，要想赢得客户的青睐，就必须精益求精，生产出客户无法挑剔的、具有独特价值的产品。

第四，在能力一般的员工中安插一位能力较强的员工，激活他们的执行力。当身边出现一位能力很强的员工时，人们就会感受到存在的压力，自然不会怠慢工作。

第五，使用末位淘汰激励法。这样就会对员工形成一定压力，不敢对工作掉以轻心，而是竭尽全力完成企业下达的任务，以免因为自己工作业绩不佳而遭到淘汰。

总之，危机式管理可以给员工制造一种危机感，使他们意识到不执行或执行不到位给自己工作和生活带来的不利影响，促使自己像森林中被猎人追赶的猛兽一样以超出平日百倍的速度向前奔跑。

三、优化执行流程

流程不同，做法不同，结果也不一样，当这些流程形成一套制度后，组织的能力和绩效便就此产生了。在组织的各种流程中，最核心的是人员流程、战略流程和运营流程。战略流程的目标是保证组织能制定正确的竞争战略，运营流程的目标是使得组织在现有的人力资源和竞争战略的基础上制订合适的运营计划，它是战略流程和人员流程的结合。

在组织中，这三个流程是互相联系的，其中的任何一个流程都要与另外两个流程相配合，而不是单独设计的。

领导者做正确的事，员工正确地做事，这些都源于组织的流程导向。流程一旦确定，员工的行动就会步调一致。

我们时常看到一些企业经过周密的市场调查之后制定的企划方案少则十几页多则几十页，内容包罗万象，论述得头头是道，但是将方案交给员工后，人们却不知道如何去真枪实弹地操作。因为方案罗列了一大筐的数据和图表，但是在对方案的具体运作上却很少提及。这种华而不实、空洞虚泛的方案对企业来说没有任何实际意义。

流程问题真正引起美国人的重视是在20世纪的70~80年代。当时美国的企业遭到了日本企业的狙击，竞争力逐渐下降。美国人就开始研究落后于日本企业的原因，结果发现本国的生产效率并不比日本低，技术上也不比日本企业差，产品质量上也相差无几，最后美国发现导致两国企业出现差距的根源在于双方的业务流程不同。日本企业业务流程较为简明，这大大缩短了将一项技术变成产品、把产品推向市场的时间。美国在认识到这一差距之后，才真正开始重视流程问题，为了保持流程的连续性，企业开始打破部门之间

关键五 落实执行力的机制保障

阻碍流程运转的界限,消除不同部门各自为政的现象,从而简化业务流程。

在大多数企业里面,财务方面的流程往往比较容易得到执行,其中的原因就是这方面的流程是企业高层管理者最关注的。这就说明,只要管理层重视,无论是什么流程都能得到有效执行,而不会出现偏离甚至是背离的现象。

领导重视流程的最佳表现就是以身作则。尤其是在企业中,榜样的力量是巨大的。当下属看到领导也在严格认真地按流程执行时,即使他有心想要偏离流程,也会考虑一下后果。可以想象,如果连领导都在严格遵守流程,按流程执行,那么,下属没有任何理由去违反它。即使领导者对公司的流程有一定的看法,也最好不要表现出来。更不要一边按流程执行,一边却又埋怨流程。因为你的态度会给下属一种暗示:公司的流程是不合理的,因此按流程执行会没有效率。当下属从你身上得到这种对流程的负面态度时,他就不会尊重流程,更不会严格按流程执行。

在任何一家企业,一旦有人凌驾于制度之上,这家企业的制度就会变成一纸空文,没人再把它当回事。尤其是当企业的领导者违反了制度时,虽然员工嘴上不说,但在行动上也会无形中跟着模仿。而一旦他们明白了企业的制度只是用来约束普通员工的,而对各级管理者并不适用,那么他们就会故意去违反公司制度来表达自己的不满。

当员工总是故意去违反公司制度时,领导者不可能再对他们进行有效管理,更不可能希望他们做出任何的工作成绩。而这一切的根源可能仅仅是因为管理者一次疏忽大意的举动。

制度要想有效,就不能出现特权。事实上,在制度面前,公司所有的人都应该是平等的。不能说你是领导就可以不遵守流程,而普通员工因为被领导就必须遵守流程。一些公司的流程得不到有效的执行,原因并非出在员工身上,而是在于领导。正是因为领导不以身作则走流程,才导致了一些员工也不去遵守流程。

管理者除了要以身作则走流程以外,还应该在适当地场合明确表明对流程的支持态度。也就是说,要让员工看到你对公司制度原则性的坚持。在大是大非的问题上,在原则性的问题上,领导必须坚定不移地表明自己的态度,这对指导下属按规则做事效果显著。

要想真正让执行的流程变得简单和优化，可根据企业的实际情况采取以下三种方式：水平工作整合、垂直工作整合和工作次序最佳化。

水平工作整合是指将企业分散的资源加以集中，或者将分散在不同部门间的相关工作整合成一个完整的工作交由一个部门或一个人负责，这样可以减少人员之间或部门之间沟通的时间，还可以明确工作的责任人，提高员工的责任感，避免出了问题之后互踢皮球的扯皮现象。

垂直工作整合是指给予员工充分的信任，适当地给予下属员工自愿自主处理事情的权力，不必凡事都要层层汇报，层层审批而影响到问题解决的效率。这样，可以锻炼员工的现场执行力，使其创造性地开展工作。

工作次序最佳化是指做任何事情都是有先后顺序的，但 ABC 与 BAC 的效果肯定有所不同。这就需要利用工作步骤的调整，达到流程次序最佳化、提高效率节约成本的目的。

总之，优化流程的一个重要理念就是业务判断理性化、知识化，一般业务常规化，甚至自动化，从而减少执行层人员的要求，提升执行的效率。

检验一个流程是否合理，是否有意义，主要看这种方案是否具有可操作性，方案具备了可操作性，员工才知道怎样一步步地执行，最终实现方案的预期结果。没有操作性的方案就如同你告诉别人："如果你打出的拳头有万斤之力，你的敌人肯定会被打死。"但是人人都知道，一个人的拳头是不可能有万斤之力的，所以这种计策毫无实际意义。

一些方案可操作性差，可能是方案中所要求的超出了员工的接受能力和素质水平，造成多数员工失去信心；也可能是因为方案表达得意思不够具体。

提高方案的可操作性，在执行中，就要少一点"应该"，多一点"怎么办"，如果总是对员工说应该怎样，员工就会产生抵触情绪，而多一点怎么办就是告诉员工怎样去操作。操作性越强，执行也越容易到位。

强化可操作性，就要通过各种方法使复杂难懂的事情变得尽可能的简单易懂，将难度较大、较为复杂的问题分解为易于处理的一个个小问题，使每个小问题都有具体可行的步骤，这样做起来就容易多了。

四、注重执行细节

2003年美国"哥伦比亚"号航天飞机即将返回地面时，在美国得克萨斯州中部地区上空爆炸，机上6名美国宇航员以及首位进入太空的以色列宇航员拉蒙全部遇难。如果能够在航天飞机出发前准备更充分一些，或许就能避免这场灾难，至少也可以减少事故带来的惨痛损失。

一个小数点的计算失误会导致举世哀叹的事故，在商业界，一个细小的疏忽，将会带来巨大的经济损失。许多著名的企业会要求它的员工要百分之百地投入到自己的工作中，在各个环节的管理中都要求非常严格，正是有了这种在细节中百分之百投入的意识与行动，才造就了企业的成功。

每个成功的企业只要把每个必要的细节做到最好，就能让其在与对手的竞争中占尽优势。

看不到细节，或者不把细节当回事的人，对工作缺乏认真的态度，对事情只能是敷衍了事。工作对他而言并不是一种乐趣，而只是一种苦役，因而其在工作中缺乏工作热情。他们只能永远做别人分配给他们工作，甚至即便这样也不能把事情做好。

在激烈的竞争中，万事皆需要高标准、严要求。土豆条炸煳了，牛肉饼变质或不够分量，店堂不够清洁，音乐不够优美，桌椅板凳不够舒适，等等，都是麦当劳公司绝对不能容忍的。

在现代社会，对待工作"高标准、严要求"早已成为企业自身生存与发展的不二法则，要知道，任何一家企业的久盛不衰，以及它的成功都是与它对自身各个环节的"高标准、严要求"分不开的。

美国一家公司在韩国订购了一批价格昂贵的玻璃杯，为此美国公司专门派了一位官员来监督生产。来到韩国以后，这位官员发现，这家玻璃厂的技术水平和生产质量都是世界第一流的，生产的产品几乎完美无缺，他很满意，就没有刻意去挑剔什么，因为韩方自己的要求比对方还要严格。

一天，他无意当中来到生产车间，发现工人们正从生产线上挑出一部分

> 把执行做到最好

杯子放在旁边，他上去仔细看了一下，没有发现两种杯子有什么差别，就奇怪地问："挑出来的杯子是干什么用的？"

"那是不合格的次品。"工人一边工作，一边回答。

"可是我并没有发现它和其他的杯子有什么不同啊？"美方官员不解地问。

"你仔细看，这里多了一个小的气泡，这说明杯子在吹制的过程中漏进了空气。"

"可是那并不影响使用啊？"

工人很自然地回答："我们既然工作，就一定要做到最好，任何的缺点，哪怕是客户看不出来，对于我们来说，也是不允许的。"

"那么这些次品一般能卖多少钱？"

"10美分左右吧。"

当天晚上，这位美国官员给总部写信汇报："一个完全合乎我们的检验和使用标准，价值5美元的杯子，在这里却被无人监督的情况下的员工用几乎苛刻的标准挑选出来，只卖10美分，这样的员工堪称典范，这样的企业又有什么可以不信任的呢？我建议公司马上与该企业签订长期的供销合同，我也没必要再待在这里了。"

的确，高品质的产品和高度的信誉从根本上都源于企业对于各个方面的"高标准、严要求"。当我们了解到上例韩国公司对于生产杯子的高标准和严要求后，便不难理解故事中美国官员"没有必要再待在这里"的感慨了。

永远不要退而求其次。只有坚持高标准、严要求，才能在任何情况下都能立于不败之地。作为一个企业，要在管理中抓细节；作为普通员工更应从细节做起，一丝一毫不可忽视。只有这样，企业才能发展，员工才会进步。

那么如何才能把握细节，让执行一步到位呢？

1. 将一个任务划分成多个环节

如果你需要策划一个房地产广告并投放市场，你可以把这个任务划分成：成本和时间预算、市场调研、竞争对手调查、广告文案撰写、插图制作、媒介选择、收集反馈信息等。

2. 在每个环节上给自己评分，力争做到100%

例如广告文案撰写，你就应该把所要表达的感觉用文字准确地表达出来，还应该把广告中用的字体和色调写清楚。

3. 在交付任务之前，检查每个环节的完成情况

只有各个环节都达到100%的完美，那么整个任务的结果才可能完美。

100%的完美需要你全力以赴，而不是觉得差不多就成，更不能因为感觉困难就想蒙混过关，或是干脆放弃。

蒙牛在争夺上海的乳制品市场时，并不占什么优势，当时在上海，烟糖公司和利乐公司和光明的奶产品都占据着很大的市场，面对这一情况，蒙牛并没有退缩，而是坚持它的一贯信念——一次就成功！

经过一系列的努力之后，喝过奶的消费者都接受了蒙牛牛奶，并且产生了持续的购买行为！这更加坚定了蒙牛继续投资的信心。

当整个购买、赠送的投资到1000万元的时候，市场终于发生了变化，蒙牛牛奶的销量开始大幅度攀升，上海市场终于拿下了！

蒙牛进军上海市场正说明了"一次就做成功"的道理。一次就把事情做成功，虽然在当时看来好像很难，也不如那些转换得快的人那么热闹，但是，如果我们深入地思考一下，我们会发现，坚持"一次就成功"的做法非常有必要。

如果你每次都做一次就坚持到成功，会增强你的自信心，使得你对以后自己做事情也更有把握和勇气。如果第一次没有坚持到成功，往往会影响到随后的事情。因为你第一次没有成功，你重新开始的时候，心态已经发生了改变，会更加的急迫，更加的不能坚持，当然也就离成功更远。

由此，我们可以看出，落实执行力的关键是要到位，而把事情一步就做到位的关键是要注重细节、抓住问题的关键点，这样才能减少不必要的麻烦，提高执行的效率。

五、加强执行监督

执行效率不高，许多时候不是决策问题，也不是程序问题，而是由于监督不力造成的。在执行之后，没有及时跟踪、反馈，结果出现了不该出现的问题，造成了很大的资源上的浪费。

监控是执行力的灵魂，监控能够确保一个组织按照规划的时间进度表去实现目标。不断地监督和控制，就能够有效地暴露出规划和实际行动之间的差距和问题，并迫使领导者采取相应的行动来协调和纠正，以期按时完成阶段性目标和整体性目标。

而对工作的监督如果得不到严肃的对待，那么清晰而简洁的目标就没有太大意义。在工作中，我们犯的很多错误就是因为没有及时监督与控制而错过了解决问题的有效时机，以至于最终导致小问题变成了大问题。

通常这里有两种情况，一是没人监督，二是监督的方法不对。前者是只要做了，做得好与坏没人管，所以无法考核。常见的如企业里的管理真空或者管理重叠问题，导致有事情的时候没人负责。后者则是监督或考核的机制不合理。

1997年，美国安然公司为了保证员工不断进步，曾采用了一套绩效评估制度，它们通过对同层次的员工进行横向比较，按绩效将员工分成5个等级，然后再根据这些等级去决定员工的奖金和升迁。但是，其结果却是事与愿违，实际上这套绩效评估制度使安然公司形成了个体重于团队的企业文化。有位老员工说："原因很简单，如果我和某人是竞争对手的话，我为什么要去帮他呢？"所以，安然公司的衰败也就不可避免了。

要想让执行更有效率，那么管理者必须从下列三个方面着手才行：

1. 条理有序地工作

没有条理、做事没有秩序的管理者，无论做哪一件事都没有功效可言。而做事有条理、有秩序的管理者，他的事业往往有相当的成就。

大自然中，未成熟的柿子都有涩味。除去柿子涩味的方式有许多种，但是，无论你采用哪一种方法，都需要花一段时间。如果你不等一定的时间就打开，就没法使柿子成熟而除去涩味。这么说来，叫猴子去等柿子成熟，似乎不可能。因为猴子会经常打开来瞧瞧，甚至咬一口尝尝，于是它就没有希望尝到甜柿子的滋味了。

任何一件事，从计划到实现的阶段，总要等一段时间，也就是需要一些时间让它自然成熟。无论计划是如何的正确无误，总要不慌不忙、沉着镇静地等待其他更合适的机会到来。

如果过于急躁，就会出现"欲速则不达"的情况。因此，无论如何，我们都要有耐心。压抑那股焦躁不安的情绪，才不愧是真正的智者。如果连最起码的等待都做不到的话，那么和猴子也没什么两样。

性子太急的人，时时刻刻都表现得风风火火的样子。但一到具体事务上就会漏洞百出，他的工作安排上七颠八倒，毫无秩序。他做起事来，也常被杂乱的东西所阻碍。平时，他的办公桌上简直就是一个垃圾堆。他经常很忙碌，从来没有时间来整理自己的东西，即便有时间，也不知道怎样去整理、去安放。

相反，做事条理有序的人从来不显出忙碌的样子，做事非常镇静，总是很平静谦和。别人不论有什么难事和他商谈，他总是彬彬有礼相待。在他的公司里，所有的员工都寂静无声地埋头苦干，每样东西都放得有条不紊，各种事务也安排得恰到好处。他每晚都要拿出一定的时间来整理自己的办公桌，重要的信件立即就回复，并且把信件整理得井井有条。这样的管理者，他手下的每一个员工，做起事来也都极有秩序，一片生机盎然的景象。

2. 掌握方法技巧

职场中有很多人都感觉工作压力特别大，虽然自己每天都在马不停蹄地工作，但是还有很多事情一直悬着得不到解决，仿佛工作永远也做不完，以致根本没有时间停下来认真考虑一下自己究竟在做什么，如何做才能事半功倍。这样的人往往抓不住工作的本质，找不到工作的技巧，不能真正驾驭工作，结果成了工作的奴隶，陷入了瞎忙的陷阱，根本不能将工作落到实处。

而工作的本质是落实，如果工作得不到落实，再多的努力都是徒劳，再完美的计划都是幻影。所以，要想真正把握工作的真谛，切实做好工作，就要提高效率，促进工作的落实。

高效的工作要建立在保质的基础上，任何失去"质量"的工作都是毫无意义的。所以，提高工作效率要讲究方法，不能抓住一件工作就开始埋头苦干，根本不管自己为什么要做这个，怎么样做才能做好，以致往往在花了很多时间，付出很多劳动之后才发现自己走了弯路，做了很多无用功。

要想高效工作，跳出瞎忙的陷阱，首先要从全局角度出发，搞清楚工作的目标和要求，认真分析工作内容并制定相应的方法、策略，然后再落实到行动上，这样才能让自己在有限的时间内以最高效率完成更多的工作。

要知道公司看中的不是你做了什么，而是你做成了什么，也就是说结果才是最重要的。我们并非为工作而工作，而是为结果而工作。我们不能一接到工作就钻进去，而要先自问：别人期待我做出什么结果？我工作的目标和要求是什么？这样才可以避免重复作业，减少错误的机会。

这也正如足场运动员最后的临门一脚，不管你前面付出了多少辛苦，流了多少汗水，如果最后没有进球，那么，前面所有的付出都是白劳。

所以衡量工作效率时不能看你做了多少工作，而要看作了多少有效的工作，即做了多少能获得收益的工作。

3. 实行科学监督

在执行过程中，科学的监督方法是非常重要的。工作中，通常用的监督方法有三种：第一是管理者依据工作计划进度与事先预计，安排自己在合适的时间去跟踪检查；第二是约定执行者在什么时候、什么情况下应该汇报工作进度与相关情况及相关原因；第三是相关职能人员应在什么时候进行跟踪监督、回馈信息或递交报告等。

而对于结果，好的要给予表扬、肯定甚至奖励，同时还应总结经验；对于坏的结果则要及时纠正，并吸取教训，追究责任。一般来说，追究当事人的责任应包括两个层面：一是为什么会是这种结果，是什么原因导致的，下次怎么去预防和改善，要当事人做出承诺；二是依情节轻重给予适当的处分，因为纵容表现不佳者导致的破坏性影响是极为深远的，一定要认真对待才行。

六、限定执行时间

"第一次就把事情做对"是人们能否在规定时间内完成任务的关键。

"第一次就把事情做对"是著名管理学家克劳士比"零缺陷"理论的精髓之一。不仅仅是员工应树立"第一次做对"的观念，企业的经营者同样也应重视这个观念，无论是在做一件普通的工作，还是像经营一个企业这样的大事，都要抱着"第一次就把事情做对"的态度，唯有如此，才能尽量避免错误发生，才能尽量减少损失。

在执行一项工作任务时，许多员工都需要通过再三催促才能完成任务，这不仅是一种惰性的表现，更是一种不良的习惯，如果你不能改变这种坏的习惯，你就永远无法在一定期限内完成公司交给的工作任务。

要想在规定时间内完成任务，需要从下列三个方面着手：

1. 一开始就把事情做对

有位广告经理曾经犯过这样一个错误，由于完成任务的时间比较紧，在审核广告公司回传的样稿时不仔细，在发布的广告中弄错了一个电话号码——服务部的电话号码被他们打错了一个。就是这么一个小小的错误，给公司导致了一系列的麻烦和损失。

我们平时最经常说到或听到的一句话是："我很忙。"是的，在上面的案例中，那位广告经理忙了大半天才把错误的问题料理清楚，耽误的其他工作不得不靠加班来弥补。与此同时，还让领导和其他部门的数位同仁和他一起忙了好几天。如果不是因为一连串偶然的因素使他纠正了这个错误，造成的损失必将进一步扩大。

平时，在"忙"得心力交瘁的时候，我们是否考虑过这种"忙"的必要性和有效性呢？假如在审核样稿的时候那位广告经理稍微认真一点，还会这么忙乱吗？"第一次就把事情做好"，有一位领导告诉过我这句话，但一次又一次的错误告诉我，要达到这句话的要求并非易事。

第一次没做好，同时也就浪费了没做好事情的时间，返工的浪费最冤枉。第二次把事情做对既不快、也不便宜。

"第一次就把事情做对"是著名管理学家克劳士比"零缺陷"理论的精髓之一。第一次就做对是最便宜的经营之道！第一次做对的概念是中国企业的灵丹妙药，也是做好中国企业的一种很好的模式。有位记者曾到华晨金杯汽车有限公司进行采访，首先映入眼帘的就是悬在车间门口的条幅——第一次就把事情做对。

在很多人的工作经历中，也许都发生过工作越忙越乱，解决了旧问题，又产生了新故障，在一团忙乱中造成了新的工作错误，结果是轻则自己不得不手忙脚乱地改错，浪费大量的时间和精力，重则返工检讨，给公司造成经济损失或形象损失。

由此可见，第一次没把事情做对，忙着改错，改错中又很容易忙出新的错误，恶性循环的死结越缠越紧。这些错误往往不仅让自己忙，还会放大到让很多人跟着你忙，造成巨大的人力和物资损失。

所以，盲目的忙乱毫无价值，必须终止。再忙，也要在必要的时候停下来思考一下，用脑子使巧劲解决问题，而不盲目地拼体力交差，第一次就把事情做好，把该做的工作做到位，这正是解决"忙症"的要诀。

你还忙吗？当然忙！但希望是忙着创造价值，而不是忙着制造错误或改正错误。只要在工作完工之前想一想出错后带给自己和公司的麻烦，想一想出错后造成的损失，就应该能够理解"第一次就把事情完全做对"这句话的分量。

2. 掌握时间管理的 80/20 法则

约翰·沃尔夫冈·冯·歌德说："只要合理使用，我们永远有充足的时间。"

| 关键五　落实执行力的机制保障 |

80/20法则是时间管理和人生规划中最重要的概念之一。它是意大利著名经济学家维尔弗雷德·帕累托发现的，也被称为"帕累托法则"。根据这一法则，20%的努力产生80%的结果，20%的客户带来了80%的销售额，20%的产品或者服务创造了80%的利润，20%的工作能够体现80%的价值，等等。这意味着，如果你有10件工作要做，其中2件的价值比另外8件加起来还要大。

还有一个有趣的现象，虽然完成每项工作所需要的时间大致相同，但是，其中一两项工作的价值却是其他任何一项的5～10倍。

通常情况下，在你所列的清单上，某项工作的价值会超过其他9项的总和。毫无疑问，这项工作就是你要首先吃掉的那只"青蛙"。

人们总是容易在一些事情的处理上拖拖拉拉，不幸的是，大多数人拖延不做的正是那最重要、最有价值的10%或20%的工作，也就是那些"举足轻重的少数事情"。相反，他们终日为80%毫无价值的事情而忙碌，为"无足轻重的多数事情"而奔波。

生活中随处可以看到这样的人，他们似乎终日奔波忙碌，实际上却毫无作为，自然也不会为人们所称道。原因就在于他们总是忙于应付那些微不足道的、琐碎庸常的小事，却耽搁了对自己、对公司都可说是真正举足轻重的工作。

你每天要做的最有价值的工作，往往也是最困难、最复杂的。但是，一旦你有效地完成了这些工作，它们带给你的回报也将是十分惊人的。因此，如果你手边有20%重要的工作，就决不要先去做那80%微不足道的事情。

开始工作前，不妨先问问自己："这个任务是属于那20%的高价值部分呢，还是属于剩下那80%的低价值部分？"

时间管理实际上是对人生的管理和规划，它的实质内容就是控制做事情的顺序。时间管理能帮助你决定下一步做什么。虽然你有权力自由选择下一步做什么，但是，能否对事情的轻重程度作出甄别，却在很大程度上决定了你生活和工作的成功与否。

做事高效的人总是先处理那些最重要的事情。结果，他们总是卓尔不群，遥遥领先于一般人，他们比芸芸众生更快乐。这也应该成为你工作和生活的方式。

3. 克服拖延，马上行动

消除拖延的最好方法就是凡事"现在就做"。可以说，面对空白的纸和计算机屏幕，任何人都会感到很具有挑战性。其中，开始是最困难的工作，但必须立即开始。只要一接到新的工作任务，就立即采取措施，切实地行动起来，然后把它执行到位。诸如"先等一会儿看看"、"明天再开始做"这类语言或者这种内心的意念，一刻都不能在我们的心里存留。一定要马上列出自己的行动计划，此时此刻就要去做！从现在就开始行动，立即去做自己一直在拖延的工作。一旦这么做了，你就会发现拖延时间确确实实毫无必要，从而不想拖延，摒弃拖延，有效消除拖延产生的一切烦恼。

很多人做事总是要等到一切"必要条件"都具备了再行动，殊不知，任何一项良好的条件都不是等来的。严格说来，工作中从来就没有万事俱备的时候。无论是谁，都不太可能等所有外部条件都完善了再开始做事。可就是在这种既有的环境中，就是在当前的条件下，我们同样能够把工作做到极致！行动本身就可以创造有利的条件和要素。只要行动起来，即使很细小的事，即使只做了短短的五分钟，也是一个良好的开端，这就能有助于带动我们着手做好更多的相关事情。

一般来说，人最容易也最经常拖延那些需要长时间才能够显现出成效的事情，因此不管事情大或小，都不可放任自己无限期地去拖延。要拟定一个完成工作任务的最后期限，自己给自己施加适当的压力，并且让身边的人都知道我们已确定的期限，让他们督促我们及时推进和如期完成。

需要承认，立即行动有时真的很难，特别在面临一件很令自己不愉快的工作或很繁杂的工作时，你难免会产生一种不知从何处着手的困惑。可是你依然没有必要总是选择拖延作为你逃避的方式，倘若你感到工作很复杂，你不妨运用切香肠的方法来解决。所谓切香肠的方法，即不要一次性一口吃完整条香肠，而是将它分割切成小片，一小口一小口地慢慢吃掉。同样的道理也可以用到我们的工作上就是将工作分解成几个小部分，一一地详列在纸上，然后把每一小部分再细分成几个实施步骤，使得每一个步骤都在可控时间内完成。

七、执行公平考核

只有公平合理的绩效考核制度才能做到赏罚分明，付出的多就会得到的多，这样就能从根本上激发员工的工作激情。

公正公平的绩效考评制度可以激发员工工作的积极性，但是不合理的绩效考评制度却会打击员工的积极性，把非常重要的事情搞砸。业绩考评常见的错误做法有以下几方面：

第一，将员工进行相互比较。绩效考评的依据是公司规定的考评标准，而不是某位优秀员工的业绩，假如以某位优秀员工的优秀业绩作为参照物，将员工的业绩比来比去，只能会引起员工间相互嫉妒、产生摩擦，破坏团结。

第二，认为评估的目的是为了发现业绩差的员工，对其进行批评。对于这样的考评相信没有多少员工真正喜欢。其实，绩效考核只是手段，其真正目的不过是按照"计划、实施、反馈、改进"这样一个工作流程实现企业与员工的共赢。

第三，考评人员对于关系到公司效益和员工收益但又不好评估的重要内容，比如那些能够吸引客户、留住客户的服务质量等方面马马虎虎，而对于工作中的琐事，比如办公桌擦得是否干净、是否在电话铃响三声内接电话等较容易衡量的小事非常热衷。这自然会影响到员工所获得的薪酬是否公平。

第四，绩效考核流于形式。翻开一些企业的绩效管理档案，可以发现除了一份绩效考核制度，就是一些通用的绩效考核表格，这些表格中包括工作数量、工作质量、纪律考核、创新成果等方面。每年的岁末年初，考核人员填填表格就完事了，这种形式主义的做法既无法公平地评价员工的业绩，更不会提高他们执行任务的积极性。

绩效考核制度是激励员工高效执行任务、帮助企业实现其战略目标和远景规划不可或缺的手段之一，如果运用不当，出现以上方面的错误就会成为一块食之无味、弃之可惜的鸡肋，影响到员工正常的工作程序，扰乱他们的工作计划，在管理者与员工之间造成敌对情绪。

一家国外的调查组织对以往20年的知名企业进行调查后发现，不论哪个工种，员工都将工资和收益视为最重要和次重要的指标。可见，薪酬对于员工的工作有着怎样巨大的影响。薪酬极大地影响了员工的工作选择：在哪里工作，是不是努力工作。

而管理者习惯了将企业的货币资本视为最重要的资源，在这样的理论基础之上，他们也习惯了由管理制度来制定岗位工资的做法。员工们已经对这样的薪酬体系表现出极大的不满，当他们的工作能力不能在薪酬上得到体现时，他们就会选择跳槽，以便拥有更多的薪水。

让员工感到不满的薪酬体系确实有着一定的弊端。岗位工资并没有体现对人的尊重，没有把人作为一项重要的财富，体现不出人的差异性，而是体现了在企业中一个岗位的重要性，是管理者从自身的角度出发，认为一个岗位对于整个企业的运转起多大的作用便付出多少薪水。如果同一岗位上的员工无论工作成绩如何，都只能得到同样的工资，那员工们就不会再努力工作，因为他们感觉到自己的工作是没有价值的。可以说，这样的薪酬体系只体现了一个岗位的重要性，根本没有关注人的需要，忽视了一个人的不同，这与以人为本的管理思想无疑是冲突的，自然无法在管理者和员工之间建立和谐。

一般单位都以岗位定工资，员工要想获得更多的工资，改善自己的生活，甚至是要想体现自己更大的人生价值，就需要借助于职位的提升。得到了更高的职位，在更重要的岗位上才能得到更高的酬劳。这样，员工就会感受到更重要的是岗位，而不是自己的能力，从而削弱员工的积极性。员工们渴望自身价值的实现，渴望获得更好的物质和生活条件，只通过升职来实现，没有其他选择。而公司的职位是有限的，不可能每一位员工都得到自己想要的结果。这将使员工之间的恶性竞争增加。如果员工不能从其他途径增加自己的薪酬，他们就不得不选择跳槽，到一个更能体现自己个人价值的企业中去。

可见，薪酬制度的合理与否对员工工作的积极性来说极为重要，它不仅是员工的一种谋生手段，而且它还能满足员工的价值感。薪酬是社会衡量一个人价值的基础体现，因此，它在很大程度上影响着一个人的情绪、积极性和能力的发挥。

为了避免薪酬体系中的弊端，改变员工们的不满，管理者有必要实行新的薪酬体系，为员工建立起有竞争力的薪酬制度。

如何让员工对薪酬满意，是管理者需要面对的一个重要课题。

管理者应该从以下几个方面把握：

1. 绩效管理不能忽视绩效目标

这需要用到非常重要的工具——关键绩效指标管理卡。在绩效管理开始实施前，经理与员工通过多次沟通之后制定出双方都认可的工作目标和考核标准，并将这些内容写入关键绩效指标管理卡中。然后双方都要签字认可，各执一份，员工以管理卡上的目标自我要求，不断提高绩效能力，经理到时以此作为员工业绩考评的依据。

2. 提供有竞争力的薪酬

为员工提供有竞争力的薪酬，使他们一进门便珍惜这份工作，竭尽全力，把自己的本领都使出来。支付最高工资的企业最能吸引并且留住人才，尤其是那些出类拔萃的员工。这对于行业内的领先公司尤其必要。较高的报酬会带来更高的满意度，与之俱来的还有较低的离职率。一个结构合理、管理良好的绩效付酬制度，应能留住优秀的员工，淘汰表现较差的员工。

3. 重视内在报酬

实际上，报酬可以划分为两类：外在的与内在的。外在报酬主要指：组织提供的金钱、津贴和晋升机会，以及来自于同事和上级的认同。而内在报酬是和外在报酬相对而言的，它基于工作任务本身的报酬，如对工作的胜任感、成就感、责任感、受重视程度、有影响力、个人成长和富有价值的贡献等。事实上，对于知识型的员工，内在报酬和员工的工作满意感有相当大的关系。因此，企业组织可以通过工作制度、员工影响力、人力资本流动政策来执行内在报酬，让员工从工作本身中得到最大的满足。

4. 把收入和技能挂钩

建立个人技能评估制度，以雇员的能力为基础确定其薪水，工资标准由技能最低直到最高划分出不同级别。基于技能的制度能在调换岗位和引入新技术方面带来较大的灵活性，当员工证明自己能够胜任更高一级工作时，他们所获得的报酬也会顺理成章地提高。

5. 完善绩效考核制度

没有哪一家企业的绩效考核制度会是完美无缺的，这就需要对其进行不断的完善。管理者通过绩效考评满意度调查，找出其中存在的不足之处，有针对性地进行改进，使其发挥更大的作用。

八、努力做到零缺陷

被誉为"全球质量管理大师"、"零缺陷之父"的菲利浦·克劳士比在20世纪60年代初提出"零缺陷"思想，并在美国推行零缺陷运动。后来，零缺陷的思想传至日本，在日本制造业中得到了全面推广，使日本制造业的产品质量得到迅速提高，并且领先于世界水平，继而进一步扩大到工商业所有领域。

"零缺陷"就是要求企业员工树立"一次就把事情做对"的思想，否则，既要丢"票子"，又要丢"面子"。成绩的取得绝非偶然，安全工作要做到及时洞察，未雨绸缪，就要建立起一整套的管理制度，包括逐级负责、领导问责、专业审查、岗位纠责为核心，以个人自控、岗位互控、全员联控、干部监督为重点的安全质量控制体系，努力形成安全生产工作的整体合力，才能确保安全生产的万无一失。通过对众多安全事故的分析，不难发现，有不少企业不同程度地存在着一种重生产，轻质量，要钱不要命，违法违规违章生产的现象，这不但为企业的发展留下了隐患，同时也给员工自身的利益造成了损失。

由此可见，企业要想确保安全生产，就必须从领导层、管理层、班组乃至员工个人自身做起，对安全生产工作进行全过程管理。树立不讲安全就是犯罪，放松安全管理就是失职的思想观念，切实做到思想到位、工作到位、监督到位、考核到位，及时纠正工作中的违章违规操作行为，使"零缺陷"思想转变成为干部职工实实在在的自觉行动。

品质决定质量，质量打开市场。任何一家想在竞争中取胜的企业都必须设法使自己的产品质量无可挑剔，没有一点瑕疵。

任何一家企业，要想在激烈的市场竞争中站住脚，都必须设法让每个员工将自己的工作做到最好，只有这样才能生产出高质量的产品，为顾客提供优质服务。把工作做到"零缺陷"，这是每一个员工对产品高质量要求的具体体现。在工作中，每个人都有自己的职责，每个人都必须不打折扣地把自己的职责承担起来，把事情做到最好，这样才不影响其他人的工作，才不会对大局产生不利的影响。

为了实现零缺陷，最好的办法就是预防，因为只有通过事前预防措施，发动员工对照顾客需求找出存在的差距，使员工建立一种"不害怕任何错误、不接受任何错误、不放过任何错误"的零缺陷心态，自动自发地找差距、挖隐患、挑毛病、揭问题、查原因、找根源，层层把关、步步提高，把问题一次性地解决在企业内部，不给客户制造任何麻烦、不留任何隐患，高起点才会有高成果、高效率和高效益。

要建立预防性的管理模式，就必须按照公司制定的标准、规范管理行为，使公司的质量体系得到有效的运行。

在企业的生产环节中，采取预防性措施，对质量进行管理主要表现在两个方面：一是控制，二是操作。所谓控制主要是指管理、计划、经营、设计等企业内部的各个环节。所谓操作是指一种产品在制造过程中的各个工序或流程上严格把关。

应当讲控制是管理阶层和设计的工作，操作是工人工作的各个环节。"零缺陷"产品源于对每一个环节的关注和用心，只有将控制和操作两个方面的工作都做好，才能够制造出"零缺陷"的产品。

相对于产品质量管理来说，企业管理者此时更像一个检察官，要紧紧盯住关键环节、关键部门和关键人物。如果企业管理者这个检察官的角色扮演得不好，关键环节、关键部门和关键人物就容易出问题，而一旦这些地方出问题，就会影响战略的实施，就会使落实大打折扣。

无数经验表明，监督不力会使公司的许多举措付诸东流。为了防止这种现象的发生，海尔提倡的"日清日高"思想对于提高产品质量起到了很好的作用。海尔在企业内部健全规章制度、严肃监督机制。公司从上到下形成了一个质量保证监督网，不合格的零部件坚决不用，不合格的成品坚决不出厂。各厂、车间、班组层层设立质量保证机构，派有专人检验质量。

没有监督就没有落实，监督到位才能落实到位。合理的监督机制、适时总结经验、查漏补缺，能够让落实工作更加完善、更加高效。

一位管理专家一针见血地指出，从手中溜走1%的不合格，到用户手中就是100%的不合格。企业要赢得利润，就需要员工自觉改正工作不认真的态度，为自己的工作树立严格的标准，从细节入手，让产品质量达到"零缺陷"，为企业创造更大的利润，为自己创造一个更大的生存和发展空间。

九、执行高于一切

有一句话说得好："好的开始是成功的一半。"是的，这句话说得很有道理。只有找到执行的方法并且始终如一、坚持不懈地去执行才是成功之道。当一名好的管理者，最有效的管理就是用组织、制度和企业文化来实现执行，执行高于一切。

对于执行我们需要干劲。如果管理者接到上级领导的任务时想着如何去执行，而不是去怀疑和考虑再三，这一定是个好的管理者。

在执行任务的过程中，不管上级决策对不对，执行首先是第一位的。然后才是你需要弄清楚执行这项任务你要做些什么。上级的决策对不对是需要实践来证明的，所以不管能不能完成，有效执行高于一切。

为了适应在亚洲市场的发展，1999年宝洁公司将中国的销售渠道作了巨大的调整：取消销售部，代之以客户生意发展部，打破四个大区的运作组织结构，改为按照渠道建立的销售组织。宝洁公司提出了全新的分销覆盖服务的概念，全国的分销商数目由原来的300多个减少到100多个。

然而，并不是所有的分销商都接受渠道新政，分销商拒绝去异地开办分公司，在当地的销售也不那么积极了。宝洁的产品在很多局部地区的市场上出现空白，分销商的铺货、陈列等工作也变得马马虎虎起来，宝洁的渠道新政在执行时已经严重变形，无法将产品在规定区域内有效地分销，渗透到应该到达的受众和终端。分销商对渠道政策理解和执行的不到位、不配合，使渠道运作偏离了原来设定的轨迹，宝洁公司当年应收账款迅速上升，呆死账近亿元，生意也迅速下降。

戴尔曾把它的快速定制的直销模式写成书，广为传播。不少企业争相模仿，但是没有一家企业能够超过戴尔集团，原因只有一个，他们缺乏对这一模式的执行力。

甚至连中国优秀的企业联想集团，也经常面临执行力的难题。联想在1999年实施ERP改造时，业务部门不积极执行，使流程设计的优化根本无法深入，最后柳传志不得不施以铁腕手段，才让ERP计划得以执行到位。

这个社会的大多数成功者之所以成功，并不是因为他们有多么新奇高超的想法，而是因为他们注重执行，想到就去做，并且尽最大力量做到。

一个计划的成败不仅取决于设计，更在于执行。如果执行得不好，再好的设计和创意也只是纸上谈兵。

比如对营销经理来说，一个营销方案是否能够取得预期效果，就还原创意和实现创意的过程而言，执行绝对是重中之重。

工作靠抓，落实靠干。真抓实干，关键是在真和实上下工夫，真和实，是相对于虚和假而言的。真抓实干，就是真心真意地抓，实实在在地干，不走形式过场，不搞虚情假意，不尚空谈，专务实效。

衡量一个人是不是做到真抓实干，不能只看形式，关键要看结果，看实效，看老板满意的程度。当然，实干并不是"忙乱"，没有实效的"忙乱"，虽然看上去非常热闹，甚至也很"辛苦"，但与真抓实干格格不入。

爱迪生千尝百试发明灯泡；爱因斯坦独树一帜坚持相对论；达尔文潜心钻研出进化论；李时珍跋山涉水，访医问药完成《本草纲目》；李嘉诚勤奋苦干，从一个贫穷少年到今天的香港首富……但是，这些发明和成功所花费的时间和精力，都是他们所乐于花费的。这些事对于他们来说，是自己最爱做的事，也正因为如此，靠实实在在地做事他们取得了成功。

一个人即使天分很高，假如他不艰苦操劳，真抓实干，他不仅不会做出伟大的事业，就是平凡的成绩也不可能得到。

说到底，管理者的核心价值就在于执行。作为一名好的领导，能不能有效执行目标直接决定着你在企业的发展。换句话说，如果你没有执行力，那么你就有随时被淘汰的危险，因为执行力高于一切，没有执行力也就没有竞争力和说服力，最终将阻碍自己事业的发展。

十、拒绝拖延立即执行

无论多么好的想法，多么高明的决策，如果不付诸行动，永远也不会得到落实。

美国钢铁大王安德鲁·卡内基就是以果断的执行力而闻名于世。有一次，一位年轻的支持者向卡内基提出了一项非常大胆的建设性方案，在场的人全被吸引住了，它显然值得采纳。当手下人正在琢磨这个方案、进行讨论的时候，卡内基突然把手伸向电话并立即开始向华尔街拍电报，以电文形式陈述了这个方案。

在当时，拍一封电报显然花费不菲，但3500万美元的投资项目却正因为这个电文而拍板签约。试想一下，如果卡内基先生也和大家一样只是热衷于讨论而不付诸行动，这项方案极可能就在小心翼翼的漫谈之中而流产了。

有很多人都折服于卡内基的办事能力，羡慕他所取得的巨大成功，但是，却很少有人意识到卡内基的成功源自他在长期训练中养成的"立即行动，现

关键五 落实执行力的机制保障

在就执行"的做事风格。实际上，多数知名企业也是因其能够积极地进行行动与实践而成功的。

　　1974年6月28日，现代集团创始人郑周永为他的现代造船厂举行了一次非常隆重的竣工典礼，同时也为该船厂的第一批产品举行了命名仪式。从1972年3月造船厂破土动工，到1974年6月正式竣工，郑周永仅仅用了两年零三个月时间，许多人都认为这是一件不可思议的事情。而且在这段时间里，郑周永完成了挖船坞、防波堤工程、修建码头，并且还建了14万平方米的厂房。同时，郑周永还为5000名职工修建了职工住宅。在这么短的时间里，郑周永建成了一个面积为60万平方米、最大造船能力为70万吨，而且具有国际先进水平的大型造船厂。

　　这种惊人的速度和效率在世界造船史上是绝无仅有的。一般情况下，按照当时的造船技术，如果要建像现代蔚山造船厂那样大规模的船厂，最快也要5年，郑周永做了一件别人想也不敢想的事情。他让建厂和造船同时进行，在修建船坞时就开始建造油轮的各个部位，等船坞建成后，随即将船坞进行组装，下一艘油轮的制造也随之开始。假如不是这样的高效率，等到船厂建成后再造船，那笔巨大的贷款利息就会把他压垮，也就没有今天的现代集团了。

　　郑周永领导下的现代集团就是这样以高效和速度取胜，最终成为韩国最大的财团，成为世界上著名的大公司。

　　由此，我们不难看出，在工作中立即行动、马上落实的重要性。但是，在企业里确实存在很多对自己不愿意做的事情采取消极态度的管理者，他们要么不去做，要么敷衍了事，要么拖拉、推诿。实际上，不管是哪一种情况都会给工作带来损失。

　　对于自己的工作，不能立即执行、按时完成，总是拖拖拉拉，这是一种非常严重的恶习。在工作的执行过程中，很多领导者都喜欢拖延，想着"明天再说吧，反正还有时间，等一会儿再做"，结果一拖再拖，最终不但耽误了工作的进展，而且对自己的发展也极为不利，因为没有任何一家公司会喜欢或重用一个对工作漫不经心、总是无法按时完成工作任务的领导干部。

| 把执行做到最好 |

实际上，在工作中每个人都会产生惰性，事情不急时都喜欢往后拖一拖。但是，这种"等等再说"的想法，往往会使计划落空，工作变得一片混乱，后悔、自责、烦躁的情绪也会随之而来，从而影响了在工作上的进步，还容易由于混乱而不能发挥应有的能力，自然也就无法保证工作落实到位。

那么，如果你想保证工作落实到位，不妨按照以下方法改变拖延的陋习：

1. 制订一个可行的工作计划

制订的计划一定是具有可行性的，时间也要放宽松些，而且要适合自己的作息习惯。做到这一点，可以让你有能力和信心坚持做成一件事，而且在事情成功后，还可以为你带来愉悦感和继续努力下去的动力。

2. 做好自我监督

当一天的工作结束时，做一下自我总结，检查一下自己的工作效率。同时，你可以把自己的计划告诉别人，让他人来监督你，这样，在自尊心的驱使下可以对自己产生一定的压力，促使自己按步执行计划以按时完成。

3. 把握住现在的时间

富兰克林说："把握今日等于拥有两倍的明日。"

歌德也曾说："把握住现在的瞬间，从现在开始做起，只有有时间观念的人身上才会富有天才、能力和魅力。"

作为一名落实型的管理人员，你应该经常抱着"必须把握今日去做完它，一点也不可懒惰"的想法去努力行动，绝不要使自己变成一个懒惰成性、怠慢工作的管理者，否则绝不会有任何企业和老板会赏识你。

总而言之，"拒绝拖延，立即行动。"是一切成功的基础，没有什么比拖延更能使人懈怠、减弱工作能力，也没有什么比做事拖延对一个人事业上的发展更为有害。所以，每一位管理者都应培养自己良好的执行力，保证工作的落实，取得更大的成就。

关键六　让沟通成为执行的加速器

　　沟通是提升执行力的重要因素。企业内部的上下级之间、职能科室之间、人与人之间必须加强沟通。不论职位高低、资格大小，都要全方位、无保留地说出自己的心里话，切忌因为自己的职位低、资格小而不敢和对方沟通，也不可因为自己职位高、资格老而认为高人一等。只有每个人都能把自己获得的工作方面的信息，如实地、及时地、毫无保留地说出来，做到信息资源共享，才能形成合力，从而提升团队的执行力。

一、沟通力决定执行力

有一天，耶稣带着他的门徒彼得远行，途中发现一块破烂的马蹄铁，耶稣希望彼得捡起来，不料彼得懒得弯腰，假装没听见。耶稣无奈便自己弯腰捡起马蹄铁，用它在铁匠那换来3文钱，并用这些钱买了十几颗樱桃，藏在袖子里。

出了城，两人继续前行，经过的是茫茫荒野，耶稣看到彼得渴得厉害，就把藏在袖子里的樱桃悄悄地掉出一颗，彼得一见，赶紧捡起来吃。耶稣边走边丢，彼得也就狼狈地不住弯腰去捡。最后，耶稣笑着对他说："要是按我想的做，你只要最开始弯一次腰，我就不用一次又一次重复地扔樱桃了，你当然也不会在后来没完没了地弯腰去捡樱桃了。"

从这个小故事中我们可以得出一个管理启示：在企业中，领导所想的和员工所想的往往不能得到有效统一。缺乏执行力往往使所有工作都会变成一纸空文或一场空谈。只有当领导者与员工思想在工作上达到高度统一，这时的工作执行力才是最高的，工作才能完成得顺利，而这一切都有赖于思想沟通后的统一。

在企业管理过程中，人们普遍关注的是执行力的强弱，殊不知执行力只是沟通力的一种外在表现。因为没有沟通，就没有理解，没有理解，就不会有彼此的信任，而缺乏信任，就不会有愉快的合作和成功的管理，当然更谈不上什么执行力的加强。

随着现代传媒业的发展，人们可以通过阅读报刊、浏览电视节目、登陆网站等多种方式获取大量的社会信息。但笔者认为，作为企业的一名员工，他最关心也是最想了解的，首先是在自己的企业里每天发生着什么和将要发生什么。因为这些变化决定着他的行为取舍，决定他每一天的生存意义。正如美国联邦快递高层领导人佛朗西斯·迈奎尔所说："没有信息，你的员工就没办法工作，他们就会感觉到自己是在架设一座没有明确彼岸的桥梁，而不是架设一座通往看得见、摸得着的机会的桥梁。"

| 把执行做到最好 |

　　作为企业的一名管理人员，你的每一句话、每一个动作和无意间流露出的每一种表情，都在向员工传达着这样或那样的信息。可以说，沟通对于企业管理人员而言无时不在，无刻不有。只是由于它像空气一样普通、平常而常被我们忽视而已。作为企业管理的基础性工作，沟通的过程实际上就是通过"望、闻、切、问"对各种企业病进行会诊的过程，其目的是发现并解决问题。所以，沟通的效果和企业执行力的强弱有着密切关系。在一个没有执行力或执行力软弱的企业里，管理者与员工之间根本不可能有真正意义上的深度沟通，因为当你一次次地通过沟通发现问题，但不能及时有效地加以解决的时候，你失去的不仅仅是企业发展的宝贵时间和难得的机遇，更将失去员工的信任和领导者应有的威信。在这种情况下，你会发现，沟通会一次比一次困难，沟通的效果也将一次比一次差。当职工和领导习惯了这种"循环往复，以至无穷"的形式化的沟通模式后，当这种模式把他们意识中本应一体化的沟通和执行强行分离的时候，职工自然就开始怀疑领导的能力，并渐渐封闭起自己的思想闸门，导致企业文化脉络的阻断和团队士气的日益消沉。

　　所以没有沟通的执行力和没有执行力的沟通，永远都不可能架设起沟通者之间的心灵桥梁，达不到预期的目的和效果。这在计划经济体制时期表现得尤为明显，各种会议一个接着一个，各种信息一封接着一封，各种文件一份接着一份，人们苦苦挣扎于"文山会海"之中而不能自拔，于是乎，人们在厌倦之中逐渐丧失了沟通的动力，不再关注沟通的效果，甚至于为了沟通而沟通。这种形式化、表面化的沟通不能触及问题的实质，原因很简单，除去缺乏沟通的动力以外，与沟通紧密相连的执行力的软弱也是其中的主要原因之一。

　　软弱的执行力最终将导致沟通动力的丧失，而沟通动力的丧失，将直接阻断企业发展过程中的内在思想和文化脉络，使企业的各种信息失去真实性和对称性，这时的企业就像一艘失去舵手的船，在汪洋大海上飘忽不定，时刻面临着触礁和沉没的危险。

　　既然沟通力对于执行力来说是如此的重要，那么，我们如何才能使领导所想的和员工所想的得到有效的统一，提升执行力呢？最重要的就是领导在实施一项工作前要与员工加强沟通,并有与之相适应的保障制度落实的严厉措施去规范实施工作人们的行为,才能提升执行力确保制度落实。

1. 安排任务前先沟通

作为企业领导在实施一项工作前要与员工加强沟通,将自己的想法、其中的利弊、效果告知员工,在告知的过程中,教育与倾听兼有,沟通至融合,使之达到心灵思想和认同的有效统一,执行力方可最佳。告知员工,这也是员工应有的知情权。它增加了领导与员工之间的亲近感,也增强了企业的凝聚力,可使员工心情愉悦地竭尽全力去干好工作。

2. 沟通要讲究策略

人与人之间的地位是平等的,因此在与员工沟通时要以平等的姿态去接近员工。以亲人般的和蔼态度去和员工讲话进行沟通,才能使员工从心理上接受你,也才能达到心灵上的沟通,达到思想上的统一,从而去执行指令,干好工作。千万不要以领导自居,高高在上的姿态,那样只会让员工反感,与你疏远,那又何谈干工作和执行力。所以,工作执行力的高低,与领导与员工沟通是息息相关的,思想沟通得好,执行力就高,反之则低。

综上所述,假如企业在实施一项工作时,领导既做到了与员工的真正的沟通,使领导和员工达成了思想与行动的高度统一。又有一个保证该项工作顺利实施的制度和强有力的保障措施。那么,不论是安全生产,还是其他的工作,执行力就会高,工作就会顺利开展。

二、加强沟通才能有效执行

为什么众多的管理者会失败?主要的原因不是战略不好,而是执行太差。而执行太差的主要原因之一就是员工对公司战略缺乏了解。当然,这与上下级之间沟通不畅是分不开的。

如果员工都不了解战略的话,管理者就不要指望他们来帮助你实现战略。

很多员工在被问及是否理解战略时，他们都点头称理解；实际上他们根本不知何为战略。一项成功的沟通计划可以提升员工的战略意识，使得战略执行成为组织持久的核心竞争力。

研究表明，比起那些绩效差的组织，在绩效好的组织里，高级经理人的沟通效率都很高，员工对组织的目标有着非常全面的了解。当经理人下达一项工作任务后，不用费多少心思，下属就能做得很到位，这样的公司绩效自然也会很好。

圣经中有这样一则故事：在古代巴比伦，一群肤色不同的人正在建通天塔，尽管他们当中有黑种人、黄种人、白种人，但由于大家使用的是一种语言，彼此间易于交流与沟通，因此命令传达得既准确又迅速，泥瓦匠间配合默契，宏伟的通天塔建设得相当快。这一切上帝都看在眼里，心想，若是让人类如此协调的工作，世界上还有什么事情办不成呢？于是，上帝便施展法力，让不同肤色的人使用不同的语言。由于语言不通，工作指令无法迅速、准确地传达，塔上的人需要泥土，塔下的人却往上送水，工地一片混乱，通天塔的建设陷入了瘫痪状态。

建设通天宝塔需要泥瓦匠们彼此间的交流与合作，一个独立的组织，如一个现代中型企业，规模庞大、因素众多、结构复杂、分工精细、信息量大、联系广泛、动态多变、功能综合，管理者必须做好沟通、协调工作，组织内的各部门、各要素才能充分发挥作用，整个组织才能像钟表一样正常地运转，才能顺利地实现组织的既定目标、任务。

如果没有沟通，任何一个组织都将是无法存在的。

绩效的高低与管理者花在沟通上面时间的多寡往往成正比，许多成功的企业总裁、总经理、专业经理人，他们花在沟通方面的时间高达50%以上，有部分人更高达90%。一位信息业的总经理在一项命名为"成功的沟通"的座谈会中就直言不讳沟通的重要性，他说："当我开始完全学会沟通技巧之时，也是我的事业正式起飞，踏上成功大道的时刻。现在我每天要花掉平均约70%的时间和我的伙伴、员工们面对面的沟通。当然，我也必须和外界的供应商、经销商、大顾客、政府部门之间有利害关系的人们进行沟通。总之，

关键六 让沟通成为执行的加速器

我每天都要做的唯一大事就是'沟通'"。

身为管理者，每天都必须和员工、上司以及平行单位的人相处。为什么有些人显得魅力十足，受到大家的欢迎和尊重，而有的人却令人生厌，大家避之唯恐不及？为什么有些管理者能使员工们同心协力、共同奋斗，不断地取得成就，而另外一些人却常常为表现平平而忧心忡忡。这两种不同的结果与管理者的沟通能力是分不开的。

成功的管理者都具有卓越的沟通能力。所谓成功的管理者，除了自身所具有的优秀素质外，他们的所作所为都来源于自身所拥有一套愿意与所有的员工不断"沟通"的管理哲学。他们十分了解沟通的重要性，无论在社交活动中，还是在家庭中或是在工作岗位上，能经常尽情地发挥本身所特有的与人"沟通"的艺术和能力，巧妙地赢得别人的喜爱、尊敬、信任和共同的合作，从而开创了人生的丰功伟业。

下面，我们来看看华为公司成功沟通的案例：

华为技术有限公司成立于1988年，从事通信网络技术与产品的研究、开发、生产与销售，专门为电信运营商提供光网络、固定网、移动网和增值业务领域的网络解决方案，是中国电信市场的主要供应商之一，并已成功进入全球电信市场。2003年，华为的销售额为317亿元人民币。

华为每年都有一个非常宏大的"发红包"活动。7、8月份公司分发股票奖金，那时公司的高层几乎全部出动，包干到户到各个部门"发红包"，借机和各地员工沟通。

他们在沟通时主要做些什么呢？沟通公司的发展战略，沟通绩效评价和反馈等。沟通的内容一般有四点：发放红包，告诉员工今年的"红包"是多少；自我评价，问员工对结果的意见、对自己的优缺点的评价、未来的发展道路；指导意见，结合之前公司的综合评定活动告诉员工去年的表现，指出他的优点和不足以及发展方向；激励沟通，最后勉励他好好工作，签字认同。

华为把发钱不仅当作一个结果，而且作为一个过程让员工知道公司的战略、公司的导向、自己的价值、自己的优点和不足以及未来的发展。可以说，华为通过发钱实现了一次面对面的公司与员工的对话，员工与员工的对话，员工与自我的对话。不仅发了钱,还传递了真情和价值观。

不只是发股票等比较重要的活动才展开"发红包"行动,平时例行的涨工资,特别是新员工的涨工资,他的主管也会告诉他为什么要涨这次工资,工作中还有哪些需要改进的地方。

华为的沟通还体现在其他各个方面,比如季度的例行考核、劳动态度评定、任职资格认证,员工的主管都会和员工沟通,告诉员工考核结果的由来,优点在哪里,不足在哪里,甚至还要制订详细的绩效改进计划。

年终的时候,华为人收到红包的同时,会收到一个"神秘的礼物",这天,部门主管会手里拿着红包,笑眯眯地走过来,把他叫到一个幽静的地方,将那件"神秘的礼物"送给他,然后会心一笑。临走,主管还会拍拍他的肩膀说:"好好珍惜送你的'神秘礼物'。"这个所谓的神秘礼物就是告诉员工他的缺点和改进意见。

公司要求每名部门主管在送员工红包的时候,必须同时指出他的一个缺点,并提出改进要求,促使员工改进。这种委婉的、巧妙的方式,被有意安排在发红包的同一时间,目的是让员工心理上乐于接受。在华为看来,人最难的就是正确地认识自己,尤其是正确地看待自己的缺点。华为就是通过这种方式让员工勇于否定自己,找出差距。华为的聚会文化被誉为华为生生不息的文化。华为人所谓的请客聚会,是与员工沟通的一个很有效的形式。

华为不是为了聚餐而聚餐,主要是为了沟通而聚餐,在聚餐中进行无障碍沟通,通过沟通达到有效执行的目的。

三、如何让沟通畅行无阻

几乎所有的矛盾都是由于沟通不畅而产生的,如果沟通不好的话,就无法进行有效的执行,很容易让员工产生消极的心理,严重地削弱了团队的战斗力,也就谈不上决胜市场了!

如果我们再细心一点观察一下我们的员工,有时候他们不开心不快乐,很多情况并不是工作压力造成的,而是心累!面对竞争对手他们没有退缩,面对压力他们迎难而上，但是在沟通方面却把他们难倒了！因为他们觉得自己得不到上司的关心与支持，心里面有隔膜，终日闷闷不乐，故而影响了情绪！沟通能带给人们快乐，而快乐带给了人们激情，也带给了人们力量！试想一下如果一个团队里面只剩下压力与烦闷的话，会变成什么样呢？

现在多数公司只是一种单向的"通知"式的沟通，上层有什么命令或意见，下层都只能被动地接受！长此以往很难有员工再愿意对领导的意见有所反馈了，大家都觉得没必要了！这样就很容易让员工产生逆反心理，如果员工总是生活在这种高压的环境之中，面对压力或任务又找不到人去诉说的话，他们就会变得消极，也会对公司布置的各种任务产生反感或逆反的心理，那就谈不上执行了！如果一项任务能深入人心的话，就算有压力，也会很快由员工自己主动地把它化为一种动力！

领导者要知道，好的制度要想发挥作用必须能得到彻底的贯彻施行。只有所有员工真正能够且愿意畅所欲言，才能使沟通制度发挥作用，才能真正达到领导者设想的沟通效果。

微软就很鼓励员工们畅所欲言，对公司在发展中存在的问题，甚至领导者的缺点，员工都可以毫无保留地提出批评、建议或提案。之所以能做到这点，是因为比尔·盖茨明白，只有人人都能提出建议，才能说明人人都在关心公司，公司才会有前途。

管理者只有鼓励员工畅所欲言，才能帮助员工打消顾虑、大胆发言，以便集思广益，为企业的发展出力。

在这方面，杰克·韦尔奇就做出了表率，他担任通用电气总裁后，力争把通用打造成一家"没有界限的公司"，于是，"毫无保留地发表意见"就成为了一条重要的工作准则。

每年通用电气都会不定期地召开约有2万到2.5万员工参加的"大家出主意"会，每次与会者大约50到150人，主持者引导大家坦率地陈述自己的意见，以期及时找到生产上的问题，改进管理方法，提高产品和工作质量。韦尔奇要求各级经理都要参加到基层的"大家出主意"会中，他还以身作则，带头示范，在会议上也是认真倾听。

| 把执行做到最好 |

这一活动给企业员工的精神面貌带来了很大改善，也给公司带来了生机，取得了很大成果。有一次，一个员工提出在建设新电冰箱厂时，可以借用公司的哥伦比亚厂的机器设备。哥伦比亚厂是生产压缩机的工厂，与电冰箱生产正好配套。如此"转移使用"，就可节省一大笔开支。而这样生产的压缩机将是世界上成本最低而质量最高的。

此后，韦尔奇还研究出了很多让员工畅所欲言的好办法，他经常举行各阶层职员参加的讨论会，与会者在会上要做三件事：动脑筋想办法；如何取消各自岗位上多余的环节或程序；共同解决出现的问题。最基本的模式是大家七嘴八舌发表意见。后来这逐渐上升为一种管理理念，成为了通用电气走向成功的基石。

让员工畅所欲言的就是一个充满民主氛围的企业，这可以帮助员工摆脱各种顾虑，充分运用自己的智慧进行大胆发言、创新，为发现企业所存在的问题，寻找企业发展的新思路出力。

领导者应致力于为员工提供一个畅所欲言的机会，虽然员工的"真心话"不一定都是真知灼见，但一定是他们的肺腑之言，领导者只有听到了他们的真心话才能使企业的各项决策做到有的放矢，才能避免因主观武断而导致决策的失误。

格兰仕在这方面为一般的企业管理者做出了表率。

在格兰仕，员工称董事长梁庆德叫"德叔"，称执行总裁梁昭贤叫"贤哥"，叫别人的名字，一般都会在最后一个字后面加一个"哥"或"姐"字，一听就让人感到一种家的温暖，没有等级森严的"总"或"长"的论资排辈，没有广东人与广西人，湖南人与湖北人的地域之分，格兰仕开会的开场白都是"格兰仕的兄弟姐妹们"，总让人想起"激情燃烧的岁月"。

早餐会与英雄会。为了加强各条线的沟通协作，每月第一周的星期一和第三周的星期一，格兰仕高层有一个雷打不动的早餐会，分管各条线工作的副总、总助一边吃早餐，一边汇报近期工作。工作生活化，生活工作化，减少了内部摩擦与阻力，提高了沟通的效益与效率。每年的经销大会，年终总结会被格兰仕人称为"英雄会"，公司都会精心策划安排，确立一个鼓舞人心的主题，安排一台寓教于乐的晚会，准备一系列紧扣营销管理的活动，评选十大英雄人物，制定专门的英雄专题片大力推广。

书信沟通。大约从1997年开始，公司董事长梁庆德在每年的年末都写一封《致格兰仕全体员工及家属的一封信》，这已经成为"德叔"的"规定动作"：1997年：《艰难困苦我们一起背》；1998年：《给全体员工拜个年》；2001年：《那些欢笑与泪水同行的日子》；2003年：《找到属于自己的一片蓝天》执行总裁梁昭贤可以说是一个写信的"偏执狂"：营销团队在市场取得了业绩，他要写信鼓励；经销商市场有起色，他会发去贺信；海外市场有了突破，他要写信嘉奖等。

兴趣小组。格兰仕通过成立各种兴趣小组来发现有专业特长的人才，首先选出一批有活力、有能力、有热情的骨干分子作为领头人，在条件成熟时成立爱好者协会，如歌舞协会、篮球协会、足球协会、羽毛球协会、乒乓球协会、象棋协会、书画协会、摄影协会、时装协会。新人入厂时根据兴趣爱好和特长介绍加入各种兴趣小组和协会，从而排除工作之余的孤独感，找到组织上的归属感。兴趣小组有效地实现了员工之间的沟通。

师徒制。这个制度最早在公司海外部试行。具体做法是，选出一位前辈，把他确定为新员工的"专职前辈"，这位"前辈"就工作、生活以及同朋友、上级的关系等问题对新员工进行指导教育，使其尽快熟悉和适应工作环境；同时在开展业务时，一个师傅要带两三个新人，师傅将自己的市场让出来给新人操作，师傅另辟蹊径，再开拓新市场，分裂繁殖，滚动发展。由于这一做法成效非常显著，所以公司以后把它加以制度化。"前辈"需具备任职资格，从到公司工作五六年的骨干中选拔，并需经过"技能训练课程"教育之后，才能被任命为"前辈"。受训方式由讲师讲课和讨论组成，其内容涉及人生观、工作责任、礼仪等多个方面。

通过多种多样的沟通方式，使公司上下搞得红红火火，不仅人际关系融洽了，更重要的是工作任务得到了完美的执行，销售业绩和利润得到了大幅度的提升，使格兰仕品牌在市场上稳稳地站住了脚跟。

四、真正的沟通从心开始

中国移动的广告语说得好，叫做"沟通从心开始"。在企业管理当中，沟通同样是很重要的一门学问，甚至有人认为管理就是沟通的艺术。不容置疑，沟通手段的有效运用，能帮助企业建立一支以协作为中心的团队，可以增强企业的凝聚力，同时，沟通也是企业获得必要信息的重要途径，是满足员工心理需求、改善人际关系的重要工具，我们认为，没有沟通的管理，充其量是缺乏人性的管理，其本质上是不符合现代企业的人本精神的。

沟通是指信息凭借一定的符号载体，在人与人之间或群体之间进行传递，并获取理解的过程。沟通是管理的基础，是我们相互交往的桥梁，是减少隔膜的润滑剂。有沟通，才有理解，而真正的理解又必须要用心来感悟。任何一种不建立在心灵这片土壤上的沟通必然是不完整的残缺的沟通．表面的顺畅和通达是经不住事实检验的。企业要有良好的沟通，尤其是上下级之间的沟通，只有在内心里产生共鸣，才能使员工真正感受到自己就是企业的主人翁。

俗话说，知人知面不知心。沟通有时候也会拘泥于指挥的演绎，而缺少内心里自然流露的和弦。虽然沟通者的传递通常靠知识语言信息，还包括身体语言以及表情、态度、思想等的传递，但是沟通的前提却必须要从心开始。否则，那样的表面沟通将是无效的，甚至造成适得其反的假象。由于我们一味寻求沟通技巧和沟通渠道，却无视于正在丧掉的真诚，才使得距离心灵的沟通越来越远。事实上，心的碰撞是沟通的本源，当管理者信任别人时，也正被别人所信赖。

在一个形成有效沟通体系的企业里，沟通既不松散也不随机，而是以一种经常性机制贯穿于企业运行的全过程。宏碁集团董事长施振荣认为，良好沟通的前提是开放的心胸。他说："相信多数人都认为自己很开放，但自以为开放的想法往往是沟通不畅的主要原因。"我们经常碰到那些自认为擅长沟通的领导者，批评或怪罪部下不理解他的意图，却从不在自己的身上寻找过错。

关键六 让沟通成为执行的加速器

长此以往，两者之间的隔阂就像一堵难以逾越的墙越砌越高，永远地阻碍着两颗心的会面。

如果说沟通从心开始，那么管理则到沟通为止。企业管理无论是刚性还是柔性，总是行使在某种约定范围内的权利与义务，而沟通的边界却是心灵的边界。只有打开心灵之门，我们才会体验到无边界的沟通，才能提高士气和激励他们的工作热情，以及帮助他们实现目标。因此，用心沟通就要"明明白白我的心"，于是让我们少走很多冤枉路。让我们敞开心灵地沟通吧，让心依靠着心，真诚传递温暖，让理解唤醒热爱。

要想让沟通从心开始，管理者就要抛开自己的架子，以平等的心态对待下属，把下属当成合作伙伴关系才行。

在平等对待员工方面，波音公司的领导就做得恰到好处，堪称典范。

与前任首席执行官施朗茨相比，菲利普·康迪特的个性几乎截然不同。广受尊敬的施朗茨被认为是为人拘谨，教父型的；而开着福特探索者越野车的康迪特与员工的距离则拉得很近，有时候他会到公司的食堂里吃午餐，并且习惯到一线去跟员工谈话。

施朗茨认为：在与员工的相处中，康迪特给人的感觉更加可亲。

从1994年到1995年间，波音公司的高级管理成员参加了一系列为期一周的会议，他们先到康迪特家参加宴会，然后所有人都走到房子的外面，围着一个大火坑挨着坐下，开始谈论与波音公司相关的话题。康迪特叫他们一一写下心中对波音公司的不满或者是负面的评价，接着把这些纸条扔到火堆里，以销毁波音在他们心目中留下的任何"阴暗面"。

没有人会错把波音公司的原首席执行官菲利浦·康迪特看成是爱衣如命之徒。但是，在一个再平常不过的星期五中，他却一连换了四套衣服。开公司早会时，他穿的是一身运动装加上一件V领毛线衫；到了中午向老工人进行午宴演讲时，他摇身一变穿上了西装，打上了领带；等到下午到工厂视察时，身上所穿的变成了简朴的旧衣服；出席当天晚上的应酬活动时，他又套上了一身礼服。你尽管可以称他为变色龙，但有一点是再清晰不过的：最起码他不希望穿着对自己良好的人际关系产生哪怕是丝毫的影响。

> 把执行做到最好

　　与他那些严肃正经的前任相比,乐于社交活动的康迪特在工程研讨会、工厂或者是在自己的办公室里都显得是那么随和,与员工之间是那么近距离地沟通。

　　许多管理人员在和员工相处时抱着一种居高临下的态度,把彼此的关系变成老师和学生一般。虽然老师一般都是站得高高的,并且包办大部分的说话,但一位好老师也知道如何去倾听学生说话。优秀的管理人员也应该如此。管理人员对部属扮演权威的角色,会使得双方产生敌对的情绪,使得有效的沟通中断,最后变成谁也不听谁的。

　　管理人员与员工之间应进行多少沟通为宜,只有身处其中的人才能够决定。天天一起工作的人,自然会发展出一些个人的关系。你当然必须关心部属,但不要犹如审问一般地询问对方。

　　如果你能问对方一些问题,而且观察很敏锐的话,可以表现出你对他的回答真正有兴趣。大夫问你一大堆问题,表示他关心你的健康。一位繁忙的医生,没问多少问题就下诊断,给你的印象是他一点都不关心你,只是对赚你的钱有兴趣而已。

　　因此,真正的沟通是从心开始的,是在平等的基础上进行的,这样不仅有利于沟通,也有利于让下属接受并执行好上级的指令。

五、倾听也是一种沟通

　　伏尔泰说:"通往内心深处的路是耳朵。"倾听有时可作为一种武器,传达、显示自身的观点、想法、地位和修养等。从而激发员工的信服之心,使他更努力地为你效劳。一天,几个人怒气冲冲地闯进美国总统麦金莱的办公室,抗议他不久前出台的一项政策。为首的一个议员脾气尤其大,甚至用难听的话骂总统。而麦金莱一直表现平静,静静倾听等这些人都说得精疲力竭了,他才温和地问:"现在你们觉得好些了吗?"

　　那些人立刻脸红了,尤其是为首的议员,觉得自己好像小丑一样。接着,总统解释了自己为什么要作那项决定,而且为什么不能更改。这位议员虽然没完全听懂，但他心理上已经完全被说服了。当他回去后，告诉他的同伴说："伙计们，我忘了总统说的是些什么了，不过我打赌他肯定是对的。"

就这样，麦金莱总统凭着礼貌的倾听和沉默，在心理上战胜了原本不可一世的议员，也为自己赢得了良好的口碑。

倾听是沟通的一种十分重要的方式，管理者只有学会倾听，才能给下属说话的机会，才能真正了解下情。是否善于倾听，是衡量一个管理者沟通水平的标志。没有时间听人说话的管理者，经常是刚愎自用、固执己见的领导，根本无法获得员工的信任与理解。

卓越的领导者几乎都有善于倾听他人意见的人。萧克在回忆任弼时的文章中这样写道："弼时同志平等待人，善于倾听别人的意见，不管是在平时或在会议上，也不管是别人说话唠叨甚至言辞激烈，他总是耐心地听，让人把话说完，不轻易打断别人。他坚持原则而不激动，议论不多而思虑周详；一边倾听，一边思考。""当他考虑成熟以后，便'城门'洞开，如见肺腑，令人心悦诚服。"

倾听是由领导工作的特点决定的。随着科学技术的飞速发展，社会化大生产呈现出整体性、复杂性、多变性和竞争性的特点。面对纷繁复杂的竞争市场，个人有时难以作出正确的判断，必须借助"智囊团"来为自己出谋划策。在现代管理工作中，集体的决策也总是优于个人的决策的。

作为管理者，应该愿意听到许多不同的声音。这些声音并非全是"杂声"，有的甚至是非常好的建议，采纳了会使自己的管理工作受益匪浅。所以，管理者做出某项决策或实行某项措施时，如果听到有不同的声音，千万不要火冒三丈予以压制，而要认真考虑考虑，看看下属说的有无道理，切不可固执己见，以免造成优秀员工的离去而给企业带来更大的损失。

本田宗一郎是日本著名的本田车系的创始人，他为日本汽车和摩托车业的发展做出了巨大的贡献，曾获得日本天皇颁发的"一等瑞宝勋章"。在日本乃至整个世界的汽车制造业里，本田宗一郎可谓是一个很有影响力的重量级传奇人物。

1965年，在本田技术研究所内部，人们为汽车内燃机是采用"水冷"还是"气冷"的问题发生了激烈争论。本田是"气冷"的支持者，因为他是领导者，所以新开发出来的 N360 小轿车采用的都是"气冷"式内燃机。

1968 年在法国举行的一级方程式冠军赛上，一名车手驾驶本田汽车公司的"气冷"式赛车参加比赛。在跑到第三圈时，由于速度过快导致赛车失去控制，赛车撞到围墙上。后来不久，油箱爆炸，车手被烧死在里面。此事引起巨大反响，也使得本田"气冷"式 N360 汽车的销量大减。因此，本田技术研究所的技术人员要求研究"水冷"内燃机，但仍被本田宗一郎拒绝。一气之下，几名主要的技术人员决定辞职。

本田公司的副社长藤泽感到了事情的严重性，就打电话给本田宗一郎："您觉得您在公司是社长重要呢，还是当一名技术人员重要呢？"

本田宗一郎在惊讶之余回答道："当然是当社长重要啦！"

藤泽毫不留情地说："那你就同意他们去搞水冷引擎研究吧！"

本田宗一郎这才省悟过来，毫不犹豫地说："好吧！"

于是，几个主要技术人员开始进行研究，不久便开发出适应市场的产品，公司的汽车销售也大大增加。这几个当初想辞职的技术人员均被本田宗一郎委以重任。

1971 年，本田公司步入了良性发展的轨道。有一天，公司的一名中层管理人员西田与本田宗一郎交谈时说："我认为我们公司内部的中层领导都已经成长起来了，您是否考虑一下该培养一下接班人的问题了？"

西田的话很含蓄，但却表明了要本田宗一郎辞职的意愿。

本田宗一郎一听，连连称是："您说得对，您要是不提醒我，我倒忘了，我确实是该退下来了，不如今天就辞职吧！"

由于涉及移交手续方面的诸多问题，几个月后，本田宗一郎把董事长的位子让给了河岛喜好。对于下属所提出的相反的意见，甚至让其辞职，本田宗一郎都很爽快地接受了。

这样一位虚心听取下属意见的领导人，怎么会不让下属敬佩呢？无怪乎，本田公司至今仍屹立不倒。

作为一个领导，无论你地位有多高，或者你拥有多么巨大的成就，都不可避免地会犯这样或那样的错误。虚心听取下属与自己相反的意见,能使你的领导地位更加稳固,使你得到更多的拥护。

无论是谁,你的知识和经验都有可能过时,显得不合时宜,这并不可怕,可怕的是你仍以昨日的感觉坐在今天的位子上发号施令。解决这种可怕情形的办法即是虚心地听取下属的相反意见并予以改正。

领导过程就是调动下属积极性的过程,善于倾听的人能及时发现他人的长处,并使其得到发挥;倾听本身也是一种鼓励方式,能提高对方的自信心和自尊心,加深彼此的感情,因此也就激发了对方的工作热情与负责精神。倾听还可以及时了解下属的思想、意见、情绪和建议等,以便做相应的处理,免得问题积压过久,难以解决,挫伤大家的积极性。

倾听不仅有助于人与人之间的沟通,倾听还能解决冲突,化解矛盾和抱怨。

管理者为了能消除员工心中的烦恼和不满,并达到激励员工的目的,最好的方法是让员工把抱怨的话说出来,以便减轻怨恨的程度,甚至化解冲突。当员工用语言发泄不满时,我们需要认真倾听。日本的"经营之神"松下幸之助每天最喜欢做的就是找员工聊天,倾听他们的牢骚。在倾听的过程中,他什么也不做,只管认真地倾听。很多高层领导从松下幸之助这个"嗜好"中,发现了一个神奇的事实:尽管松下幸之助倾听完员工的意见后,并没有迅速给出答复,但下属的愤怒和不满却大大地减轻了,他们好像受到了莫大的激励一样,重新投入了工作。作为管理者,如果一位因感到自己待遇不公而愤愤不平的员工找你评理,你只需认真地听他倾诉,当他倾诉结束后,心情就会平静许多,甚至不需你作出什么决定来解决此事。

由此可见,领导者只要从沟通中学会倾听,就能消除矛盾、缓解冲突,也才能更好地让员工"动"起来。尤其是在当今竞争加剧的情况下,人才的竞争使得员工的跳槽越来越频繁。"堵人之口如堵川",面对这样一个在所难免的事实,给员工充分的话语权,让他们把心中的不满发泄出来,自会平息抱怨、化解矛盾,从根本上消除工作执行过程中的障碍。

六、营造良好的沟通氛围

由于每个人的个性不同,每件事的属性也不一样,因此管理者在与员工沟通时,一定要慎重选择语言方式和沟通环境。

也许我们平时并没有察觉到,某一种信息要能够传达出去,存在着很多不同的通道。但是使用不同通道传递信息便会产生不同的结果。而要传递不同信息,总会有较为适合的渠道与环境。至于如何选取适当的环境与对方沟通,这就要依赖我们的实用口才和智慧了。

如果你很爱慕一个女孩子,觉得她对你也蛮有好感,有一天出游,你想要吻她,你会找个安静无人的地方,还是在交通繁忙的大马路上?当然是安静无人的地方。如果四周有人走来走去,就算她本意是愿意的,但在"众目睽睽"之下,她肯定也会不愿意。这是环境因素妨碍了你们之间的沟通。

如此看来,客观环境对形成和谐的沟通是十分重要的。

如果你要通过口才与他人沟通,最好找个没人打扰的环境。这样你才能一次把话说清楚,让对方听得明白,同时也不致影响你的沟通情绪。

1995年,当比尔·盖茨宣布不涉足Internet领域产品的时候,很多员工提出了反对意见。其中,有几位员工直接发信给比尔说,你这是一个错误的决定。当比尔·盖茨发现有许多他尊敬的人持有反对意见时,又花了更多的时间与这些员工见面,最后写出了《互联网浪潮》这篇文章,承认了自己的过错,扭转了公司的发展方向。同时,他把许多优秀的员工调到Internet部门,并取消或削减了许多产品,以便把更多资源调入Internet部门。那些曾经批评比尔·盖茨的人不但没有受到处分,而且得到重用,今天都成了公司重要部门的领导。

微软的员工可以说真话不是因为勇敢,是因为他们知道,他们不会因为说出真话而受到任何伤害。

当然,员工不说真话并不仅仅是因为这一个原因。比如,很多员工还都抱着多一事不如少一事的态度,想想吧,如果你的建议对了尚好,一旦错了

关键六 让沟通成为执行的加速器

势必会遭到同事或领导的议论,甚至指责。所以,他们觉得冒这个风险不值得。

此外就是一些传统的管理手段和观念,也往往导致创新意识被压制和扼杀。

例如,在开讨论会时,多半是由主持者在会议开始时率先发言,定下了讨论的基调。

大家的思维一旦被限定,创新就无从谈起。特别是在主持者权威性较高的情况下,与会者不愿意当面提出不同意见,发表的言论自然流于应付。若该团体中权威人士较多,与会者选择发言内容将更加谨慎,以避免失误,免得难堪。甚至有某些研究者给出这样的结论——参会的人数越多,讲假话、套话的几率越大。

王强是一家民营制药企业的老总,别人为员工"不听话"而发愁,他则为员工"太听话、不说话"而发愁。每次开工作会议,讨论新议题时,几乎都是王强一个人在说话。无论是部门经理向他汇报工作,还是员工向部门经理汇报工作,几乎都听不到建议。他不知道大家之所以都沉默不语,那是因为他过于傲慢自大,还是对于别人的意见常常是充耳不闻,次数多了,自然是谁也不想开口了。

要改变这种状况,必须在企业内部营造民主氛围,让领导与员工之间形成信任,打消团体内部的拘谨,让员工多提新思路,大胆说真话,同时还要批判员工取悦领导者的行为,以起到警示的作用。在开讨论会的时候,要注意领导讲话艺术,在提建议的阶段严禁批判或反对别人的观点,以保证提案的数量。在例行考核方面,对提出有价值的新思路和项目的人要给予奖励,用物质激励来激发员工的创新。

营造民主氛围就是要员工摆脱内心的各种顾虑,充分运用自己的智慧大胆创新。毕竟员工要为自己提出的意见负责任,所以意见也是不能乱提的,必须有一定的价值。而民主气氛会让他们放下内心的这种顾虑,毫无保留地说出自己的真心话。

说真话本来不是什么难事,但是你不能指望所有的人都是那个会告诉国王没有穿衣服的孩子,你更不能指望所有的人都愿意做那个说真话的小丑、傻者、疯子。大人与孩子不同,孩子没有什么顾虑,而大人在说真话的时候,就会考虑许多因素,一旦会危及自身的利益,或者有什么风险,那么他们就会选择沉默。而大人更不愿意承认的就是自己的智商会有问题,所以他宁愿辞职也不会做个说真话的小丑。

作为管理者,要想在企业内部营造一种说真话的氛围,就要营造领导与员工之间互相信任的民主氛围,让员工毫无顾忌地说出自己的真心话。

管理者可以通过利用演讲造势沟通,也可以利用媒介语言沟通,也可以在上下班路上与下属结伴同行进行沟通,通过营造语言沟通的环境使上下级之间的距离越来越近。

七、下达命令时不忘沟通

指示和命令是领导对部下特定行动的要求或禁止。指示的目的是要让部下照你的意图完成特定的行为或工作;实际上,它也是一种沟通,只是指示和命令带有组织阶层上的职权关系;它隐含着强制性,会让部下有被压抑的感觉。若领导经常都用直接命令的方式要求员工做好这个完成那个,也许部门看起来非常有效率,但是工作品质一定也无法提升。为什么呢?因为直接指示和命令剥夺了下属自我支配的原则,压抑了下属的创造性,同时也让下属失去了参与决策的机会。

因此,在下达指示和命令的过程中,我们要打开沟通的渠道和大门,用正确的沟通方式使下属心情愉快地接受任务,并全力以赴地完成目标。

管理者在下达命令时,告诉下属要做什么,这是一种需要技巧和专长的微妙艺术。如果想在选定的领域中获得圆满的成功,你就必须知道如何通过命令指挥控制别人的行为,你不能一味地靠着自己手中的权力强迫下属做你让他们做的工作,你必须学会通过沟通等手段让命令得以有效地传达并执行。

许多管理者都会出现这样的情形,下达命令时模棱两可,有时事情连自己都没有搞清楚,下属又怎么能执行呢?

关键六 让沟通成为执行的加速器

有一位领导告诉自己的秘书说:"下班前,替我给市场部的王经理打个电话,让他下星期一到我的办公室来一下。"秘书按照上司的吩咐与王经理通了电话,但是王经理说,下星期一要到非洲出差参加一项重要的会议,最好这两天约见。秘书想把王经理的意思转告给上司,但是这两天恰好是周末,怕打扰上司休息,就到了星期一上班后才把情况转告给上司,但是这时王经理已经坐上飞往非洲的客机上了。上司一听很生气,训斥秘书为什么不早些转告,非要耽误一些要事不可。

秘书工作做得不好,没有达到上司想要的结果,上司自己负有很大的责任,因为他在下达命令时没有向下属交代清楚约王经理见面的原因,没有强调约会的紧迫性,下属也就不能意识到任务的重要性。

企业中有不少这样的领导,他们在分派任务时,有的为了表现自己的权威,表述得过于简单,下属还没有搞清楚怎么回事就不见人影了。还有的为了表现出自己平易近人的形象,往往使用"最好""也许""可能"之类的模棱两可的词语,结果使得下属不知如何是好。如果你希望员工丝毫不走样地执行你的命令,那么你必须保证自己的命令是清晰明确的,在下达命令时一定不要忘记叮嘱两句,只有员工正确地理解了你的指令,他们才能采取更好的执行。

领导怎样才能使下达的命令更加明确、更有利于员工的执行呢?

1. 命令越简洁越有利于执行

简单明了的命令易于被下属理解,有利于加快执行的速度,减少错误的出现,但是简洁并不等同于模糊,其中特别需要注意的事项是不能省略的。

2. 下达命令一定要抓住重点

很多时候,领导者在下达命令时自己都没有弄清楚命令中的要点是什么,下属听了更是摸不着头脑,听了也记不清楚,漏掉要点,导致执行不到位。所以,在向下属下达命令之前,领导者对于任务的要点心里要一清二楚,在布置任务可以将需要下属去做的一条条地列出来,下属一看就一目了然,明白该做什么,怎样去做。

3. 命令一定要准确

领导在下达命令时表达不清晰,存在歧义,导致下属没能按领导的意思执行,领导可能会批评下属的领悟能力差,对于那些动作迟缓的下属领导还会表现得不耐烦。假如领导层在下达命令时就准确清晰地说出自己对任务的要求,下属就不会因为听不明白导致执行不力了。

4. 记录下自己的命令

领导者事务繁忙,有时一天下达四五个命令,时间长了,免不了自己都记不清了。为了避免这种情况,同时更好地监督下属执行,领导者可以制作管理控制表,在上面填上任务的内容、任务执行者、完成期限、要达到的结果等内容,管理者自己容易记忆,也便于对下属进行考核。

总之,领导者在下达命令时,要正确地传达命令,不要经常变更命令;不要下一些自己都不知道原由的命令;不要下一些过于抽象的命令,让部下无法掌握命令的目标;不要为了证明自己的权威而下命令。要正确地传达命令的意图,让下属高效地执行你的命令,就不要忘记在下达命令的同时多加沟通。

八、努力消除沟通障碍

在一个组织中,无论是员工,还是各级管理人员,都有着不同的生活背景和文化修养,因而会存在语言表达上的差异。由于语言风格不同,表达方式也不尽统一,因而容易产生沟通上的问题。只有消除沟通的障碍,上下级之间才能相互信任,才能把工作任务执行得更好。

1. 信任是沟通的基础

在日常工作和生活中,如果上下级之间缺乏信任,那么沟通肯定是无效的、失败的。在工作中与同事接触时，有些人沟通起来非常通畅，而有些人就很难沟通。一个重要的因素，就是你和不同人之间的信任度不一样。如果缺乏信任，沟通效果就不好，难以解决问题。

管理者的怀疑以及上下级之间的不信任是导致沟通受阻的主要原因之一。在不信任的基础上，企业的整个机构陷入官僚化，每件事情都要层层审批，每一个管理层级的下属都要等待上司的批示。这样的管理模式，使得管理者越来越忙，而下属则渐渐失去了自主能力。整个组织的效率在下降，而将更多的时间花费在等待批示和向上级请示上。

因此，有效的沟通必须以相互信任为前提，这样，管理者传达的决策才能够迅速实施。如果没有信任，管理者完全真实的表达可能让下属难以接受，而不真实的信息则可能变成可接受的。一般来说，只有受到下属高度信任的管理者发出的信息，才可能完全被下属所接受。这就要求管理者加强自我修养，具有高尚的品质和事业心，以及丰富的知识和真诚的品格。具备了这些，管理者就会赢得下属的信任，就有了有效沟通的基础。

建立在信任基础上的沟通，是管理者从根本上相信下属的行动是对企业有利的，从而更多地依靠下属的能力和积极性来进行企业中的各项工作。下属被看作是一个重要的人，能够独立完成工作并把工作完成得很出色。得到这样的认同，下属就会更加自信，从而在工作中表现出极大的热情，更好地发挥创造性。

2. 消除沟通障碍

尽管大多数管理者都知道沟通的重要性，但并不是每个人都懂得怎样去实现高效流畅的沟通。在向下属传达有关工作目标、工作内容、下属应该遵循的程序等信息时，为了保证表达清晰，不被下属误解、曲解，管理者首先应该知彼知己，在努力寻求了解对方之后，然后再争取让对方了解自己，这是沟通的一个重要原则。

管理者在进行沟通时，应该认真地听取意见，鼓励下属充分阐明自己的见解，这样才能做到思想和感情上的真正沟通，才能接收到全面而可靠的信息，从而作出明智的判断与决策。如果管理者过分威严，给人造成难以接近的印象，或者管理者缺乏必要的同情心，不愿意体恤下属，都容易使下属产生抵触情绪甚至恐惧心理，从而影响沟通的正常进行。

当管理者和下属之间沟通的内容涉及个人隐私或需要保密的材料等，管理者在表达时就更要注意，既要清楚地表达自己的意思，又要注意方式和方法，尽量减轻下属的心理压力，以便沟通顺畅。

此外，如果管理者对一些细节不加注意，也有可能造成沟通障碍。管理者和下属交流最忌讳听而不闻。如果管理者根本没有认真听下属说话，下属会觉得自己没有得到尊重和重视，自然也不会在乎管理者所说的话。这样，就形成了"你说你的，我干我的"的局面，管理者自然无法清晰地表达。要知道，下属关心的并不是管理者听到了多少，而是听进了多少。管理者在表达之前，一定要仔细聆听。

当然，对于管理者很重要的一点是，一定要先听后说。很多时候，管理者和下属之间之所以出现沟通障碍，并不是因为管理者没有和下属沟通，而是管理者和下属沟通时习惯了发号施令，总是先作指示，喜欢把自己的意见强加给下属。这样的沟通，只会让下属产生抵触心理，他感觉到的是被警告，所以会对管理者的要求产生敌意，在这样敌对状态下的沟通，只能产生反效果。为了将自己的意图清晰地表达给下属，管理者应该以聊天的方式开始和下属的交流，先请下属表达他对工作的想法，再讲明自己的意图。

克服沟通障碍，了解下属的想法，是实现流畅沟通的基础，也是管理者和下属良好沟通的需要。

要想真正消除沟通方面的障碍，管理者就要从下列三个方面着手：

(1) 地位障碍

组织是一个多层次的结构，因此，企业中一个普通下属可能常与同事、主管进行交流，但不一定是地位原因，由于不能经常接触也可能造成交流障碍。一般说来，组织规模越大、成员越多，处于中层地位的人员相互交流次数就会相应增加，而上下层地位的人员之间的交流次数则相应减少。尤其是企业管理者，常常因为自恃高明、目中无人、听不进不同意见、独断专行等，容易阻塞上下信息的交流渠道。

（2）空间距离障碍

一般来说，双方面对面进行交流，有利于把复杂问题搞清楚，提高交流效果。如果交流双方距离太远，接触机会太少，只能进行间接交流，那么就很难把问题搞清楚。在组织中，

高层管理者与一线工作员工之间、不同部门员工之间存在着空间距离的远近，空间距离造成了信息交流的障碍，使他们接触和交流的机会减少，即使有机会接触和交流，时间也十分短暂，不足以进行有效的交流。

（3）交流网络障碍

在组织中，合理的组织机构、交流网络有利于信息交流。如果组织机构不合理，层次太多，交流网络不完善，那么信息从高层传递到基层就容易产生信息走样，使信息失去时效。

因此，组织要精简机构，减少交流层次，建立健全交流网络；管理者要尽可能地同下级和普通部属进行直接交流，以便信息传递渠道畅通无阻。

九、沟通有利于工作的落实

在管理者的工作中，有一半以上的时间都用在了与人的沟通上。沟通是合作的基础，拒绝沟通，也就意味着拒绝与别人合作。而不善于与人沟通的人，会让别人觉得无法与之合作。沟通也是理解的基础，只有及时表达自己想法的人，才能得到别人的认同，才能有人支持你的所作所为。

沟通不仅需要技巧，更是一门艺术。当沟通成为一种习惯的时候，你就会发现，它的好处远远超出你的想象。在沟通过程中，需要试着做好以下几个方面的工作：

1. 双向沟通，避免唱"独角戏"

许多管理者认为只要在开始阶段激励了员工，员工就会永远受到激励。但事实上，随着时间的流逝，激励水平逐渐下降；一般在三到六个月时间内

下降到零。

你需要认识到这一点，做一个专业的激励员，通过定期的团队会议、明确的沟通、认可和经常性的一对一反馈，源源不断地将你的激励灌输到团队之中。

早在20年前，迪特尼公司就开始实行公司范围内的员工协调会议，每月举行一次，公司管理人员和员工一起开诚布公地讨论彼此关心的问题，甚至是很尖锐的问题，必须由高层管理者马上作出解答。员工协调会议是标准的双向意见沟通系统，虽然有些复杂，但是却可以在短时间内增进高层管理者与员工的沟通，解决一些棘手问题，及时地给班组以反馈和鼓励，并可以大大提高管理的透明度和员工的满意度。

每周一次的沟通不仅可以及时发现工作中的问题，而且可以增进双方的感情和关系。沟通并非"独角戏"，而是"交际舞"，需要双方密切配合。一方面要求主管能够循循善诱，让员工打开心扉，畅谈工作中和思想上的问题和建议，另一方面也要求员工能够开诚布公畅所欲言。

很多跨国公司都非常重视定时的沟通，这种沟通甚至是一对一和随时随地的。因为他们相信其实领导者如果定时的给下属以反馈和鼓励、支持不仅能解决许多工作中现存的和潜在的问题，更能激发员工的工作热情，形成和谐的团队。

反馈，沟通，激励不可能是一件一劳永逸的事情，它应当贯穿对班组督导的全过程。

2. 多与领导沟通，让工作落到实处

同时，多与领导沟通，才能让领导知道你的良苦用心，明白你对企业的忠诚。时时沉默、事事沉默的人，领导怎么知道你的心里打的什么如意算盘，这样仅仅给人留下"事不关己，高高挂起"的冷漠。因为只有对企业心怀忠诚的人才会积极为企业出谋献策，为企业的发展考虑。只有懂得及时与领导沟通的人才能有机会得到领导的指点，才能站在管理者的角度去更好地落实企业的工作，贡献自己的光和热。

部门经理李猛是员工小孙的上司,他经常当面斥责小孙。为了缓和这种不协调的上下级关系,一次借周末休闲之机,小孙邀请李猛与自己共进晚餐。美酒佳肴下肚以后,小孙开始掏出肺腑之言:"你对我经常动辄就加以指责,使我常处于羞愧与愤怒之中,心情很不愉快。老实说,你的指责有点过分了,我的过失并没有你说的那样严重。我的确有点怀恨在心,想找个机会报复你。可是后来冷静一想,你对我的种种指责,毕竟说明了我确有不妥的地方,正是指责让我看到了自己身上的缺陷和不足。我们相处这么多年,你的确使我进步了许多。所以,现在我觉得,我不仅不应该忌恨你,还应当感谢与你相处而带来的种种好处呢。"这番话是自我检讨,其实又对上司是个提醒,可谓一箭双雕,直说得李猛百感交集。这样,上下级之间的关系不但得到了缓和,而且两人还成为了可以信赖的朋友。

3. 沟通需要讲究方法

沟通的方法事实上是一种技术,恰到好处的沟通称其为艺术,这种完美的沟通,自然取得完美的结果。与上司沟通,一定得懂得方法和技巧。老板也是人,也有自己的喜好兴趣,要选用老板喜欢的方式及时与老板进行沟通,不论发生什么事,你都要"讲出来"、"表示意见"、"跟他沟通",尤其是坦白地讲出你内心的感受、感情、痛苦、想法和期望,但绝对不是批评、责备、抱怨、攻击。不恰当的沟通,不仅会于事无补,反而让自己陷入更加痛苦的境地。只要员工在企业中把握好与上司的沟通方法,并能注意一个尺度和界限,就能在自己的职场生涯中如鱼得水,发展前景自然也是"精彩无限"了!

4. 让沟通成为一种习惯

沟通的最大好处在于,在成就自己心愿的同时,也能让上司觉得你是一个心胸坦荡的人,是一个值得信赖的人。得到上司的信赖,他自然会委以重任,使自己在职场中的能力和位置都不断得以提升。

而在实际工作中,有些人却认为,只要凭着踏实本分和做事努力,就一定能够提高业绩,获得公司和客户的认可。但是实际情况却是员工拼命地工作，其收益并不一定就与他的付出成正比。

杨昆先生在回忆他的奋斗史的时候说："在进入公司做了一年的销售工作以后，我发现我的新主管比我和其他同事更有效率。大家都看得出这个新主管并没有比我们更卖力地工作，这是为什么呢？为了弄清其中的原因，当别人都与他拉开距离的时候，我却把他当作老师，接下来还成了他的助理。当了他的助理之后，我的薪水没有得到增加，工作量却出现了倍增的趋势，加班成了常有的事，但我学到了许多面对大客户的方法。"

他还告诉我："跟着上司看问题，视野马上不一样，我知道了他的工作保持高效率的奥秘所在。对销售公司而言，争取新客户是重要活动，但尽可能与现有的大客户维持长久关系才是关键所在。"

杨昆先生的话让我确信了一个高效率创造业绩的真理，那就是，留意到别人没有留意到的东西，向他人学习工作方式，让自己站得更高，自然，你所看到的东西就会比其他人要多得多。换一句话说就是现在的职场竞争激烈，如果员工只会埋头苦干，只会站在自己的角度上而不是站在更高的层次上看问题，那么，这个员工就不会了解公司的发展远景，也就很难长久地保持良好的工作业绩。

不论你的上司有着什么缺点，只要坐在上司的位置上，就说明这个上司一定有着其高明或者过人之处。下属如果将上司视为良师，认真学习上司的经验，当然就会让自己的业绩得到提高。

杨昆先生还提醒那些正在努力提高业绩的员工：在职业生涯中，仅仅与上司搞好关系，并且让上司成为自己的老师是远远不够的，我们最好是将上司视为自己的朋友，在与他接触时学习他的长处，同时了解他，适当的时候维护他，弥补他的缺陷，在这个过程中你可以学到很多东西。

身处职场，每个人都有直接影响自己前程、事业和情绪的上司。你能否与上司和睦相处，对你能不能全身心地投入工作，以及你事业的前途都具有极大的影响。因此，我们与上司相处，应该了解上司的背景、习惯及喜好，深刻了解他的愿望和情绪；应该专心聆听，理解他语言蕴涵的暗示；应该解决好自己面临的困难，提高在上司心目中的地位；应该在提出建议之前整理好论据和理由，不要直接否定上司的建议，应用提问的方式表示异议；应该维护上司的良好形象，及时向他介绍新信息，使他掌握自己工作领域的动态和现状。

杨昆的话告诉我们在努力为公司工作的同时，更得知道沟通，多与上司沟通，并掌握沟通的方法与技巧。

多沟通才能让老板知道你的想法，老板也会告诉你他的想法，当听到来自老板这个高度的声音时，你会更加理解企业的任务与目标。试着站在老板的角度去思考问题，或许你会发现你的不足之处，通过沟通，你明白了如何扬长避短，更好落实组织的任务。多沟通才能避免误会，化解人际关系中的冲突，使得员工之间形成一种和睦融洽的关系工作，这样才能提高组织的凝聚力，认同公司的目标，大家在齐心协力的过程中，工作才能更好地落实和执行。

关键七 用"心"执行,才会有好结果

  企业的执行力主要取决于企业的文化、员工的素质和工作的态度。企业管理的真正核心,不外乎"人",唯有人才可以贯彻、执行领导者的命令,从而达成设定的业绩目标,因此,端正态度,用"心"执行,才是落实执行力的第一要务。简言之,就是管理者要用"心"管理,员工才能用"心"工作。企业习惯的养成,就是要使企业价值观在企业经营发展过程中得以真正渗透,并内化在广大员工的心灵深处,外化为员工的具体行为、习惯和性格,进而就没有完不成的事情。

关键七 用"心"执行，才会有好结果

一、把工作任务当成使命

我们知道，在大自然中，每种动物都有自己的使命，忠心于自己的主人是狗的天职；抓捕老鼠是猫的天职；张网捕虫是蜘蛛的天职；采花酿蜜是蜜蜂的天职。上帝好像给每个物种都做了职责上的安排。人，作为万物的主宰、天地精英，同样被造物主赋予了神圣的使命和职责。人生在世，并不是为了吃喝玩乐，而是为了履行自己的使命和职责。如果你没有完成使命和职责，那就是失职。

在现代欧美人的意识里，工作是一件被上帝所召唤、命令和安排的任务，而努力完成工作是人类应尽的职责和义务，同时也是对上帝的恩召的感激之举。

然而，在现实生活中，为了完成自己的职责和使命，我们需要充分地认识到自己喜欢做什么和适合做什么。人有时为了感谢造物主对自己的殊遇，每日必须完成造物主所安排的工作。按照上天的明确昭示，只有敬业劳作而非悠闲享乐方可增益生而为人的荣耀。

这样，虚度年华和鄙视工作便成了万恶之首，而且在原则上乃是罪不可恕。要在世间履行我们对上帝和人类的职责，就需要对造物主赋予我们的所有能力进行深入的挖掘和培养。正是那些有关敬业、勤奋、忠诚的良知使得我们毕生履行对人类的职责和对上帝的回报。

然而，履行神圣的职责，首先需要尊敬、尊崇自己的职业。毕竟一切合法的工作都值得我们尊重。任何人都不能贬低普通员工的价值，应该正确对待自己的工作。一心只想着高薪却又不想承担责任的员工，不管是对上司还是对自己都没有多大价值。

我们还要让自己的信仰与自己的工作联系在一起。如果一个人以一种尊敬、虔诚的心态对待自己的职业，甚至对职业有一种敬畏的态度，但是，他的敬畏心态没有上升到视自己的职业为天职的高度，那么，他的敬业精神就还不够彻底，还没有掌握精髓。天职的观念使自己的职业具有了崇高的神圣

| 把执行做到最好 |

感和使命感,也使自己的生命信仰与自己的工作联系在了一起。只有将自己的职业视为自己的生命信仰,那才真正掌握了敬业的本质和精髓。

当一个人怀着宗教一般的虔诚去对待生活和工作时,他就能感受到使命感给他带来的无穷力量。

那些具有强烈工作使命感的牧师们,无论是非洲的原始森林,还是南美洲的高山峻岭,他们都敢只身前往。他们在几乎与世隔绝的穷乡僻壤、茹毛饮血的土著部落、卫生条件极其恶劣的瘟疫流行地区传教,过着极其艰苦的生活,甚至老死在那里。他们别无所图,完全是为了自己的神圣使命。

使命感能够激发出一个人内心的责任感和热忱。一个人最大的动力并不是来自于物质的诱惑,而是来自于精神上执著的追求。我们越忠于内心的使命和追求,就越会全力以赴地去完成它。

迷惑的弟子问苏格拉底:"什么是生活?"

苏格拉底回答:"生活就是对力量的追求。真诚的追求战无不胜。哪里有付出,哪里就有收获,这也是生活的真理。"

弟子又问:"我也曾经努力付出过,为什么我的生活总是一团糟?"

苏格拉底回答:"不要企图使你的生活一下子变得完美,把精力集中于你的每一次行动,把每一次行动都变成神圣的使命,总有一天你会发现生活就在你手中发生改变。"

一个人能够存在于这个世界,而且能够掌握自己的行动,这是上天对我们的眷顾。然而上天对我们也仅限于此,剩下的路就看我们自己怎么走了。理解上天用意的人,把每一次行动都当成神圣的使命,他们的生命因此而意义非凡。当一个人全神贯注于工作时,他的身心就会构成一种真正的和谐。

工作任务在大多数人的生活中占据着重要地位,除去睡眠时间之外,人的一生当中占据时间最长的就是工作了。对于自己所从事的工作,有些人视为苦役,他们丝毫感受不到工作的意义和成就感;有些人视工作任务为使命,他们钟爱自己的职业、喜欢工作中的挑战,所以他们能够在工作中充分发挥自己的创造力,并且充分享受由自己的努力换来的成就和喜悦。

很多人慨叹自己的任务有多么艰难、多么枯燥,或者是多么没有意义,如果我们能像唐朝的玄奘法师求取佛经一样对待眼前的任务,又何愁找不到工作的意义呢?玄奘法师求经路上的艰难让一般人难以想象,日复一日地向西而行也确实枯燥,但这一切在玄奘法师眼中都微不足道,因为他早在出发之前就明确了自己的使命——解救众生于苦难之中。

在伟大的使命面前,所有的艰难都是对我们的考验,只有那些经受得住考验的人才能完成使命有人说:"把任务看成自己的使命,说起来容易,做起来却很难。"做到这一点的确不容易,可是当你真正认识到工作的意义,并且愿意为工作而负责时你就会发现,工作已经成了自己的一项使命,而且你已经从完成这一使命的过程中品尝到了成功的滋味。

具有强烈使命感的人,不但具有坚强的意志和坚韧不拔、埋头苦干的决心,还具备极强的探索精神,肯在自己的工作领域里刻苦钻研、尝试创新。他不是被动地等待着新使命的来临,而是积极主动地寻找目标和任务,并想方设法去完成它。

二、选择积极的工作态度

谁都愿意从事自己喜欢的工作,但是现实生活中并不可能都人人如愿。事实上不少人常常从事着自己并不太喜欢的工作,面对着这种情况怎么办呢?最好的办法就是以积极的心态,心甘情愿地去做。虽然我们有时不能选择工作,但我们却完全可以选择对待工作的态度。

美国洛杉矶的一家公司有位部门负责人叫菲莉娅,她工作出色,赢得了"难不倒"的美名。她所领导的部门是公司里很知名的团队。

公司里有一个运输部门,职工不少,业绩却很差。为了改变这种状况,公司派菲莉娅去担任这个部门的经理。菲莉娅很不情愿地接受了这个新任务。她心里很烦闷,于是去拜访了一位很要好的朋友。

朋友安慰她说:"在生活中,我们有时不得不去做一些并不喜欢的工作,这情况是常有的事。其实,任何事情也都可以带着活力与热情去做。有时我们无法选择工作本身,但我们还是可以选择自己对待工作的态度!"

| 把执行做到最好 |

菲莉娅不理解，她问："为什么工作本身就没法选择呢？"

朋友解释说："当然也可以选择，你可以辞职呀！从这个意义上讲，你选择了你所从事的工作，但是如果从责任心和其他的因素考虑，频繁地变换工作也不一定都是明智的，这就是工作本身无法选择的意思。"

沉思了半晌，菲莉娅点了点头说："我明白了。你可以选择工作态度，这种选择往往就决定了你的工作方式。既然要在这里工作，那为什么不选择干出成绩，而选择甘于平庸呢？"

菲莉娅很有收获，她选择了信心和信念，于是就走马上任了。

上任后，她召开了职工会，提出了"选择工作态度"这一观点。一位叫史蒂夫的举手说："假若我正开着汽车，有个司机却硬要在我前面加塞，我会被气得乱鸣喇叭，做手势。我有什么可选择的呢？我并没有错呀！"

菲莉娅微笑着问道："如果这事发生在治安很差的地区，你还会那样做吗？"

史蒂夫也笑了，他说："那当然不会。那样，说不定会挨揍呀！"

"看，你不是还是选择了吗？你知道在暴力多发地区该选择做出什么反应，难道在治安好的地区就没法选择吗？"史蒂夫点了点头，没再说话。

职工们讨论得热烈，他们对这一话题感到新奇而有意义。

几天过去后，菲莉娅在电梯间就看到一幅海报，上面写着"选择你的态度"几个字，下面是两幅画：一幅是面带微笑的脸，一幅是紧皱眉头的脸。菲莉娅一看就会心地笑了，她明白，职工们已经同意了她的观点。

由于菲莉娅和大家的努力，这个部门很快就成了一个业绩优秀的部门。

在现代社会，虽然听命行事的能力相当重要，但个人的主动进取精神更受到重视。许多公司都努力把自己的员工培养成主动工作的人。所谓主动，就是没有人要求你、强迫你，你却能自觉而且出色地做好需要做的事情。

一个忠诚员工的表现应该是这样的：无论老板在不在，他都会一如既往地努力工作。因为他知道，工作并不是做给老板看的，而是为了自己。

老板不在的时候更是考验员工忠诚度的最好时机。老板的离开，并不意味着他对公司发生的事一无所知，因此，行为谨慎的员工知道别人会看见他或将会看见他。他知道周围的同事都在默默地做自己的事情,他更清楚凡是自己做得不好的事总会传扬开去。即使单独一个人行事,他做事的态度也慎之又慎。

作为公司的员工,老板不在的时候也是容易放松自己的时候,因此,这时候更要学会自律。可是,勤奋工作应该是发自内心的,你的任何业绩都是自己努力的结果,你不能仅仅是作出样子来给老板看,老板要的是实际业绩和工作成果。

工作的主动性是员工的必备素质。事实是,无论趁机偷懒还是谨慎无奈地继续自己的工作,都不是正确的做事方法。尽管后者仍然努力,但那也只是防止有人打小报告,告自己的状而已。被动地工作最多能够完成老板交代的任务,然后心安理得地拿自己的薪水,而对一个优秀的员工而言,这样做是远远不够的。

评价员工优秀与否有一个标准,那就是他工作时的动机与态度。如果缺乏工作热忱,总要在别人的监督下工作,那么,这样的员工是不会有什么作为的。

对于忠诚的人来说,有些事是不必老板交代的。

对于一个渴望成就事业的人来说,拖延是最具破坏性的,它是一种最危险的恶习,它能使人丧失进取心、迷失方向。一旦开始遇事拖拉,就很容易再次拖延,直到变成一种根深蒂固的习惯。为自己的成功制造不可逾越的鸿沟。

某公司老板要赴国外公干,且要在一个国际性的商务会议上发表演说。他身边的几名工作人员于是忙得头晕眼花,要把他所需的各种物件都准备妥当,包括演讲稿在内。在该老板出国的那天早晨,各部门主管也来送机。有人问其中一个部门主管:"你负责的文件打好了没有?"

对方睁着惺忪睡眼,道:"今早只睡4小时,我熬不住睡去了。反正我负责的文件是以英文撰写的,老板看不懂英文,在飞机上不可能复读一遍。待他上飞机后,我回公司去把文件打好,再以电讯传去就可以了。"

谁知,老板到后,第一件事就是问这位主管:"你负责预备的那份文件和

| 把执行做到最好 |

数据呢？"这位主管按他的想法回答了老板。老板闻言，脸色大变："怎么会这样。我已计划好利用在飞机上的时间，与同行的外籍顾问研究一下自己的报告和数据呢！"

闻言，这位主管的脸色一片惨白。

在当今职场上，有许多这样的员工，对于老板布置的工作，觉得可能做不完，或是觉得今天太疲劳了，不如明天早上起来再做，那时可能精神更好，可是你要知道，每天有每天的事，今天的事与昨日的事不同，而明天也有明天的事。所以今天的事应该在今天做完，千万不要拖延。少一分犹豫，就多一分成功的可能。

如果员工缺乏了认真对待工作的精神，最后的结果就会大打折扣，更重要的是会削弱战斗力，破坏工作氛围，影响企业的整体利益。

三、聪明执行而不是盲目执行

比尔·盖茨说："用'如何'的问句来取代'为何'的问句是非常重要的。'为何'的问句常常引起找理由、找借口、解释的可能，无益于解决问题。"如果今天只是抱怨以前的不如意，而不采取任何行动，留给明天的只能还是抱怨。如果你现在就下定决心，动手寻找解决问题的方法，这样你会发现一切事情根本没有你想象的那么难。

打破惯性思维，不按常理出牌，这就如同并不是只有一把钥匙才能打开一把锁的道理一样。工作中遇到的问题也许往往是没有钥匙的，在一些紧急时刻，我们需要的不是墨守成规的钥匙，而是灵机一动，搬来粉碎障碍的一块石头。

在工作中，我们不可能总是一帆风顺的，当遇到难题的时候，不应该一味蛮干，要多的是要动些脑筋，看看自己努力的方向是不是正确。

一家公司招聘一名业务代表。甲、乙两名应聘者进入了决赛，在不一样的时间段分别被通知前来面试。

甲在面试时间里，各种问题对答如流。就在他自我感觉良好的时候。负

关键七 用"心"执行，才会有好结果

责面试的考官突然把一把钥匙递给他，并随手指了指室内的一扇小门。笑着说："请你帮我到那间屋里把一个茶杯拿来。"

甲接过钥匙就去开那扇小门，钥匙非常容易就插进了锁孔，但就是拧不动、无法打开。甲十分耐心地鼓捣了好长时间，才回过头来，极其礼貌地问那位翻看材料的考官："请问，是不是这把钥匙？"

"是的，"考官抬头望了望甲，又补充一句，"不可能错，正是那把钥匙。"然后接着看他的材料。

甲无法把门打开，就转身走回考官的面前，非常为难地说："门打不开，我也不渴……"

考官把他的话打断了："那好吧，你回去等通知吧，一个星期以内若接不到通知，就用不着等了。"

乙在回答问题的时候尽管不是很流畅，但他很快就凭着那把钥匙在那间屋里把一只茶杯取来了。考官为他倒了一杯水，高兴地对他说："喝杯水，然后把协议签了，你被录用了。"

原来，那间屋不止一扇门，除去考官房间的那扇内门，还有一扇外门与考官房门相邻。乙把外边的那扇门打开了，取出了求职成功的那个茶杯。

我们在工作中花费了非常大的工夫，却始终不愿意换个角度思考问题，考虑另外的方法，考虑别的捷径。解决问题的方法可能就是转换角度后的另一扇洞开的门。

可见，我们在执行任务时，方法是多么的重要。

俄罗斯有句谚语："巧干能捕雄狮，蛮干难捉蟋蟀。"隐含在这句话中的真谛是：巧干胜于蛮干，执行要讲方法。

汉斯是一个伐木工人，为公司工作了5年却从来没有被加薪。这家公司又雇用了杰克，杰克只工作了1年，老板就给他加了薪，而老板仍然没有给汉斯加薪，这引起了汉斯的愤怒，他去找老板谈这件事。

老板说："你现在砍的树和一年前一样多。我们是以产量计酬的公司，如果你的产量上升了，我会很高兴地给你加薪。"

汉斯回去了，他开始更卖力地工作，并延长了工作时间，可是他仍然不

能砍更多的树。他回去找老板，并把自己的困境说给他听。

老板让汉斯去跟杰克谈谈："可能他知道一些你我都不知道的东西。"

于是汉斯就去问杰克："你怎么能够砍那么多的树？"

杰克回答："我每砍下一棵树，就停下来休息两分钟，把斧头磨锋利。你最后一次磨斧头是什么时候？"汉斯红了脸，一言未发。

能否选择一个好的方法，往往决定了你的工作是轻松还是辛苦，事业之路走得是远还是近，最后的结局是成功还是失败。

人们常说："一件事情需要三分的苦干加七分的巧干才能完美。"意思是行事时要注重寻找解决问题的思路，用巧妙灵活的思路解决难题，胜于一味地蛮干。"苦"的坚韧离不开"巧"的灵活。一个人做事，若只知下苦功，则易走入死路，若只知用巧，则难免缺乏"根基"，唯有三分苦加上七分巧才能更容易达到自己的目标。

归根结底，执行要讲究方法。一个人想提高自己的工作效率和工作绩效，其关键不在于苦干，而在于巧干。

大发明家爱迪生在他任电报操作员时发明了一种可以在工作时打盹的装置。亨利·福特还是少年时，就发明了一种不必下车就能关上车门的装置，当他成为闻名于世的汽车制造商时，他仍在继续巧干。他安装了一条运输带，从而减少了工人取零件的麻烦。在此问题解决后，他又发现装配线有些低，工人不得不弯腰去工作，这对身体健康有极大的危害，所以他坚持把生产线提高了8英寸。这虽然只是一个简单的提高，却在很大程度上减轻了工人工作量，提高了生产力。历史上，无数新发明、新创造便是如此诞生的。人们眼中的"懒汉"，常常是老板青睐的对象。还有许许多多的员工，他们都是普普通通的人，却用自己的"巧干"做出了不平凡的成绩，解决了一些长期没有被人解决的难题。人的智慧潜能是无限的，要善于挖掘自己的潜能，不要一味蛮干，多几分"巧"，也许你就能为企业带来巨大的效益。

巧干是抓准了事情的关键，并找到了有针对性的方法。巧干既可以减少劳动量，又可以达到事半功倍的效果。现实中，没有一成不变的工作任务，处理不同的情况需要因时因地制宜做出不同的决策。做事时需要一种求实的态度和科学的精神，在任何情况下都要按科学规律办事，自觉用理智战胜冲动，用巧干战胜蛮干。这才能扫清任务执行过程中的障碍，完成任务，锁定成果。

在英文里有这样一句话，上帝每制造一个困难，也会同时制造3个解决它的方法来。所以，世上只要有困难，就会有解决的方法。而且"方法总比困难多"，更多时候让你头疼的也许只是你暂时没有找到合适的方法而已。你的销售成绩不好，自然有解决的方法；你的收入不高，自然有对症的解药；你的技能不够好，自然有提高的窍门。问题是你怎样去面对这一个又一个的困难，是怨天尤人、选择逃避，还是积极面对、创造条件去克服，这两种完全不同的心态和处事方式是落实工作过程中起关键作用的环节。

主动找方法的人永远是职场的明星，他们在单位创造着主要的效益，是今日单位最器重的员工，是明日单位的领导乃至领袖。

"只为成功找方法，不为失败找借口！"

这是一流员工的宣言，他们有精神，有心态，有执著，有了不起的对事业与生活的把握！

是的，找理由为自己的失败辩解会加倍失败，只有去找方法才会成功。

四、快乐工作，实现高效执行

工作本身是件好事，它不仅创造价值，还能有益健康，更能影响一个人的气质。因此，工作是我们人生中不可缺少的部分。

即使在平凡的工作中，人们也能从工作中体验到快乐与满足。每个人的心灵都会受到悲伤、悔恨、迷惑、自卑、绝望等不良情绪的侵扰，如果此时能集中精力于工作上，这些负面影响就会被抛在一边，此时，人也就会自然变得坚强起来。在劳动中无论是烹饪、刷地板、装配零件，甚至是练习跳舞，幸福和快乐都会从心底迸发，像火一样温暖着自己和周围的人，它的目的就是要使人们生活得更美好、更舒适、更快乐。因此，工作本身极富创意性，假如我们想从工作中获得快乐或好处，就得重视这个富有创意性的工作。工

| 把执行做到最好 |

作是生活的第一要义，不工作，生命就会变得空虚，就会变得毫无意义，也不会有乐趣，没有人因为游手好闲就能感受到真正的快乐。

你一旦爱上自己的工作，生活就会变得更加鲜活生动。成功需要时间，需要耐心，需要付出，更需要我们对工作的热爱。任何局限或阻碍都不是失败的借口，因为不管什么困难都一定能克服。

下面是一个关于盲人种花的故事。故事中的盲人选择以种花作为他一生的职业，因为他的父亲是个种花大王，他立志要向父亲看齐。当然，对他来说，这是件很残忍的事，因为身为一个盲者，他根本就看不见花的模样！于是，每当人们告诉他"这些花很美丽"时，育花匠就会用手去仔细触摸，因为他要将花的美丽感觉从指间传送到他的心里，真真切切地体会到花朵美丽的意义；当人们告诉他"这花朵真香"时，他便会俯下身，用鼻尖小心翼翼地闻着，认真嗅出每一朵花的芳香。就是这样辛勤的付出，他培育的各种花都长得娇艳无比，令其他花匠羡慕不已。

成功与外在条件的优劣没有太大的关系，只要专心致志于目标，爱上你所做的事情，我们都能扭转劣势，让不可能变成可能，让心中的梦想变成现实！

我们在赚钱的同时，有没有想过工作能给我们带来快乐的享受呢？

沃尔玛的快乐工作文化在全球是有名的，也是工作执行最好的典范。

沃尔玛是全球最大的连锁企业，在全球拥有3000多家连锁店。在《财富》杂志评选出的2002年美国企业500强中，沃尔玛公司终于将埃克森·美孚石油公司拉下马，以2198.1亿美元的营业收入总额登上了美国乃至世界企业的第一把交椅。这是美国历史上服务业公司第一次成为《财富》500强的龙头老大。

沃尔顿的成功，一是珍重管理人才，二是重视企业文化。沃尔顿动员一切招法来营造员工愉快的工作氛围。萨姆可以称得上是本世纪最伟大的企业家。他所建立起来的沃尔玛企业文化是一切成功的关键，是无人可以比拟的。

在每周五早上的"商品会议"和周六早上的"业务会议"上，沃尔顿贯彻它的所谓"吹口哨工作"哲学：营造轻松愉快的会议气氛，调动大家的活

关键七　用"心"执行，才会有好结果

力与激情，畅所欲言，集思广益，使每个人都感到自己是大家庭中的一分子。在"吹口哨"中，大家兴奋地探讨和辩论经营思想、管理战略，对各方面的工作提出改进意见。"吹口哨工作"使得公司员工的日常生活变得兴趣盎然，生机勃勃。有时，沃尔顿还出别的新招来调动会议气氛：呼口号、做健美操、唱歌等。他还会突然请一些客人来，有像 GE 总裁杰克·韦尔奇那样的大人物，也有喜剧演员纳素·温特斯，每次都把大家逗得乐不可支。星期六晨会成为大家期盼的很有意思的事情。

如果说星期六晨会仅为部分员工提供了平等交流机会的话，那么股东大会则弥补了这一缺憾。由于员工利润分享计划和雇员购股计划的实施，沃尔玛的股东中有很大一部分是公司员工，股东大会给他们提供了更多了解公司的机会。股东大会的形式可以说是星期六晨会的翻版，在大会上，萨姆向股东们陈述过去一年中取得的成就，以及未来的目标和计划。而占用时间更多的却是其他一些活动，例如彩车游行与户外露营等。萨姆与妻子海伦还将邀请所有出席会议的员工——大约 2500 人——到他们家举行野餐会，也许很少有董事长愿意举行如此盛大的"家庭宴会"，但萨姆却将它作为与员工交流的绝佳时机。

萨姆·沃尔顿被称为"跳草裙舞的董事长"。有一次，萨姆在会上与其得力下属戴维·格拉斯打赌，当戴维提出公司的税前利润已超过 8% 时，因为其竞争对手只能达到这个数字的一半，所以萨姆表示不相信。于是两人就打赌，谁输了谁到华尔街上跳草裙舞。大家都希望萨姆输，因为这多有意思啊，奖金会更多。但又不想让老板太为难。结果萨姆真的输了，萨姆果真穿上草裙和夏威夷衫，戴上花环，在华尔街上跳起了草裙舞！围观的人很多，新闻媒体也报道了这件事，结果这一举动带来了巨大的广告效应，它使沃尔顿的文化更为大众所熟悉。另外，公司副董事长也曾穿着粉红色裤袜，戴上金色假发，骑着白马在本特维拉闹市区招摇过市。

沃尔玛的企业文化使沃尔玛公司的同仁紧紧团结在一起，他们朝气蓬勃，团结友爱。

工作是人生的一种需要，是人生中不可或缺的一部分，是人生中无法回避的重要内容。可以说，人的生命价值寓于工作之中，每一个人都应为自己的幸福、为实现自我价值而努力工作。

热爱工作的人，工作不仅仅是满足他们生存的需要，而且也是生命的第一需要。它使人振作、充实、有活力、有朝气，但这只有具备敬业精神的人才能体会得到。他们常常忘记辛苦，忘记得失，全神贯注地工作，一心一意把工作做好。

你有没有过这样的体验：当你回家自己摆弄电脑、修补渔具、养花种菜时，你虽然也进行着劳动，你从没有想过报酬的问题，因为你陶醉于其中，劳动就是自己的报酬，你是在为你自己工作，为实现你自己的目的而劳动，而不是把自己当成"手段"而劳动。当人们只为了真正认可的目的而自觉工作的时候，物质报酬只是附带的，他们收获更多的则是自我实现的感受、充实而安宁的生活。

是否能够把工作、生活看作是一种享受，从而在其中感受到幸福和快乐，这完全取决于你怎样去对待你所从事的工作和你所面临的生活。当你在完成领导交给你的一项任务时，你只有全身心投入，你只有千方百计地想办法做好，才能在工作中感知到享受。如果以应付的态度去接受这项任务，那么在整个工作过程中你就不可能体验到享受，感知到的只是无尽的烦恼和痛苦。

的确如此，一个人一旦在工作中找到了乐趣，就必然会全身心地投入其中。

工作是一个人自身价值的体现，应该是一件幸福的差事，我们有什么理由把它当作苦役呢？有些人抱怨工作本身太枯燥，然而，问题往往不是出在工作上，而是出在我们自己身上。

如果你能够积极地对待自己的工作，并努力从工作中发掘出自身的价值，你就会发现工作是一件非做不可的乐事，而不是一种惹人烦恼的苦役。

工作是人生中不可或缺的一部分，当我们把它看作是人生的一项快乐的使命并投入自己的热情时，上班就不再是一件苦差事，工作就会变成一种乐趣。

五、执著专注，才能完美执行

聪明的人都知道，一个人必须倾注于一件事上才能达到目标；聪明的人也知道，要善用自己不屈不挠的精神、百折不回的意志及持续不断的恒心，这样才能在生存竞争中取得胜利。

一个有经验的园艺家，有时会把许多能够开花结果的枝条剪去，这在一般人看来一定觉得可惜，可是他为了使树木迅速生长，果实结得特别饱满，就非得忍痛将这些多余的枝条剪掉。否则，他将来收获时的损失，一定会远远超过剪掉的这些枝条的。

那些有经验的花匠，为什么一定要把许多快要开放的花蕾剪去呢？它们不是一样可以开出美丽的花朵吗？他们剪去其中的绝大部分，可以使所有的养料都集中在剩下的花蕾上，当这些花蕾开放后，便会成为稀有、珍贵而硕大的奇葩。

正如培植花木一般，有些青年男女与其把所有精力分散到许多无关紧要的事情上，不如看准一项最重要的事业，然后集中精力埋头去干，这样一定可以收到良好的效果。

如果你想成为一个众望所归的领袖，成为一个才识渊博、无人企及的人物，就非得清除所有杂乱无章的念头。如果你想在某一方面取得伟大成就，就得大胆伸开剪刀，把那些微小、平凡、没有把握的希望完全剪去，即使有些事情已经稍具头绪或着手去做了，也要当机立断、忍痛牺牲。

世上成千上万的失败者，并不是因为他们没有才干，实在应该归咎于他们不肯集中精力去做适当的工作，他们过于分散自己的精力，而且从未深入其中，如果把那些七零八碎的欲望消除，用自己所有的精力集中去培植一个花朵，那么它将来一定会令你惊讶地结出十分美丽丰硕的果子。

对一个领域100%的精通，要比对100个领域各精通1%强得多。因此拥有一种专门技巧，要比那种样样不精的多面手更容易成功，他就无时无刻地不在这方面力求进步，随时都注意自己的缺陷，并设法弥补。他只想把事情

把执行做到最好

做得尽善尽美。反之，如果一个人什么都想做，可他真会忙不过来，要顾到这个，又要想到那个，事事只求"将就一点"，结果当然是一事无成。

现代社会的竞争一时甚过一时，所以我们只有专心致志地面对自己的工作，才能得心应手取得良好的成绩。

有个初中毕业的荷兰青年农民，无法在大城市里找到适合的工作，便回到了小镇上。小镇也没有太好的工作适合他这样的初中毕业生，实在没办法，他只有到镇政府去看大门。

看门人的工作太清闲了，简直就和呆着没什么两样，他又太年轻了，悠长的岁月靠什么去打发呢？

他考虑来考虑去，决定选择既费时又费工的打磨镜片作为自己的业余爱好。不紧不慢、不慌不忙沉着性子地打磨，不但能磨好镜片，性子也在打磨中像水一般地柔软了。

日复一日，月复一月，年复一年。春花开了谢，雪花飘了化。就这样他磨呀磨，不知不觉就已经磨了60年！从一个小青年变成了一位老者。60多年的风霜染白了他的鬓角与眉梢。踏踏实实的60年，他从未离开过小镇，小填以外的精彩似乎引不起他的任何兴趣。

靠着他的专注认真和耐心细致，他的技术早超过了专业技师，他磨出的复合镜片的放大倍数，比别人的都要高。

拿着自己研磨的镜片，他终于发现了当时科技界尚未知晓的另一个广阔的世界——微生物世界。这在当时足以令整个世界震惊！

从此，他名声大震，为了表彰他为人类做出的杰出贡献，只有初中文化的他，被授予了在他看来是高深莫测的巴黎科学院院士的头衔！就连英国女王都感到惊奇，特此不远万里来小镇上拜会过他。

这并不是虚构的传说，而是实实在在的事实。

创造这个奇迹的一生只磨镜片的人，就是科学史上大名鼎鼎、活了90岁的荷兰科学家万·列文虎克！

一心一意地专注自己的工作，是每个职场人士获取成功不可或缺的品质。当你能够一心一意去做每一件事时，成功就会向你招手。

关键七 用"心"执行，才会有好结果

人们都希望自己的一生能有所成就，专心致志是学有所成的必要条件。一个人的精力有限，只有当他全神贯注于某件事时，他才会在这方面取得成绩。

英特尔只生产处理器，可口可乐只生产饮料，IBM只做电脑硬件，这些企业因为专注于自己的领域，都成为百年不衰的老字号、世界知名企业。相反，一些企业遍地开花，什么行业都插一手，反而就很快走向了衰落。

专注力是一个员工纵横职场的良好品格。一个人如果不能专注于自己的工作，是很难把工作做好的。在当今时代，没有哪家企业、哪个老板会喜欢做事三心二意、三天打鱼两天晒网的员工。从这种意义上说，工作专心致志的人，就是能把握成功机遇的人，只有一心一意做事的人，才能受到老板的器重与提拔。

一般年轻人大多不注重事业成功的要素，他们常把事情看得过分简单，不肯集中自己所有的精力去努力，须知经验好比一个雪球，在人生的路上，它永远是愈滚愈大的。任何人都应该把精力集中在某一种事业上，不断工作、不断学习。你所花费的功夫愈多，所学得的经验也愈多，做起事来也就愈觉得容易。

"光阴一去不复返"，当你开始走入社会工作时，一定是满腔热情、浑身是劲。你应该把这些精神全部放在事业上，无论你从事什么样的工作，都要用心、努力地去经营，当你发现它们所带给你的成果时，你一定会惊讶不已。

不论任何人，假使不趁年轻力壮的黄金时代训练自己，使自己具备一种集中精力的良好特质，那他以后一定就不能成就什么事业。世上最大的损失，莫过于把一个人的精力毫无意义地分散到很多方面的事情上。一个人的能力和精力毕竟有限，要想样样精通是很难办到的，如果你想成就事业，就请一定牢记这条定律。

大多数人，假使一开始就能将自己的精力集中起来使用，不让它分散到一些毫无用处的事情上去，他就有成功的希望，可是偏偏有许多人今天东学一点儿、明天西碰一下，他们看起来整日忙碌，但最终白忙了一生，什么事也没有做成。

蚂蚁是我们最好的榜样，它们驮着一颗小米粒，东碰西撞地前进，一路上不知碰到过多少次墙壁，翻过多少个跟斗，好不容易才到达洞口。蚂蚁的生活情形留给我们的启示是：只有不断地努力，才能得到更好的结果。

六、把下属当成合作者

如果管理者把下属当成合作者，那么下属也会把工作当成是自己的事情来做，只有相互合作才能更好地工作，使企业的各项工作任务得到很好的执行，促进企业快速稳步发展。管理者也要提高自己与下属合作的思想，善于选人用人，使员工的才能得到充分的发挥。

1. 把员工当成合作伙伴

洛克菲勒这样阐述自己成功的秘密：

"我之所以能跑在竞争者的前面，就在于我擅长走捷径——与人合作。在我创造财富之旅中的每一程，你都能看到合作的站牌。因为从我踏上社会那一天起，我就知道在任何时候、任何地方，只要存在竞争，谁都不可能孤军奋战，除非他想自寻死路。聪明的人会与他人包括竞争对手形成合作关系，假借他人之力使自己存在下去并强大起来。"

物质需求虽然重要，但员工的需求并不仅仅体现在物质方面，企业管理者仅仅把人当作一个追求物质财富、分享企业利润的人的观点是片面的。当人们满足了基本的物质需求之后，就会有被尊重和实现自我价值的需求。如果员工只是被当作商品，或是工资雇来的打工者，那他们自然没有义务与公司同发展共命运。当员工不被尊重的时候，他们也就没有积极性，企业也不会取得好的发展。在独断专行的企业环境中，员工更倾向于消极抵抗，甚至是掉头而去。

与此相反，与员工建立良好合作伙伴关系的企业则不同，在这样的企业里，员工得到了极大的尊重，他们的工作积极性也充分地发挥了出来，从而为企业创造出更大的价值。当企业管理者突破了那种把人当作"赚钱工具"

的观念之后，就会将员工看作是企业的合作伙伴。毋庸置疑，合作伙伴的利益与企业的利益自然是一致的。当管理者致力于和员工建立良好的合作伙伴关系时，员工就成了企业重要的、不可或缺的人。企业不会轻易解雇员工，而且还会创造出最适合员工发展的工作环境，关心员工的利益，满足员工的需要，从而使员工得到尊重，并充分调动员工的积极性和创造性。

反过来，当员工认识到自己是企业的合作伙伴时，就会产生归属感和荣誉感，也会负起自己作为一个"合作伙伴"的责任来，积极主动去工作，为企业的发展献力献策，工作效率也会提高，从而为企业创造更大的价值。

在这样的管理方式下，企业对员工充分信任，员工也以同样的信任回报了企业，和企业同甘共苦。在利益一致的基础上，企业和员工的利益都在同步提高。

缺乏合作精神的人将不会成就大事业，更不会成为知识经济时代的强者。人们只有承认个人智能的局限性，懂得自我封闭的危害性，明确合作精神的重要性，才能够有效地以合作伙伴的优势来弥补自身的不足，增强自身的力量，才能更好地应付知识经济时代的种种挑战。

当今社会，应该强调个性，更应当强调合作，抱团打天下是时代的鲜明特征。哪怕是最讲究个性的创新活动也离不开合作。合作直接决定着创新的成效，没有合作就不可能做成大事。

2. 信任是合作的基础

管理者要和员工之间实现良好的合作，除了要能够容人之外，还要信任自己的下属。管理者必须摈弃管手管脚的做法，让员工有自由发挥的空间，从而增强员工的责任感和自主意识，从而更高效率地工作。

为员工提供详尽工作方案的管理者往往让员工觉得反感，因为他们觉得自己的工作能力受到了怀疑，感受不到来自管理者的尊重，甚至会消极怠工。特别是那些思维自主性较强的员工，他们有自己的行事风格，所以希望管理者给自己提供一个可以自由发展的舞台，一个能够充分发挥创造力的空间和环境，只有在工作中遇到问题时才希望得到来自管理者的意见和建议。

在美国的许多高科技公司里都采用了注重行为结果的管理方式。公司不规定员工什么时候做什么事，而是给出特定任务和完成期限，具体的工作过程都由员工自主决定。每个员工都有自己的工作范围，可以独立处理自己权限范围内的事，不用向上级汇报或请示，公司以最终结果来衡量员工的工作成绩。这样的管理方式给了员工最大的自由空间，而员工回报给公司的则是极大的努力，从而形成了良性的循环。

一个组织之间的成员如果互相信任，上级信任下级、下级也信任上级，都在信任的氛围中浸泡着，每一个人对另外一个人所做的事都十分信任，那么，这个组织由此产生的强大的合力将会使其他组织无力匹敌。

用人不疑，是一条重要的用人原则。中国古代有这样一个故事：战国时期魏国大将军乐羊率兵征讨外国，得胜回朝后，魏国君主魏文侯并没有赏赐很多的金银财宝，只是交给乐羊一只盒子。乐羊原以为是非常值钱的珠宝，可回家打开一看，原来是许多大臣写给君主的奏章和信件。原来乐羊在率兵出征期间，国内有许多仇家诬告他拥兵自重，企图造反。战争期间，乐羊与敌军相持不下，国君曾下令退军，可是乐羊并未从命，而是坚持战斗，终于大获全胜。在这期间，各种攻击乐羊的奏章像雪片般飞来，但君王不为所动，将这些奏章束之高阁，等乐羊回师，一齐交给了他。乐羊感动地说："君王的信任比珠宝更贵重。"

信任下属，首先要相信下属的能力。经营成功与否，在很大程度上取决于管理者用人的态度。试想一下，使用一个人又怀疑他，是一种什么局面？在你的公司里，如果下属得不到你起码的信任，其工作状态会怎样？从事管理、销售、科研角色的下属，容易遭人非议，管理者要谨慎对待各方面的反映，不因少数人的流言飞语而左右摇摆，不因下属的小节而止信生疑，更不宜捕风捉影，无端地怀疑，要相信他们能够完成任务。只有这样，管理者与下属之间才能实现愉快的合作。

七、赢得下属忠诚，就能自觉执行

对一个企业来说，员工的忠诚度直接影响着企业的运营效果。忠诚的员工,他的执行效果自然也就好,他的潜能自然也能得到最大限度的挖掘。

既然员工的忠诚如此重要,那么管理者怎样才能获得下属的忠诚呢?这就要求管理者要从下列几个方面关爱你的下属:

1. 记住下属的名字

法国大作家雨果最热衷的,就是希望有朝一日巴黎能够用他的名字命名叫作雨果市。

谁都希望自己的上司能尽快地知道自己的名字。原因很简单:人人都希望受到尊重,这是自尊感的一种表现。

美国成人教育家戴尔·卡耐基说:"记住别人的名字并容易地呼出,你就对他有了巧妙而有效的恭维。"

要想成为优秀的管理者,你得将每个员工都看成一个完整的、活生生的个人。开始时,不管你领导的团体有多大,在四处走动时,至少能叫得出每个人的名字。有人说凯撒大帝能叫得出他军团里成千上万人的名字。他喊他们名字,然后他们为他在作战时卖命。

的确,任何主管都希望员工知道自己的名字,反过来说也是如此。记住员工的名字,因为他们值得一记,因为记住他们的名字,主管才能进一步去了解他们;记住他们的名字,你去看他们和让他们看才有意义。美国西屋公司董事长道格拉斯·丹佛斯说:"主管越能明白员工个人状况,就越能量才使用"。

2. 用情感管理下属

人是有着丰富感情生活的高级生命形式,情绪、情感是人类精神生活的核心成分。"有效的领导就是最大限度地影响追随者的思想、感情乃至行为。"作为管理者,仅仅依靠一些物质手段激励员工,而不着眼于员工的感情生活,那是不够的,与员工进行思想沟通与情感交流是非常必要的。现代情绪心理学的研究表明,情绪、情感在人的心理生活中起着组织作用,它支配和组织着个体的思想和行为。因此,感情管理应该是管理的一项重要内容,

> 把执行做到最好

尊重员工、关心员工是搞好人力资源开发与管理的前提和基础。

分析一下美国斯特松公司的一段管理实践有利于我们更好地认识这一点。

斯特松公司是美国最老的制帽厂之一，1987年时公司的情况非常糟糕：产量低、品质差、劳资关系极度紧张。此时，当地的一位管理顾问薛尔曼应聘进厂调查。他的调查结果显示：员工们对管理层、工会缺乏信任，员工彼此间也如此。公司内的沟通渠道全然堵塞，员工们对基层领导班子更是极度不满，其中包含了偏激作风、言语辱骂、不关心员工的情绪等问题。通过倾听员工的心声，认清问题所在，薛尔曼开始实施一套全面的沟通措施，加上有所觉悟的管理层的支持，竟在4个月内，不但使员工憎恨责难的心态瓦解，同时也开始展现出团队精神，生产能力也有了提高。感恩节前夕，薛尔曼和公司的最高主管亲手赠送火鸡给全体员工，隔天收到员工回赠的像一张报纸那么大的签名谢卡，上面写着：谢谢把我们当人看。

3. 关心和体贴下属

企业领导者的作用就是凝聚起全体员工的智慧和能量。前提是关心和体贴下属，充分调动起员工的自信心，让员工与企业有福同享，有难同当。

在惠普公司领导者总是同自己的下属打成一片，他们关心员工、鼓励员工，使员工感到自己的工作成绩得到了承认，自己受到了重视。与此同时，惠普公司也注重教育员工。该公司要求员工不要专门注意往上爬，而是鼓励他们把心思放在对生产、销售和产品服务扎扎实实地做出个人的贡献上。公司还教育员工要有高度的信心和责任感。

对于个人的职位升迁问题，公司总是教育员工要在做好自己的本职工作上求发展。曾有一位惠普公司最早的制造部的中层经理，他以前管理着一个有50人的部门，在一年以后他开始考虑个人的前途问题了，因为他的许多在别的公司里工作的同学都已官高于他。于是，他便把自己的心思告诉了自己的上级，并且问他自己怎样才能升上去。他的上级思索片刻，笑着说："你干吗着急？在这儿想往上升，最好的办法就是干好你的本职工作。我知道需要一定时间才能习惯于我们这儿的做法，可是请信任我们，从现在起就注意好好干，高兴点儿！这样就能提升！"该中层经理感到在惠普公司工作很满意，因为他意识到他的上级总是不惜时机地给员工伸出帮助之手，而且他觉得似乎人人都知道他在干什么，他做出了什么贡献。

惠普有丰厚的薪金，公司尽量使最低层工作人员的薪水高于其他公司。与全美5～10家主要公司相比，惠普的待遇大约与这些公司相等。

将10～20家与惠普类似的公司相比较，惠普的待遇高出5%～10%。与30家经营范围广泛的公司比较，惠普的待遇高出10%～15%。在现金分红方案上，惠普将缴税前的利润提出12%分给员工。这个方案已使员工的待遇提高了7%左右。

惠普公司重视员工福利。公司的福利除基本生活福利、医疗保险、残废保险、退休金，两天一次的免费午间茶点，以及新员工搬迁补贴外，还有两项特殊福利：一是现金分红制度。即凡在公司任职达半年以上的员工，每年夏初及圣诞节，可得到一份额外收入，1983年左右此额约为年薪的8.35%。另一项特殊福利是股票购买制，即员工任职满10年后，公司还另赠股票。惠普公司给雇员赠送结婚和生日礼物，每年组织一次全体员工和家属参加的公司野餐。

4. 赢得下属的忠诚

只有当员工忠于企业制度，企业制度才能真正建立起来，企业制度才能有效发挥作用。如果员工不具有忠诚的价值理念，企业制度即使设计得再好，最终也难以真正建立起来，当然更谈不上有效发挥作用。有人曾对我国一家企业的管理制度和国外一家企业的管理制度作过对比分析，发现这两个企业在管理制度上所采取的方法及手段几乎都是一样的，但管理效果却相差甚远，其原因就是我国企业的忠诚理念比国外企业差得多。可见，忠诚是企业制度发挥作用的基础。

如果企业制度的设计过程中忽略了员工忠诚这个基点，那么这种企业制度就必然缺乏一种内在实现的积极性。因为这种设计实际上是把企业制度的设计当成了对当事者的一种约束，为当事者设计约束，这样的企业制度往往是得不到当事者认可的,所以当事者也没有太大的工作积极性。我国一些企业中的某些员工,缺乏忠诚理念,危害企业利益,因而企业以防贼的方式设计企业制度,结果是虽然防止了一些人对企业利益的危害,但却同时带来了一个负效应,即人们认为既然企业不相信自己,那么自己何苦去主动关心企业,完成自己应有的工作就行了,甚至以应付的态度去看待工作。由此可见,忠诚才有利于企业制度的执行。

八、以心换心,解决下属的后顾之忧

许多人都有求稳怕变的心理,管理者只有从根本上解决下属的后顾之忧,下属才能安心工作,管理者的工作任务才能得到平稳有效的执行。

张强刚开张了一家电脑公司,自己做了自己的老板,心中十分高兴。他又利用自己的交情,想方设法把原单位的高级工程师老刘也挖了出来。

可孰料就在公司揽到第一笔业务的时候,老刘却提出想请假回家看看,张强当场傻了眼,他想尽办法劝说老刘,要他念在公司创业之初,先想方设法顶一阵子,千万以公司利益为重。

他说着说着,猛然抬头一看,却发现老刘的眼中闪烁着泪花。老刘说:"张强,我不是没事找事故意拆台哪!我家发洪水了,老婆孩子连个住的地方都没有,我还能在这安心工作吗?"

这番大实话使张强内心受到极大的震撼,是啊,人家连家里都没有安顿好,又怎么能有心思安心工作呢?

于是张强咬咬牙,拿出 10 万元作为救助替老刘买了一处房子,又替老刘的妻子找了一份工作,解决了老刘的一块心病。

老刘没有了后顾之忧,就把公司当作自己的家,全心投入工作,在短短一年中为公司创造了 100 万元的利润,张强的事业从此越做越大。

人们只有首先具备了衣、食、住、行等基本的生活条件,然后才能从事各项工作。因此员工的生活状态直接影响着他的思想状态、精神面貌和工作效率。

关键七　用"心"执行，才会有好结果

IBM成功的关键因素取决于领导人对于员工人心的争取和利用。争取人心早在IBM的创始人老托马斯·沃森时代就被给予了高度重视。在创立之初，IBM只是一家徘徊于生存和死亡之间的小厂，但老托马斯·沃森却为员工制定了远大的奋斗目标和共同愿景。他有着高昂的工作热情和旺盛的工作动力，同时他的这种对于事业的执著追求也在感染着每一位成员。在IBM，尽心竭力地工作为事业发展贡献全部力量已经成为一种生生不息的文化影响和激励着每一位成员。

仅靠精神激励并不能从根本上解决员工的长久工作热情。老托马斯·沃森意识到了这一点。为了解决这一难题，老托马斯·沃森提倡人性管理，尽最大可能给予员工关怀。他为员工付医疗费，提供低息的房屋贷款，甚至在位于恩地科特的工厂后面买下了一家酒店，并把它改造成一个乡村俱乐部，为员工提供免费服务。此外，IBM还提供免费的音乐会和图书馆，开设夜校以提高员工素质。对于员工的关怀更多地体现在薪酬和福利上。IBM员工的工资水平远远高于美国平均水平，而且公司还有一个十分诱人的入股计划——任何员工都可以拿出10%的薪水以85%的市价购买IBM的股票。

公司领导人对于意外事件的负责精神也使IBM员工深深感动。

1939年纽约世界博览会的"IBM日"中，老沃森组织了3万人乘火车去参加庆典活动，但不幸的是满载IBM员工的火车与另一列运货火车相撞。老沃森凌晨2点接到电话后立即驱车赶往出事地点处理事故。所有受伤的员工都被送往医院治疗，受伤员工的家属都收到了老沃森派人送去的鲜花。小沃森也是如此，1958年7月一架从纽约到曼彻斯特的客机坠毁，机上有7人遇难，其中一名是IBM员工，还有八九名IBM员工受伤。小沃森接到消息后立刻过问此事，并亲派了一名分部经理处理此事。公司领导人的负责任的态度使IBM员工甘心献出自己的真心。

IBM的企业文化对于人心的归向起了一定的作用。1985年出版的《美国最值得干的100家杰出公司》把IBM公司描述成："一个以教堂方式使其信仰制度化的公司。这家公司的所有员工都是狂热的信徒。加盟IBM与加盟海军陆战队或者教会没有任何区别，他们都为理想而战。"IBM成功地获得了员

工的真心，这种真心维系了员工对于公司的绝对忠诚。

　　一个精通中国人性的优秀领导不仅要善于使用下属，更要善于通过替下属排忧解难来唤起他内在的工作主动性，要替他解决后顾之忧，让他的生活安稳下来、心灵安静下来，集中精力，全力以赴地投入到工作上。

　　为部下解决后顾之忧必须做到以下三点：

1. 摸清下属情况

　　领导要时常与员工谈心，关心他们的生活状况，对下属尤其是生活较为困难的下属的个人和家庭情况要心中有数，要随时跟踪到下属的情况，要把握下属后顾之忧的核心所在，以便对症下药。

2. 真心关爱下属

　　领导必须从事业出发，实实在在、诚心诚意、设身处地地为下属着想，要体贴下属，关怀下属，真正地为他们排忧解难。

　　尤其是要把握好几个重要时机：当重要下属出差公干时，要帮助安排好其家属的生活，必要时要指派专人负责联系，不让下属牵挂；当下属生病时，领导要及时前往探望，要适当减轻其工作负荷，让下属及时得到痊愈；当下属的家庭遭遇不幸时，领导要代表单位及时伸出援助之手，缓解不幸造成的损失。

3. 量力而行，能帮则帮

　　领导分担下属的困难要本着实际的原则，在力所能及的范围内进行。帮助可以是精神上的抚慰，也可以是物质上的救助，但要在公司财力所能承担的范围内进行。

　　比如说在前面的例子中，张强不会买一幢别墅送给老刘的，因为在公司创业之初这也做不到。

　　对于困难比较大的下属，要尽量发动大家集体帮助，必要时可以求助于社会。同时，领导还要处理好轻重缓急，要依据困难的程度给予照顾，不能

"撒胡椒面"搞平均主义,要多"雪中送炭",少"锦上添花"。

九、用心留住企业的优秀执行员工

优秀员工通常是指在企业生产、经营和管理活动中起着不可替代作用的优秀人员。他们可以是中高层管理人员,也可以是掌握公司核心技术的科研人员以及掌握重要销售渠道和客户的一线销售人员,甚至也可以是普通岗位上的特殊技术人员等,各个企业可以根据自身的特点来定义优秀员工的范围。优秀员工的辞职将对企业造成一定程度的影响,有时候对企业来讲甚至是灾难性的。目前,公司的优秀员工已成为众多企业特别是竞争企业争夺的对象。而面对激烈的市场竞争、企业间的购并、各种媒体的透明招聘广告、频频出击的猎头,许多本来稳定性较强的优秀员工在各种诱惑下也纷纷跳槽。

在一个发展势头良好的企业中,没有什么事情会比优秀员工提出辞职更让领导震惊的了。谁能代替他?后面的工作如何进行?在感到慌乱之前,要找出该员工辞职的原因是什么。

在许多情况下,管理者对此也手足无措。也许是由于该员工离开本地区,也许是其他单位提供了本单位所不能提供的条件。在这种情况下,要对员工所做的工作表示感谢,并在他离去时表示良好的祝愿。

在其他一些情况下,员工则是由于感到不被赏识而跳槽,也许是没有获得加薪或得到提升。也许作为领导的你来说,对有价值的员工没有给予足够的重视。在这种情况下,你应与他进行一次长谈,或承诺在你的职权范围内给予他额外的津贴。最重要的是对工作成果给予肯定,这样做可能会留住他。

管理者们应该明白,有时候许多员工的去意并不坚决。他们对离开一家公司去另一家公司工作的决定并不很确定。如果一次长谈不起作用,那就多谈几次,第一次不起作用的论据可能在第二次起作用。

员工选择辞职必然有其原因,我们应该首先了解员工因为什么辞职,辞职的目的是什么,以便对症下药。

通常,在与员工沟通前,应进行充分准备。首先,要注意选择合适的人;

其次，注意选择合适的时间和地点，这两点的选择以保密为首要原则，这样能给员工改变主意的余地。最后，要推断出员工辞职的几种可能，并且要针对推断的结果制定不同的谈话策略，以增强谈话的成功率。

在与员工沟通时，要推心置腹。初次沟通时，应侧重从员工的角度出发，以咨询为主，尽可能全面地掌握员工辞职的真实原因。二次沟通前，要进行人才价值评估，衡量该员工为单位带来的效益及外聘同类人才的成本，从而计算出公司为能留住该员工而愿意支付的成本；二次沟通时，从公司的角度出发，以陈述为主，尽可能地说明员工对公司的重要性及公司对员工的认可度，同时表明公司为留住员工而愿意支付的成本。

在与员工沟通后，应主动联系员工，了解员工的想法，同时也为公司制定下一步策略争取时间。在与离职员工谈话之后，企业就应该对谈话所获得的信息进行分析，商量一个说服员工留下来的办法。挽留方案应该有很强的针对性，击破他们的心理防线，而要做到这一点，与员工的谈话是很关键的。根据员工所陈述的拉力和推力理由进行耐心地说服。要让员工认识到他对企业的看法是由误会而引起的，而且企业是造成这一误会的主要责任者，企业会很积极地纠正这一误会。这时，一些重要的企业领导与员工在一起进餐等方法会是很有用的，很能说明企业挽留员工的诚意。

在辞职的员工中，有些员工是容易挽留的，有些员工挽留起来非常困难。如果管理者能够判断出来哪些员工容易挽留，并有的放矢地进行重点挽留，就可以大大地降低企业的人才流失率。

员工挽留的难易取决于两点，首先是员工自己的意图和价值取向，其次是引发辞职的具体事件。领导可以根据上述两点，将离职的员工分为以下几种类型。其中某些类型的员工容易挽留，而另外一些类型的员工则不容易挽留。

第一类员工喜欢安稳的工作环境，不太喜欢频繁的跳槽。他们喜欢做例行的事务性工作，对薪酬、工作成绩、晋升等没有太高的要求，但是他们特别注意与同事的人际关系，渴望与同事们友好地相处。这类员工的辞职多半是因为家庭原因，或者在工作中受到了委屈。如果辞职的原因是后者，这类员工容易挽留。

第二类员工喜欢追求工作的成就感，独立性较强。他们非常渴望成功、晋升和物质的富有，他们喜欢开创自己的事业。企业的薪酬水平、发展环境、工作没有挑战性等等都可能成为他们辞职的原因。这类辞职者一般不容易挽留。

第三类员工思想和行动的独立性都很强，能够坦诚直言。他们非常重视自己的学习或专业经验的积累，善于钻研本专业的知识，希望自己在行业中有所成就。这类员工辞职主要是因为他们在公司无法发挥自己的才能，或者没有机会得到更大的发展，或者他的上级对他的工作干涉过多。这类员工容易挽留。

第四类员工个人主义色彩比较强烈。他们喜欢有难度的工作，同时喜欢冒险。他们会经常批评自己的上级，或者对上级及公司的管理不满。这类员工辞职往往是因为与上级关系不和谐，或者对公司管理现状失望。这类员工不容易挽留。

第五类员工情感丰富，同时也比较情绪化。他们非常注意工作中的和谐、强调工作中的合作关系，比较容易感情用事。这类员工辞职可能是因为在工作中遇到了不顺心的事。这类员工容易挽留。

第六类员工非常具有责任意识。他们对公司和工作都表现得非常忠诚，有强烈的团队认同感。他们能够经常为公司着想，遵守工作的规章制度和工作流程。他们也非常喜欢帮助其他员工完成工作。这类员工一旦作出辞职的决定，很难挽留。

辞职的员工到底是属于哪一类型，有时并不好判断。有时可能还要借助管理者的一些经验和感觉。

其实留住优秀的员工并不是一件十分困难的事，只要管理者在工作中给人才营造公正公平融洽的环境，使他们能在你的领导下有一种自我价值成就感，人才便会忠心地在你的旗下勤奋工作，回报于你。

其实企业中人才"跳槽"的原因主要不外乎下面两个方面的原因。

在很多员工心目中，报酬可能会占有很重要的地位，以高报酬满足他们的要求，才有可能让他们留在企业内。这就要求公司的薪酬福利水平要有市场竞争力，最好高于或大致相当于同行业平均水平；在公司内部要适当拉开薪资分配的差距；对有突出贡献的优秀人才要实行重奖，体现出人才的价值。

但是金钱在社会中的作用并不是万能的，尤其对于年轻的新员工，有时候他们看重的并不是金钱，而是企业的发展环境和自己的发展前途。究竟怎样才能留住企业优秀的员工，这要求企业管理者要根据员工的实际情况灵活掌握。

十、找到执行中的五条"地下通道"

我们看到在很多企业中，执行者都是"口号上的巨人，行动上的小人"。为什么会这样？其实不是没有行动，而是行动的路径不对。在这里，我们就来探讨一下执行的六条"地下通道"，从中寻找提升高效执行的途径，让执行者成为"行动上的巨人"。

1. 常规化执行

一个企业的管理者发出的营销指令，营销总监听到的只有80%，而他只理解了80%，其中对已理解的内容只接受了80%，接受到的又只去落实80%，落实的只有80%符合要求，符合要求的只有80%产生绩效，而这种绩效是多少呢？总共算起来只有26%！当然这是我们最常见的执行。

目前，绝大多数企业里，很多的日常工作是依靠一级一级的推动来完成的，在传递过程中，由于各级人员的主客观的原因，常规化行动的最终效果总是大打折扣。

在这个常规化的行动流程中，我们发现很大程度上执行效果是建立在理解的基础上。全面理解，落实到位，执行高效；片面理解，落实偏差，执行低效。

2. 不折不扣执行

至今为止，中国很多的企业都在纳闷，为什么麦当劳靠卖汉堡也能成为

关键七 用"心"执行，才会有好结果

世界500强？如果你去研读一下麦当劳的手册就会发现：麦当劳的追求是100%满意顾客。那他们是如何让顾客100%满意的呢？我们看到，麦当劳作风原则的第七项："百分之百地支持决定。"基于这一点，麦当劳要求每个成员在发表个人意见和聆听了他人意见后，整个团队要作出一致的决定。对于作出的决定，每一个成员都必须遵循并予以支持。简单地说，只要决定的，就是对的，就要百分百执行到底。

百分百执行，这就是麦当劳之所以成为世界500强的主要原因。百分百执行，就是按照既定目标不折不扣去执行，就是要把"差不多先生"拒于门外，杜绝记录差不多，理解差不多，接受差不多，执行差不多的现象。

《资治通鉴》记载的"萧规曹随"就是一个不折不扣执行的案例：

曹参接任萧何当宰相，行政上完全遵从萧何的体制和程序。选择干部则偏重沉默寡言而年长实干的。有诸多言论而想冒尖的干部，曹参就直接批评他们。

有一天下了朝，汉惠帝把曹参留下，责备他说："你为什么对上朝好像不积极似的，是不是没有把朕放在眼里啊？"

曹参听了惠帝的话后，立即摘帽，跪在地下不断叩头谢罪。

汉惠帝叫他起来后，又说："你有什么想法，请照直说吧！"

曹参想了一下就大胆地回答惠帝说："请陛下好好地想想，您跟先帝相比，谁更贤明英武呢？"

惠帝立即说："我怎么敢和先帝相提并论呢？"

曹参又问："陛下看我的德才跟萧何相国相比，谁强呢？"汉惠帝笑着说："我看你好像是不如萧相国。"

曹参接过惠帝的话说："陛下说得非常正确。既然您的贤能不如先帝，我的德才又比不上萧相国，那么先帝与萧相国在统一天下以后，陆续制定了许多明确而又完备的法令，在执行中又都是卓有成效的，难道我们还能制定出超过他们的法令规章来吗？"

接着，他又诚恳地对惠帝说："现在陛下是继承守业，而不是在创业。因此，我们这些做大臣的，就更应该遵照先帝遗愿，谨慎从事，恪守职责。对

把执行做到最好

已经制定并执行过的法令规章，就更不应该乱加改动，而只能是遵照执行。我现在这样照章办事不是很好吗？"

汉惠帝听了曹参的解释后说："我明白了，你不必再说了！"

曹参不折不扣地执行着萧何制定的规章制度。其实，在执行团队中特别需要曹参式的执行者，他不需要很聪明，只需要在100%的理解基础上，忠实地去做，不要让执行力耗损在过程中。

所以说，不折不扣执行就是每个环节都要做足100分，只有百分之百的行动才能得到百分之百的绩效。

3. 减少中间层执行

一般情况下，我们常规的执行是这样一个流程：CEO理解执行，副总理解执行，部门经理理解执行，最后才到一线员工。我们看到，在执行的传递过程中，由于环节冗繁、流程过长，使得执行消耗在过程中，极大地影响了执行的最终效果，这多少有点"出师未捷身先死"的意味。如何解决这一难题？减少传递环节，提高传输效率。比方说，CEO理解后直接传达给部门经理，然后部门经理与一线员工直接对接，减少副总这一环节，从而减少损耗，提高传输效率，有效地贯彻执行。

通过减少中间层行动的方法，提高作业效率，在经济领域中也有很多的企业这样做。美国的MBL就是这样一家公司。

MBL是美国第十八大人寿保险公司，对于保单，公司的职员总感觉无奈，执行起来很不得力，原因在于流程繁琐复杂。比如说，顾客填写保单之后，要实施30个步骤，其间得跨越5个部门，经过19位员工之手，才能最终开具保单。完成这一过程最快也得24小时，正常情况下则需要5-25天，相当漫长的一个过程。

面对这种情形，MBL的总裁果断地提出了将效率提高60%的目标。为此，MBL进行了流程再造：打破原有的工作界限，拆除影响高速执行的组织障碍，削减100个原有职位，减少中间层的行动，缩短作业环节，大幅度地提高了执行效率。最后，MBL的职员只花了4个小时就可以处理一份保单，即使是复杂的任务，最多也不会超过 5 天就能完成。

我们看到，在既定执行衰减不变的情况下，减少执行的环节，可有效地提升执行的效果。

4. 减少损耗执行

在执行层级不减的情况下，减少每个层级的磨损和消耗，可以提升行动的效果。比方说，一个企业老总下达营销指令后，营销专员可以听懂 90%，并且理解 90%，对理解的内容又接受了 90%。然后，他把接受到的认真去落实了 90%，而且落实的又有 90% 符合要求，最后有 90% 产生绩效，那么这个绩效会是多少？经过计算，得出的结果是 53%。这相对于常规行动来说，绩效整整增加一倍。可见，减少损耗对执行的最终效果影响之大。

那么，执行中如何减少损耗呢？关键在于提高执行部门或个人的理解、贯彻、落实和执行能力。当然在这个过程中，我们的每个部门或个人还要相互配和、相互协作，一个团队的执行力显然要比个人的执行力强得多。

5. 创造性执行

顾名思义，创造性执行就是为了更好地达成目标，执行主体发挥更多的创造性和主动精神的行动。创造性执行可以说是执行的最高层次，创造性执行产生的结果往往也是最高效的。

在现代企业中，我们经常说狼性员工执行力很强，其实主要就在于他有创造性思维和主动性精神，这也是他们与一般员工的最大区别，这个创造性思维就是他们执行的利器。

同样的命令对于具有创造性执行能力的人来说会产生不同的结果。因为他们能发挥执行者的主观能动性，创新行动方式和方法，实现了行动效果的裂变。

关键八　创建全新的执行力文化

  执行力的关键在于保证企业员工行为的一致性，而这种一致性来自于正确的策略、方法和措施。很多企业的整体策略、方法和措施都在领导者一人的大脑中，平常都是通过领导者与员工之间的沟通来推动执行的，但由于沟通的片面性，自然会造成很大的偏差。因此，要想保证企业每一个员工都能够按照正确的策略、方法和措施来展开工作，并转化为一致的行动，企业必须要通过规范化的形式来完善执行体系，于是"执行力文化"便应运而生。

一、执行力是一种企业文化

执行力诞生于企业文化,并且也反作用于企业文化,成为文化的一部分。执行也应当是领导者和各级管理干部最重要的工作。它是一个系统,应该溶入到企业的每个角落。

很多企业领导都会发现这样一种事情:一件事情交代下去之后在实施的过程中就变了味,往往与预想的结果偏差很大。虽然这在企业中是常有的事情,但不知你有没有查找原因。很多人简单地把发生这种事情的原因归结为执行者的执行力不足。事实果真如此吗?

让我们来看一个例子。

办公室李主任让小周去买一台笔记本,小周匆匆买了回来,李主任却说太薄了,小周买了厚的回来,李主任又说要硬面的,于是小周来回跑了五、六趟最后才买到李主任想要的笔记本,李主任却对满头大汗的小周说:"你这样的执行力可不行啊!"大家看了可能会一笑而过,但在现实中却常常发生。

还回到小周买笔记本的例子上,有人会说难道小周不知道问清楚吗?要什么样子的,多少张纸的,什么颜色的,软面硬面的……是呀,小周可以问,但他为什么没有问呢?也许有人会说那个李主任难道不会交代清楚吗?是的,他可以交代清楚,但他却没有交代清楚,为什么呢?没有原因,这在许多领导者身上是常有的事,也许是性格使然,也许是习惯性所致。如果把事情没有做到位的责任都简单地推给办事者,我想是不公平的。执行力不单单涉及执行人,还应该包含事件本身和执行授权者,这三个方面组合到一起才形成执行力。所以,我们经常所谈的执行力是片面的。当然,事情做不好也不仅是执行者的问题了。事情是领导交代的,在交予执行者去做之前他应该清楚做事情的标准是什么,想要的结果是什么,然后把它告知执行者。执行者在接到任务时也不必急急忙忙就去做,而是要把事情搞清楚,把领导的意图和想要的结果弄明白,然后再去做。在一切明确之后,执行者再做不好那就是个人的能力问题了。

由此，我们可以发现，把执行力上升到文化的层面显得愈来愈重要了。那么，怎么做才能把把执行力提升到文化的层面上呢？

1. 企业文化对执行力的影响作用

一曲"敖包相会"使得内蒙古的敖包名声远扬。去过内蒙你就会知道，原来"敖包"并非是蒙古包，而是一种由大小石块堆积而成的圆形的实心的包状"建筑"。在敖包上面，竖立有木幡杆，上面还挂有一些五色彩带。在蒙古语中，敖包就是"堆"的意思。它通常建在山顶、湖畔或者滩中醒目之处。据说在敖包旁绕三圈，然后再拣三块石头丢到包上，这样就会得到神灵的庇佑；而且，每年阴历六月举行的"祭敖包"的宗教活动也是蒙古人最隆重的仪式之一。

然而经过考证，敖包先于神学的意义却是一种草原中的导航标志。按理说，建造路标是人人得益的事情，并且牧民每每遇到路标时奉献几块石头也不是什么难事，然而放牧时还要留意石块并且一路要携带直到遇到路标的确是件辛苦的活儿。更何况有那么多人贡献，某个人的几块石头也就无足轻重了。但是如果大家都这么想，那么路标的建设成本的分担就变得棘手了，谁都需要路标，但是谁都有让别人去添砖加瓦而自己却坐享其成的心态，最终会好事难成。

聪明的蒙古人的解决方案让人拍案叫绝，他们赋予了功能性的路标以宗教的意义，让路过的每个人都自觉地对发挥路标功能的敖包进行建设，在祈祷中完成了自己的贡献。敖包的故事告诉我们，没有信仰，制度就形同虚设；没有信仰，就不会产生执行力。

执行力诞生于企业文化。执行力是左右企业成败的重要力量，也是企业区分平庸与卓越的重要标志。它来自于这个企业的企业文化，完善于这个企业近乎教义般的企业价值观、理念和信仰。

但现在许多企业在"企业文化"的建设上，只是满足于几条新颖的口号，或写几篇煽情的使命声明，或由总经理发表一次慷慨激昂的演讲，但这些显然是不够的。把标语贴在墙上，却没有写进员工的心里。

关键八　创建全新的执行力文化

出身于可口可乐公司的不少职员，尽管离开这家公司已经很多年了，但是他们依然保持着那种对可口可乐文化可怕的信仰：坚持认为可口可乐是世界上最好的公司；坚持认为可口可乐的销售技巧是最好的销售技巧；坚持认为可乐就是可口可乐而不是百事可乐；坚持只喝 4 度的可乐并认为那是最好的风味。

只有这样的企业文化才能培养出对公司无限忠诚并把执行工作任务当做使命的员工。

执行不是空谈战略，它应该是细微而现实的，它是每一个细节的探究和顶真。大多数平庸企业的领导人在办公室里幻想着公司未来远景的时候，可口可乐的总裁在上海的马路上询问"为什么卖茶叶蛋的老大妈不卖可口可乐？"——尽管可口可乐的分销网点已经是全球最大的。欧莱雅的 CEO 在商店里仔细地观察每一个竞争品牌的柜台陈列——尽管欧莱雅早已把这些竞争对手都全部击败。

执行就是每一层的领导者都用公司的文化标准去判断和做一件事情，无一不体现着其严格执行的工作理念。放弃那些华而不实的东西，建立起你真正的经过时间锤炼的企业文化信仰，建立起一套从上而下深深渗透的执行文化系统。

2. 提升执行力文化需要的企业文化设计

一般说来，企业文化会更多受影响于公司的高层领导和创始人，但是一些大公司的领导却很少有与员工见面的机会，实际上中层领导却对一个部门的文化氛围有着较大影响。在提升部门执行力时，中层领导应该不遗余力，应该注意打造团队的实施能力，即培养员工的团队意识，鼓励他们为了目标的实现去积极协调整合公司资源。为此，中间层管理者应该做到以下几点：

（1）让员工的目标与部门的目标及公司的愿景和价值观相联结

可以通过培训、案例的宣讲、日常工作的交流等手段让员工认识到这一点，并且通过激励的配合，让员工主动地将自己的目标统一到公司所愿意奖赏的行为上来，将员工的行为规范引导到公司所鼓励的价值观上来。

（2）鼓励员工经常做好与各业务单元、部门之间的沟通

也就是多鼓励他们与其他部门进行沟通，以明晓他们可能合作的团队成员的特点，以利于他们未来的合作。

（3）给员工树立良好榜样，明示员工公司将鼓励的行为标准

这要求公司要对员工行为进行及时奖励。并且该过程是公开、公正的，这种奖励因而就会给大家带来一种正向激励——让大家知道公司鼓励的是什么！

（4）注意保证制度至上

执行力取决于多种因素，但最主要的是管理制度与领导意识。制度影响人才的能力发挥，是执力力强有力的保障。用人环境并不仅仅是明确的赏罚激励制度，而是包容了团队精神、协作、创新、沟通等人为环境。这些都是可以采用种种制度产生与巩固完善的。

（5）身体力行

重视执行是要从各层领导做起的。上令下行是要管理者以身作则的。有了各层管理者的亲身表率再加上制度的建立，才可能把执行力贯彻下去。

3. 如何将执行力提升到文化的层面

执行力问题的确困扰着很多企业，甚至会给企业带来严重损失，那么，企业该如何提升执行力呢？我认为应该从以下几个方面进行：

（1）认识执行力

企业要对执行力有个正确认识，改变执行力差就是下属办事不力的思维惯性。执行力不单单是执行者的事情，它是一个有授权者、事件和执行者组成的系统。

（2）把执行力培养成企业文化的组成部分

企业文化是一个从强制到自由自主的过程，执行力也是如此，当执行的文化渗透到每位员工的骨子里的时候，也就不会再出现执行力差的问题了。要把执行力培养成一种文化，开始必须要以制度的形式把员工的行为和工作程序给规范起来。这种规范的设计必须清晰明确，责任分明，在领导盼咐下

属做事情的时候把相关事宜交代清楚,在员工接到工作任务的时候要理解到位,然后再做工作。然后要保证这种工作规范的严格实施,不遵照者给予惩罚,目的是让所有人员明白这才是正确做事情的标准并让大家养成习惯。

如果你懂得了执行力的构成和提升的方式并在工作实践中严格运用,将其向着一种文化的方向去打造,那么你就会慢慢摆脱因执行力不足而带来的烦恼。当执行力的观念渗透到每个员工内心深处时,将爆发出企业文化独有的能力,不但可以减少工作中的损耗更能够影响后来者让其迅速融入到这种文化中来,这也是企业文化所具有的独特魅力。

二、将执行融入企业文化

执行是一整套行为和技术体系,它能够使企业成为自己独特的竞争优势,没有执行力,就没有竞争力。"执行"的精髓是将人员、战略、运营三个方面紧密地结合在一起。然而企业在当今激烈的市场竞争中求得生存与发展,决定成败的不是目标,而是执行力。换句话说,执行好坏才是决定企业成败的根本。

执行实际上就是企业每一层级的领导者都能用公司的统一文化标准去判断和做具体的事情。因此,执行力应该是企业文化的一部分,它诞生于企业文化,同时对企业文化起反作用。领导者不能把执行孤立起来谈执行,而是应该将执行融入企业文化,最大限度地发挥执行和企业文化的作用。

1. 执行文化建设的内容

培养企业的执行文化,就是把"执行"作为所有行为的最高准则和终极目标的文化。所有有利于执行的因素都予以充分而科学的利用,所有不利于执行的因素都立即排除。以一种强大的监督措施和奖惩制度促使每一位员工全心全意地投入到自己的工作中,并从骨子里改变自己的行为。最终,使团队形成一种注重现实、目标明确、简洁高效、监督有力、团结紧张、严肃活泼的执行文化。

| 把执行做到最好 |

要建立和健全强有力的考评、考核制度，将工作任务细化、量化、具体化的精细化管理理念贯穿到企业各项工作之中。要严格遵守"公平、公正、公开"的原则，提高执行的透明度。要加强督察力度，进一步落实责任追究制度，增强执行效率和质量。要加强学习，不断提高执行者的专业理论水平、实际操作能力、组织能力、管理能力等综合素质，增强执行能力。

2. 执行文化建设的典范

蓝色巨人IBM公司就是一个将执行融入企业文化的典型。IBM公司的企业文化是在托马斯·沃森父子两代人的共同领导经营中创造的，它几乎涵盖了公司管理的各个方面。

（1）IBM公司经营的宗旨

IBM公司经营的宗旨就是尊重人、信任人，为用户提供最优服务及尽可能追求卓越的工作。这一经营宗旨也是IBM价值观的体现，指导了IBM公司的所有经营活动。IBM公司的价值观曾经具体化为三原则，即"为职工利益、为顾客利益、为股东利益"，后又发展成为三信条，即"尊重个人、竭诚服务、一流主义"。

IBM成功至为重要的基础就是老沃森"销售导向"的经营思想，他认为公司的价值来源于销售。销售代表体现了公司关心用户、关心社会的高大形象。正是老沃森、小沃森和以成功销售者为代表的IBM英雄，使IBM公司价值观得以人格化、形象化，成为职工有形的精神支柱。

（2）不断顺应时代发展要求

IBM公司的另一个非常重要的企业文化就是顺应时代的发展，不失时机地改变企业的经营战略和不断地改变组织机构。由集权转变为分权，废除蓝领劳动者与白领劳动者的区别，使IBM公司从古老质朴的时代转变为技术专家领导的科学经营时代；随着信息革命的不断深入和发展，公司进行重大改组，将所有的销售部门归并到信息系统联合部，以顾客的需求为中心，让技术专家直接参与市场营销。这让IBM可以充分发挥想象力与创造力，制造出亲密、友善、互助、信任的组织气氛。

(3)以"客户至上"作为自己的服务宗旨

致力于建设以销售为中心,以用户为动力的工作环境。IBM公司强调公司经营的各个环节都要直接或间接地参与销售,从总裁到制造工厂的工人都要接受严格的训练,要求他们对用户提出的问题必须在24小时内给予落实或答复,以确保他们与用户保持一种直接或间接的联系,从而创造一个以销售为中心,以用户为动力的工作环境。这是和老沃森提出的"为顾客利益"相一致的,是一种"服务至上"的原则。

(4)完善的员工培训制度

IBM还建立了完善的员工培训制度,使教育渗透到公司的各个阶层,从经理到职工,每人每年必须接受40小时的正规培训。同时公司还将种类繁多的必读刊物直接送到员工家中以便学习,也请用户来参加多种多样的讲演和交流活动,引导公司走向有益于社会的道路。

因此,要实现企业的发展战略,必须加强执行力文化的建设。一是要将执行力融入企业文化中,使其成为企业文化的一个组成部分,这样才能使企业的每一个人都理解并深入实践执行力这门学问,同时也才能发挥其作用;二是要建设一个具有执行力的领导班子或配备一个有执行力的管理者,既能做员工的标兵,又能敢抓敢管执行到位;三是配备和培养一大批有执行力的各级管理者,使企业的每项决策都有好的结果;四是教育和引导员工树立执行理念,加强纪律性,令行禁止,自动自发自觉地工作,为实现企业的目标而努力奋斗。

三、将执行视为自己的职责

管理者的主要工作职责是制定制度,保证执行。这看似简单的背后却是大有讲究。首先,制定制度就需要花费大量的心思,怎样让制度一开始就比较合理、有效?怎么保证一个规则、标准、方法、流程,能尽可量地准确,没有歧义?其次,还要考虑制度的执行难度,你的检查标准,考核标准可以量化,但制度在执行的过程中,发现问题,需要及时改进。在保证制度执行

| 把执行做到最好 |

上,也有很多事情需要管理者去做,比如以身作则,比如及时纠正错误,比如做好培训、指导,比如奖惩分明等。因此,好的制度,好的执行,才会导致好的结果。领导者只有将执行视为自己的职责,才能保证企业长期生存及健康、稳步发展。

对员工而言,执行就是完成任务的过程。对企业领导来说,该如何执行呢?

1. 以身作则,形成执行文化

对企业领导者而言,执行是一套系统化的运作流程,包括领导者对方法和目标的严密讨论、质疑、坚持不懈的跟进,以及责任的具体落实。它还包括对企业所面临的商业环境做出假设,对组织的能力进行评估,将战略、运营及实施战略的相关人员进行结合,对这些人员及其所在的部门进行协调,以及将奖励与产出相结合。

很多企业领导者都认为,作为企业的最高领导者,他不应该去从事那些具体的工作。这样当领导当然很舒服了。你只需要站在一旁,进行一些战略性的思考,用你的远景目标来激励自己的员工,而把那些无聊的具体工作交给手下的经理们,自然,这种领导工作是每个人都向往的。

企业领导者的行为最终将成为整个组织的行为,因此从某种意义上来说,领导者的行为是整个企业文化的基础。最为重要的是,企业的领导者和他的领导团队必须亲自参与到人员、战略、运营这三个流程当中,这三个流程最重要的实践者应当是企业的领导者领导团队,而不是战略规划人员、人力资源经理或财务人员。

企业领导者要把执行看作是自己的天职,执行不到位,一切都将变得毫无意义。只有这样,他才能对企业现状、项目执行、员工状态和生存环境进行全面综合的了解,才能找到执行各阶段的具体情况与预期之间的差距,并进一步对各个方面进行正确而深入的引导,这才是企业领导者最最重要的工作,而且不论组织大小,这些关键工作都不能交付给其他任何人。

只有亲身实践的领导者才能真正了解自己的员工,而只有在真正了解自己员工的基础上，一名领导者才能作出正确的判断，正确的判断总是来自于实践和经验。

对于一个组织来说，要想建立一种执行文化，其领导者必须全身心地投入到该公司的日常运营当中。领导并不是一项只注重高瞻远瞩的工作，也不能只是一味地与投资者和立法者们闲谈——虽然这也是他们工作的一部分，领导者必须切身地融入到企业运营当中。

2. 既是领导者，又是教练员

可以想象，如果一支球队的主教练只是在办公室里与球员达成协议，却把所有的训练工作都交给自己的助理，情况会怎样？那将一塌糊涂。主教练的主要工作应当是在球场上完成的，他应当通过实际的观察来发现球员的个人特点，只有这样他才能为球员找到更好的位置，也只有这样他才能将自己的经验、智慧和建议传达给球员。

企业领导就相当于球队的主教练，主要理念要靠他自己来传输。

只有最高领导者才能确定、影响企业文化的风格，因为只有最高领导者才能左右组织中对话的基调，而这种基调对企业文化会产生决定性影响。

那么，在你的组织里，人们的谈话是充满了虚伪造作、支离破碎的色彩，还是能够从实际出发，提出适当的问题，针对这些问题展开具体的讨论，并最终找出正确的解决方案？

如果是前者，你可能永远无法了解企业的实情；如果是后者，领导者就必须亲力亲为，与自己的管理团队一道以巨大的热情和精力深入到企业的具体运营当中去，身体力行地像发动机一样带领员工，去面对和解决每一个具体问题。

3. 保持严明的纪律

任何一个组织，如果没有严明的纪律，那么这个集体注定会成为一盘散沙。

纪律的水平和你教育的水平一样，是由领导者决定的。如果你希望组织的成员尊重你，尊重他们自己，而且工作出色，你就必须教会他们这样做。

单位的任何一项制度在制定之前，你都要广泛征求大家意见，集思广益，尽可能做到合理。

一旦你掌握了这个问题，就应该着手解决这一个问题。你想尽快改变这种状况，而且你也应该这样。另一方面，如果你太乐观而行动过快，也会招致很多不满，这种不满会延缓你的进度并带来新的问题。

但是，不管情况如何改变，你应该朝着正确的方向展开行动。

当托马斯·怀曼接管绿色巨人公司时，公司每年的销售额在4.25亿美元以上，但他发现企业文化松弛。如何将纪律作为企业文化进行管理呢？

怀曼说："这并不复杂。如果你在4点钟召开几个会议，信息交流就开始了。或者你可以5点钟在他们的案子上留个字条说，你很遗憾他们没有见到你。在第二天你接着会询问这些信息。由于你定的期限很近，所以你会迅速得到你自己的答案的。"

最后，你一旦决定有必要采取某个行动时，为了取得最好的效果，你就要坚决地执行并奖惩分明。

4. 向同一个目标迈进

当人们为了一个共同的目标，走到一起并为这个目标而奋斗时才形成一个团队。

只有团队有了明确的目标后，才会避免内耗，将注意力集中到如何击败对手上。

我们坚信，有了明确的目标后，团队合作会带来增加价值方面的诸多好处，这是通过别的途径无法得到的。它们是：

（1）团结一致

在团队合作中，每个人都可以从别人那里学到许多有用的东西。

（2）从多种角度解决问题

在团队中，当你准备解决一个问题时，你可以从不同角度来分析这个问题。这样，你就可能找到更合理、更根本的解决方案。

(3) 产生更多更好的主意

因为一个主意可以在别人的头脑中引发新的主意,这样你就总能从团队中获得更多更好的主意。这不是说你是在任何时间都没有高招的主意,而是团队可以持续地想出各种高招,而且实施起来也更容易。

(4) 让工作持续进行

团体合作的一个明显好处是,当一名员工缺席时,其他员工可以随时顶替,而不必焦急地等待那个员工。靠着团队成员的多种技能,在有人员缺席的时候,一切生产经营活动都能照常运转。

(5) 互相支持

任何人在工作中都可能会遇到困难,如果能得到团队其他人员的支持,其价值是难以衡量的。即使是成功的时候,团队同庆也比一人独享更令人受鼓舞。

良好的团队合作可以带来更多的增加值,然而这也需要与目标达成一致。团队的目标要经过团队成员的充分讨论,在团队间达成一致,这样他们才会负责地朝这个目标迈进。

四、让完美成为执行的最高境界

执行不是空谈战略,它应该是细微而现实的,只有对每一个细节进行探究和较真才能够达到完美的执行。个人的执行力取决于其本人是否有良好的工作方式与习惯,是否熟练掌握管人与管事的相关管理工具,是否有正确的工作思路与方法,是否具有执行力的管理风格与性格特质等。

大多数管理者的日常生活可以用一个词来概括:忙碌。其实有效的管理者不是像"奴隶"一样工作的,而是更聪明、更灵活、更有效地工作的,系统的、讲究方法的工作是把能力转化为结果和成就。

在中国,人们羡美味而"拼死吃河豚"的事例屡屡发生,但同样是吃河豚,在日本却鲜有因此而中毒、死亡的事情发生。问题出在哪里呢?

在日本,河豚加工程序是十分严格的,一名上岗的河豚厨师至少要接受

| 把执行做到最好 |

两年的严格培训,考试合格以后才能领取执照,开张营业。在实际操作中,每条河豚的加工去毒需要经过30道工序,一个熟练厨师也要花20分钟才能完成。但在中国,加工河豚就跟做其他海鲜一样,加工过程随随便便,烹饪过程也没有经过太多的工序,其后果可想而知。

加工河豚为什么需要30道工序而不是29道?我们不得而知,我们知道的是日本很少有人因吃河豚而中毒,原因就出在工序上。经过30道加工工序后,河豚肉不仅味道鲜美,而且卫生无毒害。但粗糙对待工序只会导致严重的后果。从这一点来说,完美的做事风格一定是经过严格程序化的做事风格,一定是一板一眼、认真做事的风格。

一个企业产品想要打动顾客、吸引顾客,最要紧的是步步为营,抓住每个细节仔细推敲,做到无懈可击!世界上许多成功的企业之所以成功,和它们注重细节的做法是分不开的。世界500强企业麦当劳、肯德基、戴尔等无不是从精耕细作走向辉煌的。

以麦当劳为例,25美分一个汉堡包,再加上20美分一个冰激凌,一碟炸土豆条,几片酸黄瓜——如此小本生意,竟然每年营业额高达百万亿美元,不能不说是一个奇迹。

因此,美国不少专家、学者都在研究克洛克成功的诀窍。他们连篇累牍地发表文章,出版书籍。可是到了克洛克的嘴里,却简单明了,他只有一句话:"我只是认真对待汉堡包生意。"

克洛克的"认真"并非一句口号,而是有着极其深刻的内涵。虽然是快餐食品,但由于人们工作十分紧张繁忙,营养跟不上,势必造成疲劳,所以麦当劳的汉堡包绝不是凑合、对付的食物,而是根据人体所必需的各种营养来搭配制作的。对于人们所需的5大营养素——蛋白质、脂肪、碳水化合物、维生素、纤维素,一应俱全,比例适中。

麦当劳对原料的标准要求极高,面包不圆和切口不平都不用,奶浆接货温度要在4℃以下,高一度就退货。一片小小的牛肉饼要经过40多项质量控制检查。任何原料都有保存期,生菜从冷藏库拿到配料台上只有两小时的保鲜期,过时就扔掉。生产过程采用电脑操作和标准操作。制作好的成品和时间牌一起入到成品保温槽中，炸薯条超过 7 分钟，汉堡包超过 19 分钟就要毫不吝惜地扔掉。麦当劳的作业手册有 560 页，其中对如何烤一个牛肉饼就写了 20 多页，一个牛肉饼烤出 20 分钟内没有卖出就扔掉。

麦当劳的创始人克洛克强调细节的重要性："如果你想经营出色，就必须使每一项最基本的工作都尽善尽美。"

要想把任务执行到最好，你的心中必须有一个很高的标准，不能是一般的标准。在决定事情之前，要进行周密的调查论证，广泛征求意见，尽量把可能发生的情况考虑进去，以尽可能避免出现 1% 的漏洞，直至达到预期效果。苛求细节，完美的细节才能造就完美的执行，唯有完美，才是执行的最高境界。

由此可见，执行不是管理者的单方行动，执行的主体是员工，决定执行是否完美的关键在于员工能否积极主动地投入到执行活动中去。因此，完美的执行不能只是管理者的一方追求，而应成为企业全体员工的共同信念。因此，企业应该通过构建支持完美执行理念，倡导追求最佳执行绩效的企业文化，在潜移默化中树立员工的完美执行意识，再通过员工自己对最佳绩效和行动寻求一个最佳的解决方案，这样才能真正达到完美的境地。

五、用行动去执行，让问题到此为止

很多人是思想的巨人，却没有通过行动表现出来；很多人有完美的计划和打算，却迟迟没有付诸实施；很多人已经选准了自己的目标，却没有日复一日的坚持……总之，生活和工作中有太多这样的事情，因为缺乏行动，而半途而废，不了了之，这实在很可惜也很遗憾。

再好的主意、计划，如果只是纸上谈兵，不去想办法实践，那留给自己的只能是叹息和悔恨；反之，如果你真的去执行了，你就会发现事情并非你想象的那样难，甚至有可能就此获得意想不到的成功。

在工作中，任何牢骚满腹、怨天尤人的举动都是毫无意义、软弱无力的，因为任何成功都不是抱怨出来的，而是靠行动去争取的。因此，在执行任何

把执行做到最好

一项工作时，我们都要找到事情的关键和问题的焦点，这样，所有的难题才会迎刃而解。

1. 用行动去执行

杰克·韦尔奇给年轻人的忠告：如果你有一个梦想，或者决定做一件事，那么，就立刻行动起来。如果你只想不做，是不会有所收获的。要知道，100次心动不如一次行动。初入职场的年轻人更需要主动一些，这样能够更快地融入到工作团队中，会给自己带来更多的机会。

詹姆斯即将毕业，被学校推荐去一家科研机构实习。刚去时，没人管他也没人理他，他就成天干坐着，一坐就是十多天。后来，詹姆斯实在坐不住了，他也跟正式员工们混熟了，就开始参与大家的讨论，用他自己的话说，就是"找点事干"。

恰巧该机构正在开发一个金融数据库，大家忙得不可开交。詹姆斯就加入进来，出谋划策，忙得很有兴头。很快，在大伙的齐心努力下，程序就出来了。这次经历，也让正式员工们看到詹姆斯还的确有点能力，此后，一有做不完的活，就找他帮忙。詹姆斯总能做得又快又好，跟大家人缘也不错。

后来，他参与的数据库投入运行，取得很大成功。同事们替他在领导那里表功，领导很是欣赏。恰逢单位里又有一个新程序要开发，詹姆斯详详细细了解了，拿出开发思路。很自然地，这次任务分给了他。领导要求三个月内完成，到时给他开具实习鉴定。接到任务后，詹姆斯三天三夜一步也没离开单位，全力投入到工作中。第四天一大早，他进了领导的办公室，说任务已经完成了，领导吓了一大跳，对他刮目相看。实习结束，领导没说什么，直接到他学校点名要他。有人觉得奇怪，问道："来实习的有好几个品学兼优的研究生，你都不要，为什么选中了一个普通的大学生？"

领导笑道："因为他身上有很多人不具备的东西。"

在许多同学忙着找工作时，詹姆斯顺利地进了该机构。有一次，上级单位的一个部门临时借调他去帮忙，这个部门的报表以前都是最后一个交，并且还经常返工，詹姆斯到了后，不仅第一个送上报表，还一次性顺利通过。

这样的人哪个上司不喜欢呢？很快，上级单位就点名要他。一年以后，詹姆斯坐在主管的位置上，拿着更高的薪水，负责给新来的研究生、本科生分配工作。

有人说心想事成，这句话本身没有错，但是很多人只把想法停留在空想的世界中，而不落实到真正的行动中，这样的人怎么会成功呢？立刻行动起来，不要有任何的耽搁。要知道世界上所有的计划都不能帮助你成功，要想实现理想，就得赶快行动起来。成功者的路有千条万条，但是行动却是每一个成功者的必经之路，也是一条捷径。

2. 让问题到此为止

美国的杜鲁门总统上任后，在自己的办公桌上摆了个牌子，上面写着"问题到此为止"。意思就是说："让自己负起责任来，不要把问题丢给别人。"由此可见，负责是一个人不可缺少的精神。大多数情况下，人们会对那些容易解决的事情负责，而把那些有难度的事情推给别人，这种思维常常会导致我们工作上的失败。

看看有多少人在逃避着本应由自己解决的问题吧，看看有多少人以无关紧要的理由来纵容自己的懒惰吧！如果你逃避责任、逃避问题，那么积累起来的灾难，决不会对你客气！

把问题留给自己是一种责任，更是一种习惯。如果我们在小事上养成了对别人的依赖感，那么就会形成一种思维定势，认为任何事情都会有别人替自己做好，认为别人为自己做事情天经地义、理所当然。想要培养把问题留给自己的习惯，首先就要明确自己是一个独立的人、坚强的人、一个可以肩负起责任的人。

把问题留给自己是一种魄力，更是一种可贵的品质。不管问题的根源是否处在你身上，都请放慢脚步，先别拒绝。既然木已成舟，任何抱怨、推诿、相互责怪，都是对时间的极大浪费，勇于承认错误，至少先承认自己的错误，平缓势态，平心静气地找出问题根源，然后将其解决，才是负责任的做法，才是拥有博大胸怀的人。

| 把执行做到最好 |

　　职员必须停止把问题推给别人，应该学会运用自己的意志力和责任感，着手行动，处理这些问题，让自己真正承担起自己的责任来。

　　把问题留给自己是一种勇气，因为你勇于承认自己的错误，乐于改正自己的错误，并愿意从中得到进步。所以把问题留给自己并不一定只会给自己招致麻烦，增添累赘，"塞翁失马，焉知非福？"在勇敢承认错误的时候，在大气胆地承担责任的时候，在聪明地解决问题的时候，正是你闪光的时刻，而机遇也正在悄悄降临。

　　千万不要利用各种借口来推卸自己的过错，从而忘却自己应承担的责任。借口只能让你的情绪获得短暂的放松，却丝毫无助于问题的解决。抛弃找借口的习惯，对错误要承认它们，分析它们，并为此承担其责任。更重要的是从错误中学习和成长。抛弃寻找借口的习惯，成功会离你越来越近。

六、让执行文化在企业落地生根

　　执行文化落地生根是整个企业文化建设过程的重要组成部分、关键的一环，也是最难的一环，事关企业文化建设能否实现增强核心竞争力的预期目的和效果。如果执行文化没有在员工心中落地生根，员工在平时工作中没有自觉地将执行文化加以体现，则不仅不能为企业的发展提供助力，相反，管理者花费无数精力总结出来的执行文化将只是一个口号、一幅空架子，执行文化也就会成为好看不中用的"镜中花"、"水中月"。因此，重视执行文化落地的作用，促进执行文化在员工心中落地生根，使执行文化转化为企业有效的战斗力和执行力来发挥企业的核心竞争力，应当成为领导者高度关注并着力解决的重要问题。

　　怎样才能做到这一点呢？管理者必须从运作流程、领导带头及团队成员共同努力这三个方面入手：

　　1. 让执行在组织中扎根

　　在当前的经营活动中，从生产、管理到销售的各个环节，真正影响执行

关键八　创建全新的执行力文化

力难点的不是知识和技能的欠缺，也不是监督不力，激励不够，也不是员工缺乏敬业精神，而是企业未能让执行在组织中扎根发芽，未能使企业的组织结构跟上市场的发展变化。

执行是在人性的基础上建立科学的运作流程，领导者应该在企业中设立目标与评估标准、明确奖惩规则，透过组织结构内外部的检查互动，推进人员的奖优罚劣及优胜劣汰，提高执行的速度与品质，确保目标的完美达成。

美国通用电气公司是美国、也是世界上最大的电器和电子设备制造公司，它的产值占美国电工行业全部产值的 1/4 左右。通用电气公司在创立至今的 80 多年中，以各种方式吞并了国内外许多企业，攫取了许多企业的股份。在国外，它逐步合并了意大利、法国、德国、比利时、瑞士、英国、西班牙等国的电工企业，成为一个庞大的跨国公司。它的 29 个直属营业部门管辖着众多的工厂，分布在美国国内 25 个州的 88 个城市和加拿大的 5 个城市。

为了适应技术进步、经济发展和市场竞争的需要，通用电气公司建立了一种被称作"超事业部制"的管理体制，就是在企业最高领导之下、各个事业部之上的一些统辖事业部的机构，其主要工作就是执行。

接任通用电气公司董事长的琼斯上任后又进一步改组公司的管理体制，实行"执行部制"，也就是"超事业部"，就是在原有事业部的基础上建立一些"超事业部"负责统辖和协调各事业部的活动。在改组后的体制中，董事长琼斯和两名副董事长组成最高领导机构执行局，专管长期战略计划，负责和政府打交道，以及研究税制等问题。此执行局下设 5 个"执行部"（即"超事业部"，包括消费类产品服务执行部、工业产品零件执行部、电力设备执行部、国际执行部、技术设备材料执行部），每个执行部由一名副总经理负责。执行部下设有 9 个总部（集团）、50 个事业部、49 个战略事业单位。分别向各执行部报告有关市场、产品、技术、顾客等方面的战略决策。这 5 个执行部再加上其他国际公司，分别由两位副董事长领导。此外，财务、人事和法律三个参谋部门则直接由董事长领导。

通用电气的几任 CEO 的改组使执行在通用电气公司的组织结构中生根发芽，这极大地促进了通用电气的阶段性发展。"战略事业部"应对的是成长性经营环境下的激烈竞争,"执行部"的意义则在于是衰退或者平衡经营环境下的资源调控。可以说,没有这些彻底贯彻的执行组织,通用电气是无法取得如今的成绩的。

2. 领导者要带头执行

一个领导人能够以身作则往往是一个企业集团能够提高执行力的关键。

如果一名总经理能够做到准时上班,工作从不马虎,那么他的员工会更准时更认真;反之,总经理懒怠,员工自然不会去加班加点地工作。员工的这种做法,实际上也是一种向上的方式,是与同人和老板竞争。所以,管理者的一言一行对员工的示范教育作用是巨大的。

执行文化的成功落地,无不凝聚了领导者对执行文化建设的引领和导向作用,可以说执行文化在很大程度上体现了企业领导的思想和价值观,领导的态度和处世原则对员工理解并践行执行文化起着非常重要的作用。执行文化也可以说是领导文化,领导对执行文化的认识关系到企业文化的形成,领导的信念、性格和价值取向会渗透到执行文化中,领导是否践行执行文化则影响着员工的遵循程度。

俗话说:"喊破嗓子,不如做出样子",领导在企业文化建设中具有举足轻重的作用,肩负着重要的责任。领导者的言行举止、工作作风反映着其对企业文化是否真正认可与执行。同时,也直接影响着员工对企业文化的认可与执行。要想企业文化得到有效落地,企业领导者应做好宣传者、倡导者、先行者,身体力行,自觉践行,为员工当好标杆、树好榜样、做好示范,从而带动员工积极践行企业的执行文化。

上行下效是企业执行文化的一条潜规则。企业领导层应该首当其冲、责无旁贷地担当起执行文化落地的重任,在践行执行文化方面做出表率。中层领导干部也要担当好执行文化落地的主角,扮演好承上启下的角色,正确传达、理解和执行企业文化。领导者要着力加强自身的模范表率作用,要求员工做到的,自己首先要做到,要求员工不做的自己首先不做,时时处处起到表率作用。

3. 重视培养团队的执行文化

领导是战略执行最重要的主体，并非说领导凡大小事务必亲自去做。领导角色界定很重要的一点就是在重视自身执行力的同时，还必须重视培养团队的执行力。执行力的提升应该是整个团队范围内的事情，而如何培养下属的执行力是团队总体执行力提升的关键。

怎样提高下属正确做事的能力呢？也就是说，怎样使下属很好地理解团队的战略意图并且以正确的方法来执行呢？

首先，我们要清除一个误区，那就是认为团队战略只需要高层核心人物了解就可以，下属没有必要清楚。不少团队的领导都有这种错误的看法。其实，团队战略的实施需要全体下属的共同努力，所以团队战略不仅要让每位下属清楚地了解，而且还应该通过培训等形式不断加强下属的认知度，只有这样，才能保证团队战略的有效实施，才能保证全体下属都能够朝着团队目标共同努力。

其次，积极地对下属进行及时的培训。IBM公司拥有全世界最强大的营销团队和最完善的售后服务。为什么？就是因为IBM对公司的每位下属都要进行详尽细致的培训指导。在IBM，每一位表现优异的下属都要带领一名刚刚加入IBM的下属或者表现不佳的下属，对他们进行随时随地的培训指导。正是有了这样的机制，才使得IBM下属队伍具有非常强大的执行能力，保证了所有下属都能够不断地朝着公司的总体战略方向前进，不断地为公司创造出巨大的财富。

最后，对下属的工作业绩进行及时的监督检查。IBM前总裁郭士纳的一句话"下属不会做你希望的事，下属只会做你监督和检查的事"。这句话道出了管理的精髓。

监督和检查是一个团队真正把执行落到实处的关键的一环。许多团队的战略目标最后沦为口号，就是因为缺乏有效的监督检查机制。

4. 执行文化"落地生根"要建立长效机制

建立企业执行文化建设长效机制是执行文化落地工作的客观要求，是推进执行文化内化于心、外化于行、固化于制的根本之举,是实现企业文化核心价值观落地生根的迫切需要。要全员参与,建立执行文化建设的学习机制;要科学管理,建立执行文化建设的考评机制;要坚持以人为本,建立执行文化建设的创新机制。

建立企业执行文化建设的长效机制,使其成为一种常态。总之,罗马城不是一天建成的,企业执行文化的建设也不可能一蹴而就。执行文化落地工作是一个需要长期努力工作的过程,是一个自觉建设和不断创新的过程。准确把握执行文化落地工作过程中存在的问题,开出良方,对症下药,突破"瓶颈",才能实现文化的落地与深植;也只有充分建设好、宣贯好执行文化,切实发挥执行文化的作用,促进企业软实力的提升,才能实现企业的愿景与目标,并使企业始终在持续协调稳定的发展轨道上健康运行,只有这样,才能促使企业执行文化真正"落地生根"、"开花结果"。

七、创新执行文化,实现高效执行

执行环节上的创新虽然与整体方案的创新相比更加细微,但正是这细微之处更能显现效果。由于下属是直接的执行人,如果让他们在执行过程中充分发挥创新能力,一定会使执行的效果更令人满意。

日本的东芝电气公司在1952年前后曾一度积压了大量的电风扇卖不出去,7万名职工为了打开销路,费尽心机地想尽了办法,依然进展不大。

有一天,一个小职员向当时的董事长石板提出了改变电风扇颜色的建议。在当时,全世界的电风扇都是黑色的,东芝公司生产的电风扇自然也不例外。这个小职员建议把黑色改成浅色。这一建议引起了石板董事长的重视。

经过研究,公司采纳了这个建议。第二年夏天,东芝公司推出了一批浅蓝色的电风扇,大受顾客欢迎,市场上还掀起了一阵抢购热潮。几个月之内就卖出几十万台。从此以后,在日本,以及在全世界,电风扇就不再都是一副统一的黑色面孔了。只是改变了一下颜色,所带来的效益竟然如此巨大。

一线员工由于其所处位置的原因,决定了他们能够发现那些组织执行任

关键八　创建全新的执行力文化

务过程中最需要改进的地方。他们的设想如果能够在授权范围内自主行动，将会释放出巨大的能量，对组织具有立竿见影的效果。

在现实生活中，一个组织的管理团队人数往往只占企业总数的极少部分，他们大多远离一线工作现场，在静静的办公室里运筹帷幄。与此相对，每天工作在一线的员工却人数众多，而且大多数都在第一现场，接触、处理各种问题。因此，征求一线员工意见，择优采纳，并加以实施，实为聪明之策。

现在许多企业都有这样的现象，由于决策者决策失误，或经营不善，导致了许多企业丧失了发展良机，甚至走向了穷途末路。

不创新就难以生存，这是一个商业常识，然而大多数创新又都会以失败告终。同时，创新的过程中又存在着很大的成本，出于成本和风险的考虑，很多的公司，在实施创新理念时，总是有很多的犹豫。宝洁成功化解了这个两难命题，其关键所在就是对创新模式的创新，整体建设具有创新精神的企业文化。

在雷福礼的领导下，过去3年里，宝洁的销售收入年均增长10%，平均每股利润增长33%。2004年，宝洁销售收入达到了514亿美元，利润64亿美元，均为历年来最高。尽管在年初实施了股票拆细，2004年宝洁的股价仍上涨了10%。向来低调的雷富礼"龙颜大悦"，额外奖励宝洁9万余名员工两天假。2004年12月初，宝洁预测，其2005年销售额增长将达到6%至9%。该公司强调指出，创新是其实现增长的主要驱动器。

德布·亨莱塔是宝洁婴儿护理产品部总裁，她办公室楼下的大厅里经常会有一些年轻妈妈光顾。原来，亨莱塔在这里设立了一个尿布测试中心，让母亲们试用宝洁开发的婴儿纸尿裤，从中了解消费者对产品的反映，更重要的是了解她们的新需求，以开发出针对性更强的新产品。该公司推出的系列"帮宝适"高级纸尿裤，就是根据在此类试验中了解到的消费者需求开发出来的。

事实上，宝洁提出了"360度创新"的概念，即围绕它所说的顾客体验进行全方位创新，包括达到所需性能的产品技术、能够以合适价格生产出该产品的生产技术、产品性能外观和包装的概念性以及审美性因素等等。以前，宝洁往往把内部研发工作的评估重点放在技术产品的性能、专利数量和其他指标上，现在，它更加强调可以感知的顾客价值。

梅莉莎·克罗伊泽尔是宝洁研究中心的产品研究员。每个月，她都要离开实验室几天，去做一些看似与本职无关的事——拜访消费者。她的拜访不只是一般的访谈，而是要到他们家里实际观察，了解他们在生活中遇到的麻烦以及需要。让研究人员走出实验室的政策是宝洁CEO雷富礼上任后开始实行的。不仅研究人员，就连雷富礼这个教授模样的CEO也会时不时化名到消费者家中"微服私访"。其实，这只不过是雷富礼4年前开始推行的新创新模式的一部分。

1999年，宝洁收购美国第5大宠物食品公司爱慕思公司。现在，爱慕思已跃居宠物食品行业的老大。积极创新是这个起初不被人看好的收购得以成功的内在原因。针对宠物主人希望宠物长寿的心理，爱慕思推出了一系列旨在延长宠物寿命的新产品，如减肥配方食品、抗氧化剂及防止牙垢的宠物护齿产品等，并计划研发宠物用的核磁共振成像仪。这些新产品的推出使爱慕思的销售收入显著上升。

由此可以看出，宝洁公司的成功与它的执行创新是分不开的。

八、培育和追求卓越的执行力文化

要想形成执行力文化，可不是一蹴而就的事情，可能要花很长一段的时间，一些人听了可能就打退堂鼓，就丧失了信心。认为，市场的压力等不到这么长的时间，但执行力文化支配着人们行为模式的观念、信念、价值观和行为规则。企业的规模越大，越难找到并改变执行力文化，唯一的方法就是制定一个切实可行的改变方案，使员工在潜移默化中树立起根深蒂固的执行力文化理念。

培育组织执行力文化要有利于组织的各个方面和实现可持续发展的行为模式，是通过量变引起质变。具体来说，第一要全面审视现有的组织文化，彻底弄清哪些地方与现在和以后的发展相冲突，即先找出组织文化的病因。

关键八　创建全新的执行力文化

第二就是建立和实施畅通的执行力文化。找出那些重要而隐蔽的企业观念、信念和价值观，以及行为准则与阻碍企业组织的行为模式，最后进行新的执行力文化的培育。

企业文化教育和培训对提高员工的执行力有着重要的作用。它能让组织人员有能力和有意愿去执行工作，不仅需要有效的奖惩制度或奖惩制度做保障，还需要充分发挥员工培训的作用，有效地激发员工的潜能，增强他们的团队合作能力，让他们处于最佳运转状态，更好地履行工作达成目标。

习惯是一个人思想与行为的真正领导者。良好的习惯可以减少思考的时间，简化行动的步骤，提高执行的效率。

那么，如何才能让员工形成良好的执行工作任务的习惯、追求卓越的执行力文化呢？

1. 培训员工的自觉执行意识

在员工培训中，许多企业都将军队中的做法生搬硬套地搬到企业管理中来，他们认为军人的执行力是最强的，保证完成任务，没有任何借口，一切行动听指挥等不折不扣的执行意识和铁血精神是许多企业领导最渴望得到的，于是在培训中，经常向员工灌输绝对执行的思想，让他们像军人一样去执行，这样的想法是不切合企业实际的。

世界上最大的连锁零售商沃尔玛所采取的员工培训方式有许多值得借鉴之处。

（1）注重培训的人性化

在员工培训时间安排上，沃尔玛从不占用员工的私人时间，一般都在上班时间培训，培训时长不超过一小时，如果占用了员工的下班时间，再在上班时间上补回来，这种人性化的时间安排，既不会使员工产生负担，也不产生抵触情绪。

（2）注重培训的实操性

沃尔玛员工培训不过多涉及励志性、鼓动性的培训，而是侧重实际操作方面的培训，由专业培训师对工作中可能会遇到的疑难问题进行讲解和演练，然后由员工动手操作,培训师作现场指导,及时纠正偏差。这种培训方式与培训师单方面的讲解相比,员工更易于理解和记忆。

(3) 注重培训的趣味性

培训本来是很枯燥的事,但是沃尔玛员工培训却别开生面,充满着快乐的气氛。在培训课上,预先设置好有奖试题,员工回答对了,就可以领到相应的奖品。这样,员工参与的积极性得到很大的提高。

(4) 将培训与员工自身的进步相结合

为了提高员工参与培训的自觉性,沃尔玛对在培训过程中表现优异的员工安排到员工指导员的职位上,加入这一职位对于员工以后的晋升很有帮助,这样,既有利于提高和巩固培训的效果,又有利于员工自身的进步。

通过以上培训方式,使员工培训这种强制性的行为转化为了员工的自觉行为,收到了良好的效果,员工执行任务的实际水平得到很大的提升。

总之,员工执行力培训要增强实际效果,除了要营造轻松愉快的气氛之外,还要让受训者在培训中亲自去做,亲身去体会,并形成"我做你看,你我同做,你做我验"的流程,在培训中得到锻炼和成长,避免隔靴搔痒、口无遮拦、枯燥无味的说教。

2. 全力以赴地做别人做不成的事

如果只是满足于应付、完成交办的工作,得过且过,那么是无法追求卓越的,执行力最多只能是及格,不可能很强。具有强执行力的人,往往能够超出他人的期望,展现出与众不同的精神状态。因此,只有"做成别人做不成的事情",才能赢得竞争优势;能"做成别人做成的事情"说明合格了,具有一定的执行力;不能"做成别人做成的事情"是弱执行力,必将被淘汰。

我们要时常评估自己的执行力,更要与竞争对手进行对照。要时刻记住,竞争对手永远比我们想象的更为优秀,市场竞争也永远比我们想象的更为残酷。我们必须要完成几件竞争对手没有做成的事情,这样才能在与竞争对手的赛跑中赢得竞争优势;而不要以竞争对手都没有做到作为做不到的理由或

关键八　创建全新的执行力文化

借口。反之，如果竞争对手已经做到了，我们却还没有做到，而这方面的事宜对于组织运营又非常重要，那么这就是竞争对手向我们发出的挑战，我们必须尽快做到。很多突破、变革并不是领导者心血来潮的产物，更多的是竞争对手所下的战书，是客户提出的需求。与竞争对手进行对照，可以使我们时常保持清醒的战斗头脑，也可以激发我们执行的激情。

从个体来讲，别人做不成而你能够做成，那你自然会成为众人瞩目的焦点，大家都认为你是一个执行力超强的人；而如果你以别人都没做到而推脱或者怠慢，那么你将错过太多的成长契机。

追求卓越是源自人类内心的一种深层冲动，是深入内心、具有强迫性的原动力，几乎无法靠外在力量强迫而实现。追求卓越必须超越自我，因此，对于追求卓越的人来讲，更高的要求、更高的目标永远都是自己定的，组织确定与别人确定的目标相比之下都不是最高的，期望自己走在组织的要求之前，而不是被别人的要求推着向前走，一直掌握着主动，一直在挑战、超越自我，随时准备展现出超越他人期望的工作表现，期望着给他人带来惊喜！这就是追求卓越执行力文化人的真实写照。

九、学会变通，出奇才能制胜

创新是人类社会进步与发展的前提，创新思维是人类特有的认识能力和实践能力，是人类主观能动性的高级表现，是推动社会发展的不竭动力。企业管理者要想具备非常规的领导力，就一刻也不能没有创新；领导者要想拥有号召力，就必须不断根据实践的要求进行创新思维。

创新思维是时代的要求和历史的必然，最终目的在于推动事业的发展。当今世界，管理者如何正确认识和处理社会发展过程或实际工作中出现的新情况新挑战，需要立足于新的实践，把握住时代特点，研究现实中的重大问题，用创新的思维做出新的回答。唯有创新、创新、再创新，才能解决层出不穷的新矛盾、新问题，才能不断把我们的事业推向前进。管理者的创新离不开充满生机与活力的创新思维，这是时代的要求和历史的必然。

把执行做到最好

很多时候,并不是管理者的天才能力成就了某项事业,相反,而是那些事情本身极具挑战性,迫使管理者不得不变换多个角度去思考同一问题,以寻找妥善的解决之道;同时,在选择衡量最佳方法的过程中,他们发现了应对各种挑战的有效方式。可以这样说,创新的思维方式,成就了那些卓越不凡的企业管理人员。

很多时候,非常之事有非常之法,在解决问题时,如果我们仅仅将思维局限在常规的圈子里,很多问题是无法解决的。这个时候,我们就要善于出绝招、想奇谋,出奇制胜,用意想不到的方法来解决问题。

一名好的管理者,绝不会因循守旧,不懂变通,他们往往善于突破,善于找到出奇制胜的好方法。

1991年,日本一家不是很知名的汽车公司推出了一款新车。是一辆浪漫古典、风格独特的车。但是这款车推向市场后却无人问津。就在公司一筹莫展时,公司的销售部经理出了一个主意。公司对外宣传,声称此款车是公司的纪念车型,限量生产3万辆,以后都不再生产。这个消息在市场上一石激起千层浪,人们纷纷开始关注这款"意义不同"的绝版新车。

人们渐渐开始发现这款车的优点,一个月后,订单一下激增到30多万辆。但是,公司信守诺言,一不增产,二是为公平起见,对所有订购者实行抽签,只有中签者才能"幸运"地购得此车。

经过一番宣传,这款本来无人问津的车一下子成为品位和时尚的象征,而这家汽车公司更是出尽了风头,成为汽车业的焦点。

所谓出奇制胜就是管理者运用"特殊"的手段,以"出人意料"、"新鲜独特"的谋略与方法来解决问题。这也是上述案例中那家日本汽车公司取胜的原因。

通常在遇到问题而又找不到突破口的时候,另辟蹊径往往是冲出樊篱的最好方法。解决问题没有固定的模式,因此需要管理者因势利导,利用奇谋立奇功。

著名地质学家李四光说:"一些陈旧的、不切合实际的东西,不管那些东西是洋框框,还是土框框,都要大力地把它们打破,大胆地创造新方法、新理论，来解决我们的问题。"

因此，要想有出奇制胜的方法，就要敢于突破局限，勇于创新，不要让我们的思维固化。

有一年，国内著名饮料集团娃哈哈公司在拿下几个重点城市的订单之后，决定大力开发郑州市场。

公司首先委派一名长期在一线打拼的经理亲自坐镇指挥。在这个古老的商家必争之地，这位经理虽然调查了好长时间，但要想拿下这个市场仍然无从下手。

在毫无头绪的情况下，这位经理决定到郑州去转悠转悠，无意中了解到近来郑州交通事故比较频繁，而且死伤近一半都是孩子。

于是这位经理就直奔交通和教育有关部门，提出要给全市 6 万小学生每人免费发一顶起安全警示作用的小黄帽，而小黄帽的后面则印上"哇哈哈"的标签，几天后，郑州街头随处可见一顶顶鲜艳的小黄帽在流动。

这项活动只花了 15 万元，但却使"娃哈哈"走进了孩子们的心里，也走进了郑州的千家万户。"娃哈哈"也凭借这项活动轻易地敲开了中原的市场。

出奇才能制胜。无论是市场还是顾客，还是我们要面对的问题，都是有一定的规律可循，抓住规律就成功了一半，而一名好的管理者要做的就是在抓住规律的同时能够创新，始终铭记唯有出奇才能制胜。

关键九　让下属自觉自愿地执行

　　自觉自愿就是在没有外在力量的驱动情况下，主动、高效地做好一件事。在精神上，自愿比自发更主动；在行动上，自觉自愿比自动自发更高效。在现代公司里，昔日那种"听命行事"不再是"最优秀员工"的模式。时下老板要找的，是那种不必老板交代、自觉自愿地去完成任务的人。从事任何工作都需要一种积极主动、自觉自愿的精神，只有无须他人吩咐，就能自觉自愿地完成任务的员工，才是最好的执行者，才能获得最高的奖赏。

一、自觉工作才是真正的执行

在现实生活工作中,"自觉自愿"是人们经常提到的词语,大家都知道"强扭的瓜不甜","自觉自愿"应该是一种发自内心的行为,能够让人们"自觉自愿"地为了某个人,为了某个群体,为了一定的目标,心甘情愿地将自己的全部贡献出来,从而达到了"自觉自愿"这样一种精神境界。有时钱并不能解决所有的问题,经常有员工发出这样的牢骚:"给多少钱也不伺候了!"如果他真的说出这样的话,很大程度上就是组织者在员工面前已经失去了自身的人格魅力和信任,他不愿意跟你干了,此时,什么办法也无法补救了。

一般情况下,企业管理者热衷于制定规则,喜欢用制度约束员工,但是实践证明,这种方式的管理效率非常低,员工大多也只是应付工作,工作中没有多少创新与激情。于是,在企业管理中,激励机制应运而生,激励机制克服了制度约束机制的一些弊端,激发了有能力员工的工作激情与创新,但是激励机制刺激不了技能一般的员工,况且激励是靠物质或精神上的奖赏来维持与实现的,一旦企业效益下滑,兑现不了奖赏,或者是员工已得到足够的物质与精神奖赏的话,激励机制恐怕就要失去作用了。因此,企业管理者若能激发员工自觉自愿地为企业服务才是真正的执行,才能达到管理的最高境界。

执行是一种工作态度,是决定组织成败的一个重要因素,也是构成组织核心竞争力的一个重要环节。一个企业,即使经营决策正确,经营方式合理,如果没有强有力的执行力,一切也只能是空谈。

执行力的强弱直接反映出企业员工的素质高低。只有自动自发、自觉自愿地执行,才能真正有效地执行。

一家建筑公司招聘工人,经过考核,三个人从众多的求职者中脱颖而出。人力资源部经理决定带他们到一处工地实行最后一项考核,当然这三人都不知道考核的内容。

工地上堆放着乱七八糟的砖瓦,经理告诉他们每人负责一堆,将那堆砖瓦码放整齐。三人开始感到十分疑惑,但还是开始工作,经理就悄悄离开了。

经理离开后，甲说："我们不是被录取了吗？为什么把我们带到这里？"乙对丙说："经理是不是搞错了，我可不是来干这个的。"丙说："别说了，既然让我们干，我们就开始干吧。"说完就开始干了起来，甲和乙也只好跟着干。过了一段时间，甲和乙就慢了下来，甲说："经理已经走了，咱们还是歇会儿吧。"乙跟着也停了下来，丙却还在继续干着。

当经理回来的时候，丙已经基本上完成了，甲和乙完成的还不到一半。经理说："下班时间到了，先下班吧，下午接着干。"甲和乙如释重负般扔掉了手里的砖，而丙却坚持把最后十几块砖码齐了。

回到公司后，经理郑重地对他们三个人说："这次公司只聘用一人，刚才是最后一场考试，恭喜丙，你被录用了。至于甲和乙，你们回去好好思考一下吧。"

每个公司都欢迎在工作中自动自发的员工。具有自动自发工作心态的员工，才有对任务一流的执行力。当感到不能按时完成任务时，会自觉加班加点，尽最大努力把工作任务完成。他们时刻都在考虑怎样尽善尽美地完成工作，交出一份漂亮的答卷，而不仅仅是消磨完那有限的八小时。

自动自发的员工不会像机器一样机械地执行，他们有独立思考的能力，在接到一项工作任务时，能充分地将问题与实际情况结合起来，自觉发挥主动性，积极、有效地执行。当一个任务被自发、有效地执行时，就会准时甚至提前完成。一个企业一旦拥有了自觉执行的员工，将自觉执行形成企业文化，就没有什么战略执行不下去，也没有什么业绩不可能实现。

要让工作任务得到有效的执行，一方面要形成自觉工作的习惯，另一方面还要摆脱拖延的陋习。这二者缺一不可，否则，就很难保证执行的有效性。

1. 形成自觉工作的习惯

自动自发就是没有人要求你，强迫你，自觉而且出色地做好自己的事情。

员工一定要明白工作不是为了老板，而是为了自己。只有大家齐心协力，发挥最大能量，自觉投入到工作中，整个企业才能长久地生存和发展，工作不只是为了工资，而是为了整个企业。企业的利益和自己的利益是紧密联系在一起的，员工和企业是相辅相成的关系。

关键九 让下属自觉自愿地执行

一只船在海上航行,船舱里藏着一只老鼠。老鼠偷吃船夫的粮食、咬坏船夫的衣服。船夫恨透了老鼠,想捉住它,把它扔到海里去。鼠有鼠的办法,它使出看家本领,在船底打洞,它要躲到洞里去,还要把船夫的粮食也搬到洞里去。结果可想而知。这只老鼠没有想到。它在船底打洞,不仅毁了船也毁了自己。

很多时候,那些不明智的员工就像船舱里的老鼠一样,他们不明白没有了船,等待自己的也是死亡。所以员工一定要从思想上认清企业和自己的关系,发自内心地为企业工作,并有效地执行,明白了这一点才会产生高度的自觉性。

2. 自觉工作必须摆脱拖延的陋习

优秀员工与普通员工的区别就在于工作时是否具有"主动性",当普通员工都在静待老板的指令和吩咐时,优秀员工已经发挥自己的主观能动性,出色地完成了任务。

面对任务时,优秀员工又总能积极面对,迅速落实。任何时候,他们都比别人更自觉、更主动。他们不仅能圆满、快速地完成自己的任务,还会忠心耿耿地为老板考虑,提出尽可能多的建议和信息,他们也会因此得到提升和赏识。他们比别人多一点自觉,相应也就多一点机会。

作为一名员工,如果你想成为受组织器重的人,你就必须满腔热忱地对待组织安排的任何一项工作,而不是跟组织讨价还价、计较得失,进而分内工作欠账,相邻工作踢皮球,集体工作漠不关心,对人对事孤傲、偏激。你应当知道,对组织而言,需要的绝不是那种讨价还价的员工,而是工作积极主动,勇挑重担,敢于承担责任的人。对工作的热情是可以培养的,只要你时时刻刻提醒自己,你从事的工作是自己最喜欢的工作,也是自己进步的阶梯,更是自己走向成就的起点就可以了。这时,你会发现工作是那么有意义,那么有价值,你的潜能也会得到无限的发挥。同时,你也会在不知不觉中就完成了任务。

大量事实证明,成功总是等待那些主动做事的人。可很多人在职场中早

| 把执行做到最好 |

已习惯了消磨、习惯了被动、习惯了让人催促，他们认为，职场就是这样，混一天就过去一天。殊不知，只有当你主动、真诚地投入到工作中时，成功才会随之而来。

二、让服从成为一种工作习惯

如果说服从命令是军人的天职，那么对于企业员工来讲，服从就是一种美德。企业是一个组织性、纪律性十分严格的单位，下级服从上级，个人服从组织，局部服从全局，从某种意义上讲，这是企业的主要生产力。每一位员工，每一个基层人员都应该具备这种服从精神，这不仅是对自己负责，也是对企业负责。真正具有服从意识的人，把服从当作一种习惯，充分认识到服从是一个人工作的必备条件，在接到任务之后，主动挖掘自身潜能，力求把工作任务落实到位。即便觉得在接受任务时还不具备成功的条件，也要千方百计地克服困难，为最后的成功创造条件。对不能完成的任务，也绝不找借口推脱责任，要具有承担责任的勇气。服从意识淡薄的员工，在接到任务后，总是喜欢找出各种理由，将事情一拖再拖，甚至拒不完成，这样，只能破坏企业的正常运转，给企业带来不必要的损失。因此，员工是否具有服从意识，直接影响企业执行力度，企业需要的正是具有服从意识、负责任的人才。

为什么管理者要让员工形成服从的习惯呢？下列几点给出了最好的答案：

1. 服从是员工的天职

现在的企业中普遍存在着有令不行、拒不服从或者阳奉阴违的现象。一般来说，企业高层的主要责任是决策——做正确的事；企业中层的职责是执行——正确地做事；而基层人员的主要责任就是操作——迅速地完成任务。如果企业员工缺乏服从的习惯，就会造成执行力下降、效率低下，最终被竞争者淘汰出局。

当然，执行力度不够也可能是领导能力的问题，但是根本的原因还是服从的问题。如果管理者作出了决定，执行者打了折扣，甚至寻找借口不执行决定，最终就会造成有令不行的现象。

其实，企业的服从和军队的服从本质上是一样的，只是程度有所不同。军队的服从讲的是既要服从长官的指挥，又要在某些情况下牺牲个人的利益。比如说，要求大家既能从小事着手，做好手头的每一件看似微小的事情，又能密切关注周围的局势，在大事到来时，不发生任何闪失。不要以处理好每件小事为满足，在必要的时候要学会舍弃小范围利益而顾全大局，这就是管理者素质的培养。因为，在危及存亡的时候，管理者的决策行为就会发生迅速而巨大的作用。而领导行为就是高度地服从、诚实、专注以及自我牺牲。

企业也是这样，在通常情况下，每个人各司其职，各就其位，做好本职工作。而当企业突然遭遇一些巨大的危机时，就像一支部队突然遭到炮火袭击，这时候士兵的服从便显得尤为重要了。

2. 服从是正直的品质

美国的阿瑟·戈森说过："正直意味着自觉自愿地服从。从某种意义上说，这是正直的核心。"服从是一种行为，是一种意识，更是一种品质。

为什么这么说呢？

（1）服从没有面子可言

面对你的上司，应该借口少一点，行动多一点。在企业中经常会遇到这种情况：在一些主管接受一项业务时，不是一次就把事情做了，而是先让交代任务的人走开。

"我现在很忙，先放在这儿"，好像马上去做就会显得自己不权威、不繁忙，其实，这样做的主要原因就是好面子。而在优秀员工的身上，好面子而延误工作的事绝不会发生。上司一旦安排了工作，他们就会无条件地立刻行动，因为服从面前没有面子可言。

（2）接受当先

管理者作出的任何一个决策都不是一拍脑门就决定的，他的工作是系列化的，你的某项任务就是其中的一个环节，不要因为你这一环节影响到整个工作的进程。他之所以将任务分配给你，包含了他个人的判断，而你认为

"不可行"，那只是你的判断。你可以先接受下来，如果在执行过程中出现了问题，再去和上级沟通。你不应该马上推辞，并列出一堆理由来说明你的困难，这是最不受领导欢迎的。

对于命令，首先要服从，执行后方知效果。还未执行，就发挥自己的"聪明才智"，大谈见解和不可执行的理由，那么，你走到哪里都是不受欢迎的角色。对于有瑕疵的命令，首先还是服从，在服从后与领导交流意见，共同改进和提高。

3. 服从是一种美德

一个企业，如果没有严格的规章制度和严明的纪律，就如同一盘散沙。如果没有服从，企业将会溃不成军，谈何竞争和生存。

服从是行动的第一步。作为企业的一分子，你是企业内部经营运行环节的一个重要部位，你必须遵照指示做事以确保企业流程正常循环运转。服从意味着你必须暂时放弃个人的异议，约束自己去适应所属机构的价值观念。在学习服从的过程中，你就能更深地融入企业这个大家庭中，对企业的战略方针、价值观念、运作方式就会有更透彻的理解。

因此，所有团队运作的前提条件就是服从，甚至可以说，没有服从就没有一切。所谓的创造性、主观能动性等都必须建立在服从的基础上才能成立。否则，再好的创意也推广不开，也没有价值。

一家企业的制度和战略的形成，都是无数商战和管理者的智慧、经验的结晶，但却常常因为员工的不服从而宣告失败，这样的教训实在太多了。因此，一些好的企业严格规定，一旦制度和战略形成，任何人都要无条件地服从，甚至管理者也不得例外。

三、早做准备才能执行得更好

任何成功都不会从天而降，任何人都不要抱着天下会掉下馅饼的好事。凡是成功者，在成功之前都付出过常人无法想象的难辛和努力。同样，在工作中，只有养成早做准备的习惯，才能比别人更快地进入工作状态，更快地想出解决问题的办法，从而更快地达到既定的目标。

古希腊哲学家苏格拉底曾说："要使世界动，一定要自己先动。"中国的古谚语也说："早起的鸟儿有虫吃。"中外的先哲们道出了同一个道理：凡事要主动，消极等待则有可能什么也得不到。这个道理在商界中同样适用，商机往往转瞬即逝，一个消极被动的企业只有走进死胡同，即使是一个"巨无霸"型的成功企业，稍有松懈，也会在一夜之间轰然倒塌。因此，聪明的人总是在机会来临之前，早作准备，比别人抢先一步行动，这样做的结果是企业越做越强，越做越大。相反那些消极被动的人，他们只会在消极等待中错过一次又一次的商机。

王鹏原是华中理工大学少年班的一员，毕业后进入了著名的科技企业——华为公司。十几天后即被提为主任工程师，四年后又升任公司总工程师、副总裁，当时的王鹏只有27岁，是公司最年轻、最受倚重的领导人之一。这位才华横溢的年轻人之所以晋升如此神速，秘诀在于他不但对技术的发展趋势非常敏感，而且能够给总裁提供许多前瞻性的建议，而且提前为所开发的技术项目解决难题。

当别的员工还在为某个产品在市场中的成功开发而陶醉时，王鹏已经着手开发下一代产品了。很显然，这样的员工无论在哪个公司都会受到老板的青睐。

在企业中，几乎所有的领导最先看到的，就是那个第一个完成工作的人。你早做准备，提前完成工作，就是为企业节省时间，为企业多创造财富。如果你的工作既保质又总是率先完成，那么你没有理由不从众多员工中脱颖而出，没有理由不被领导重用。

工作中那些提前做好准备、跑在别人前面的人，才是真正善于创造和把握机会的人。这种人往往能够从平淡无奇的工作中找到非凡的机会。

富士康集团总裁郭台铭经常对员工说："一步落后，步步落后；一招领先，招招领先。"他这样要求员工，自己也是这样身体力行的。富士康集团在30年的时间内持续壮大，并连续7年入选美国《商业月刊》全球信息技术公司100强；连续3年蝉联中国出口创汇第一名；公司经营的范围横跨计算机、

把执行做到最好

通信等领域，是微软、惠普、戴尔的重要合作伙伴。富士康之所以取得如此骄人的业绩，与郭台铭始终坚持"比他人领先一步"的策略有极大的关系。正因为认识到积极行动、事事比别人领先一步就能抢占先机，富士康才成为"全球代工之王"，而郭台铭也被竞争对手称为华人电子业的"成吉思汗"。

在业界，郭台铭是一个最善于发挥主动性、抢占先机的人。他不像某些企业的管理者那样，喜欢坐在办公室，把所有的事情计划周密后再发号施令，而他是只要认准了的机会，他都会抢在别人前面第一时间去做。

一次，海外某公司的一位采购员准备到中国台湾采购一大批计算机方面的产品。为了争取到这个大客户，台湾几家大型的计算机代工厂都派人去机场等候采购员下飞机，准备把他接到自己的公司。一家计算机代工厂的主管亲自带队，以为志在必得，一定能把采购员接到自己的公司。但出乎意料的是，在出关大厅里，他看见广达董事长林百里亲自出马，率领工作人员也在那里等候。看着对方强大的阵容，这位主管心中叹道："没想到一开始就落于别人下风，自己已输了一步。"但他还是硬着头皮，和林百里一起等待那位采购员，心里想着至少可以和对方打个招呼。

飞机降落后，各公司派出的迎接代表都往接机口涌去，谁都想把这位"财神爷"请回家。然而令众人大跌眼镜的是，当那位采购要员出现在他们的视野中时，他的身边还有一个郭台铭，他俩谈笑风生，令所有的接机人员都傻了眼。

原来郭台铭早就掌握了对方的行踪，并抢在竞争对手的前面，在客户转机来台时，"巧遇"他，并和他搭上同一航班抵台。郭台铭仅仅比别人领先一步，就为公司争取到了一大笔订单。

可见，早作准备，你就会早点成功，任何事情都不例外。

同样，任何老板也都青睐那些自觉寻找任务、主动完成任务的员工，因为这种员工能够为企业创造更多的财富。因为对工作准备充分的员工，时刻能以更高的标准来要求自己，在工作中积极主动、把握每一个机会。他们不仅主动承担责任，设身处地地为企业着想，还会主动思考如何提高产量、降低成本、增加销售额、创造更大利润。如果连老板想的事，员工都提前想到了，那你就没有理由不会成功。

四、把工作当作自己的事业来做

在工作中，我们常常听到有人这么说："我只不过是在为老板打工，那么卖力干啥！""凭什么要我做这做那，一个月才给我这么一点钱。""差不多就行了，这不过是公司的事，又不是我自己的事情。"

说这些话的大多数是年轻人，他们可能拥有丰富的知识、卓越的能力，却由于生活在不断的抱怨中而常常面临如何找到下一份工作的难题。

像这样的年轻人可以说到处都有，他们最大的误区就是始终抱着"我不过是在为老板打工"的错误的工作观念。他们认为，工作就是一种简单的雇用关系，做多做少，做好做坏，和自己没有太大的利害关系。这样的错误观念使无数年轻人错失了人生中宝贵的机会，甚至等到中年的时候仍在不断地埋怨自己所在的企业。

工作中，每个人都应该问问自己，你的工作目的是什么？你到底在为什么而工作呢？难道你觉得你工作就仅仅是为了让老板看，然后再从他那里换取每个月的工资吗？

其实，你不是在为老板打工，而是在为自己工作。因为工作不仅仅让你获得薪水，更重要的是，它还带给你经验、知识、能力等，通过工作能够提升你自己，从而使你变得更有价值。

美国独立企业联盟主席杰克·法里斯13岁时，开始在他父母的加油站工作。那个加油站里有三个加油泵、两条修车地沟和一间打蜡房。法里斯想学修车，但他父亲让他在前台接待顾客。

当有汽车开进来时，法里斯必须在车子停稳前就站到司机门前，然后忙着去检查油量、蓄电池、传动带、胶皮管和水箱。法里斯注意到，如果他干得好的话，顾客大多还会再来。于是，法里斯总是多干一些，帮助顾客擦去车身、挡风玻璃和车灯上的污渍。有段时间，每周都有一位老太太开着她的车来清洗和打蜡。这个车的车内地板凹陷极深，很难打扫。而且，这位老太

| 把执行做到最好 |

太极难打交道,每次当法里斯给她把车清理完时,她都要再仔细检查一遍,让法里斯重新打扫,直到清除掉每一缕棉绒和灰尘她才满意。

终于,有一次,法里斯实在忍受不了了,他不愿意再侍候她了。法里斯回忆道,他的父亲告诫他说:"孩子,记住,这是你的工作!不管顾客说什么或做什么,你都要记住做好你的工作,并以应有的礼貌去对待顾客。"

父亲的话让法里斯深受震动,并在以后的职业生涯中起了非常重要的作用。

确实如此,在各行各业,人类活动的每一个领域中,只有当我们能自主做好手中的工作,才会获得突破性的飞跃,从而能实现自我的理想,体现出自我的价值。

"记住,这是我的工作!"每一位员工都应记住这句话。哪怕遇到困难,我们也要服从上司命令。服从是敬业精神的具体体现,只有具有敬业精神的人才能在竞争激烈的现代企业中有很好的发展。

对那些在工作中推三阻四、老是抱怨、寻找种种借口为自己开脱的人;对那些不能最大限度地满足顾客的要求、不想尽力超出客户预期提供服务的人;对那些没有激情、总是推卸责任、不知道自我批评的人;对那些不服从上级指示、不能按时完成自己本职工作的人;对那些总是挑三拣四、对自己的公司、老板、工作这不满意、那不满意的人。最好的救治良药就是:重新回到你的工作中来。

美国前教育部部长威廉·贝内特曾说:"工作是我们用生命去做的事。"对于工作,我们要尽自己最大的努力把它做到最好。那么怎样才能做到这一点呢?

1. 重视自己的工作

无论你贵为君主还是身为平民,都不要看不起自己的工作。如果你认为自己的劳动是卑贱的,那么你永远也不会从自己的劳动中学到经验和技能,永远也不可能获得事业成功。

某些工作也许看起来并不高雅,工作环境也很差,无法得到社会的承认。但是,请不要无视这样一个事实:有用才是伟大的真正尺度。在许多年轻人看来，公务员、银行职员或者大公司管理人员才称得上是绅士，他们甚至愿意等待漫长的时间去谋求一个公务员的职位。但是，花同样的时间他们完全可以通过自身的努力在现实的工作中找到自己的位置。

那些看不起自己工作的人，实际上是人生的懦夫。与轻松体面的工作相比，商业和服务业需要付出更加艰辛的劳动，需要更实际的能力。当人们害怕接受挑战时，总会找出许多借口，久而久之就会变得害怕自己的工作了。

2. 小事也要认真做

工作中有许多细微的小事，这往往也是被大家所忽略的地方，有心的员工不会看不起这些不起眼的小事。俗话说："大处着眼，小处着手。"学做些小事，在老板看来，也许是填缺补漏，但时间长了，你考虑事情周到、能吃苦、工作扎实的作风就会深深地印在老板心中。所以说，工作中的任何事情都值得我们全神贯注地去做。

不要轻视自己所做的每一项工作，即使是最普通的工作，每一件小事都值得你全力以赴，尽职尽责，认真地完成。要知道，每一件小事都可能成为你的机会，因为，小事中往往隐藏着大契机。

一个平时不下基层的管理者，在决定提拔哪个爱将的时候举棋不定，因为他的这两个下属人品学识和经验都不相上下。后来管理者到他们的办公室分别走了一趟后，心里立刻就有了答案。他的依据就是办公桌的清洁程度。一个人的桌面杂乱，文件、记事本、电脑上都蒙着厚厚的尘土，一切看上去都毫无头绪，让人头疼。在管理者看来，这样的人做起工作来也会给人毫无头绪的感觉；而另一个人则把一切都打理得井井有条，桌面上一尘不染，连鼠标都闪闪发亮，所有的工作都做得很到位。管理者认为这样一个在繁忙中还能主动去照顾到细小地方的人，工作起来会比较认真周全，让人放心和信任。就这样，一个小小的细节便决定了两个人不同的职场命运。

由此可见，当你把工作当成自己的事业来做的时候，你就能认真地不折不扣地执行，并取得满意的结果。

五、有些事不必老板交代

　　主动执行,去做老板没有交代的事的员工,是具有主动性的员工。如果只有在老板注意时才有好的表现,那么你永远无法达到成功的顶峰。最严格的表现标准应该是自动自发的,而不是由别人要求的。如果你对自己的期望比老板对你的期望还要高,那么你就无需担心会失去工作。

　　同样,如果你能达到自己设定的最高标准,那么加薪晋职也将指日可待。如果你想加入优秀员工的行列,就必须永远保持主动率先的精神,即使面对缺乏挑战或毫无乐趣的工作,你也要满怀热情地去完成它。

　　当你养成凡事主动执行的习惯时,你就有可能从普通员工中脱颖而出,从而受到老板的青睐。

　　今天,所有的商业领域变化的速度都越来越快,管理层越来越不可能在第一时间内了解所有该做的事情。因此,消极地等待上司安排你的工作是非常危险的。

　　千万不要认为只要准时上下班、不迟到、不早退就是尽职尽责了,就可以心安理得地去领工资了。工作需要的是一种自动自发的精神,自动自发工作的员工,将获得工作所给予的更多奖赏。

　　微软企业文化的一个精髓是员工要自己找事做。每一个员工都要充分发挥自己的主动性,既要有很强的责任感,同时也要有激情。简单地说,微软的工作方式就是"给你一个抽象的任务,要你具体地完成"。

　　对于这一点,微软中国研发中心的桌面应用部经理毛永刚深有体会。

　　1997年他刚被招进微软时负责word项目开发,当时他只有一个大概的了解,没有人告诉他该怎么做,该用什么工具。他和美国总部沟通,得到的答复是一切都要靠自己去做。这样,员工才能发挥最大的主动性,设计出最令人满意的产品。最后,毛永刚通过自己的努力,出色地完成了公司交给他的任务。

　　然而,现实生活中,又有多少人在自己的工作岗位上积极进取呢?

　　坦率地说,现在许多年轻人,大多数情况下是茫然的。其实,"工作"

是一个包含诸如智慧、热情、信仰、想象和创造力的词语。没有人会告诉你需要做的事，这都要靠你主动思考。在自动自发工作的背后，需要你付出比别人多得多的智慧、热情、责任。当你清楚地了解了企业的发展规划和你的工作职责，你就能预知该做些什么，然后马上行动，不需要老板吩咐。我们应该明白，那些每天早出晚归的人不一定是认真工作的人，那些每天忙忙碌碌的人不一定是优秀地完成了工作的人，那些每天按时打卡、准时上下班的人不一定是尽职尽责的人。对他们来说，工作仅仅是一种简单的交易，对每一家企业和每一个老板而言，他们需要的绝不是那种仅仅循规蹈矩，却缺乏热情和责任感，不能够积极主动、自动自发工作的员工。当你明白这些道理以后，你就不会再等老板或上司来安排你的工作，你自己知道该怎么做并把它做好，这时，你得到的也是最好的回报。

优秀员工的"积极主动"，体现在工作的点滴之中。也正因为如此，他们的工作能力才日强一日，工作业绩才不断提高。思想上的积极主动落实到现实工作中，主要体现在以下几个方面：

1. 不要等待命令

如果你习惯于"等待命令"，首先，就会从思想上缺乏工作积极性而降低工作效率；其次，你还会养成只做你喜欢的工作的习惯。一个人一旦被这些不良思想左右，他就很难要求自己主动去做事。即使是被交代甚至是一再交代的工作，他也会想方设法拖延、敷衍。事实表明，"等待命令"是对自己潜能的"画地为牢"，从一开始就注定了平庸的结局。

2. 工作时不要闲下来

工作中不让自己闲下来，主动找点事做，你就能更加完善自己，在工作中提高自己的工作能力。优秀的员工每当完成一项工作时，总去翻工作日记，问自己是否所有的目标都已达到？有什么项目需要加上去？还需要向别人学习什么，以使自己的工作能力得到扩大和充实？总之在任何闲暇的时候主动处之，你就能争取更多的机会，不断提高自己的经验和能力。

3. 主动做分外的事

许多著名的大公司认为，一个优秀的员工所表现出来的主动性，不仅仅是能坚持自己的想法，并主动完成它，还应该主动承担自己工作以外的责任。

要想成为一名优秀的员工，就必须具有积极主动的做事习惯，这种积极主动不能仅仅局限于一时一事，你必须把它变成一种思维方式和行为习惯。只有时时处处表现出你的主动性，才能获得机会的眷顾，并最终成就卓越。

4. 向周围的人学习

小李是个刚踏入职场不久的女孩，尽管目前工作还不熟练，工作效率也不是很高，但她一直注意向身边每一个人学习。一次她从饭店出来后打了一辆车说去机场，其实她去的是机场附近的一个小区。因为是个新兴的小区，一般人不知道。可是那个司机却说："你是不是要去某某小区啊？"

小李当时就吃惊地瞪圆了眼睛，连问你怎么知道。那个司机像个神探，给她推理说："我刚才看到你跟朋友道别，只是象征性地挥了挥手，看来你不是要出远门。一般人要是出差，都会有个行李箱，而你也没有，你的手里只拿着一本杂志，神情很悠闲，也不像是去接人。这么一分析，你去机场的可能性就不大，而那附近就那么一个小区，所以你只能是去那里了。"

小李非常佩服这个司机的职业水准，能够分析这么透彻，他一定是个很投入的司机。果然，在接下来的聊天中，小李知道这个司机收入比同行们都要高。

从这个师傅那里，小李学到了要对自己的工作投入和主动，才可能掌握好它所需要的技能和知识。

六、远离借口，自发执行

工作中最好的执行者是那些自动自发的人，他们确信自己有能力完成任务。他们不是凭一时冲动做事，也不是为了老板称赞，而是自动自发、认认真真地工作，不断地追求完美。

关键九 让下属自觉自愿地执行

在一个优秀团队中，任何人都不会推卸责任，不会让别人替他收拾残局，即使遇到工作上的困难，他们也照样要求自己："自己想办法。"他们对待工作常付出热情和行动，付出努力和勤奋。即使在没有利益回报的情况下，他们也会说："我会全力以赴去工作，因为我热爱我的工作。"这种自动自发的员工，获得的不仅仅是薪金，而且会获得工作给予他们的更多的回报——能力的培养、精神的愉悦、良好的习惯形成、高尚品格的铸就等。这些将是人生享用不尽的财富。

我们不应该把"要我做"当做执行工作的主旨，而应该把"我要做"作为工作行动的指南，发扬主动的精神，变"要我做"为"我要做"。无论面对的工作多么枯燥乏味，"我要做"的主动精神都会让我们取得非凡的业绩。

找借口是一种不好的习惯。如果在出现问题时，不积极主动地加以解决，而是千方百计地寻找借口，你的工作就会拖沓，以致没有效率，导致工作不能及时落实下来。长此以往，借口就变成了一面挡箭牌，事情一旦办砸了，就能找出一些看似合理的借口，以换得他人的理解和原谅。其实，找到借口只是为了把自己的过失掩盖掉，心理得以暂时的平衡。但长此以往，借口成了习惯，人就会疏于努力，不再想方设法争取成功了。

曾经，有一个村子里一连好几个月都没下过一滴雨，土地干裂，地面上的土都被风吹走了，农作物枯萎，严重的旱灾侵袭着这里的每一个生灵。

这个地区有一间小小的教堂，里边住着一位令村民信任的牧师。有个礼拜天，这位牧师对村民说："让我们现在一起祷告，祈求上天降雨吧。用我们对上帝的信心，在下个礼拜天创造一个奇迹———一场倾盆大雨吧。"

然而接下来的一整个星期都过去了，干旱的天气一点都没有改变，整个村庄围绕着阴郁的氛围之中，因为不断有生畜渴死，田野中的庄稼也都是奄奄一息。在下一个礼拜那天，这位牧师就问来做礼拜的全村村民："你们中有谁没有虔诚地祈雨？"所有的人都高声回答说："我们的确是很虔诚地祈祷的。"

接下来一次又一次的祈祷还是没有奏效，雨始终没有降下来，庄稼枯死。村民们没有了收成，只得外出乞讨。在和别人谈起此事时，他们个个都说："我们认真祈祷，但是上帝没有降雨。"他们竟然把责任推给上帝！

| 把执行做到最好 |

可是就在离这个村不远的另一个村情况却完全不同，他们面对这干旱的天气，齐心同力坚持不懈地挖深井，最终找到了水源，救活了庄稼，整年都过着祥和的生活。

可见，借口只是失败的托词，如果不从失败中吸取教训，总结经验，探索成功的方法，只是费尽心思去为失败寻找一个合理的理由，那么你就会一次次地失败下去，然后再一次次地寻找借口，最后永远也不会获得成功。

在工作中，应该毫不犹豫地将借口抛掉！喜欢为自己的拖延和失败找借口的员工肯定是不努力工作的员工，至少，是没有良好工作态度的员工。他们常常因为把宝贵的时间和精力放在如何寻找一个合理的借口上，而忘记了自己的职责！他们找出种种借口来蒙混公司，欺骗管理者，他们是不负责任的人。这样的人，在公司中不可能是称职的好员工，也绝不可能是公司可以信任的员工，在社会上也不会被大家信赖和尊重。无数人就是因为养成了轻视工作、马虎懈怠、惯于找借口的习惯，才终致一生处于社会或公司底层，不能出人头地。

主动积极、自动自发地去完成任务是执行的内涵。每一个想有所成就的员工都必须具备这种品质。只有积极主动、自动自发地去执行每一次任务，才能让我们的团队战无不胜。

现实生活中的纸上谈兵，成不了事的教训很多。再好的条文，不去落实也必将成为废纸；再周密的计划，如果执行力度不够，目标就不会实现。

工作中我们只有认真地执行每条指令，把自己的事做好，把身边的事做好，才能有所成就。

认真执行并不是机械地接受任务，而是在执行的过程中不断地开拓进取、创造性地执行、创造性地工作。

创造性地工作可以提高我们的工作效率，起到事半功倍的作用，还能激发我们无穷的智慧和力量，同时也只有创造性地工作，我们才能超越我们的工作。试想一个没有创造力的人，整天忙于一般事务或者说连他的本职工作都没做好，还能去谈超越自己的工作吗？

主动就是不用别人告诉我们"该怎么做"，我们就可以出色地完成工作的精神状态。这也是优秀员工之所以优秀、之所以绩效高的最根本原因。

成功取决于态度,成功也是一个长期努力积累的过程,没有谁是一夜成名的。主动就是要随时准备把握机会,展现超乎他人要求的工作表现,以及拥有"为了完成任务,必须勇于打破常规"的智慧和判断力。知道自己工作的意义和责任,并永远保持一种自动自发的工作态度,为自己的行为负责,这就是那些成功者和得过且过之人的最根本的区别。明白了这个道理,并以这样的眼光重新审视我们的工作,工作就不会成为一种负担,即使是最平凡的工作也会变得意义非凡。

总之,思想上的积极主动、行动上不折不扣地执行是每一个具有认真精神的员工的优秀品质,也是我们从平庸走向优秀、走向卓越的必备素质。

七、用行动代替抱怨

职场上有两种人,一种是主动执行的人;一种是爱抱怨的人。同样一个命令下达,有人埋头苦干,有人破口大骂。埋头苦干的人不见得笨,而破口大骂的人不见得聪明,但是前者一定有一个好心情,后者则生气愤怒,其中的区别就是态度不同,对目前工作的不满情绪,抱怨的内容大同小异,无非是前途、薪水、人际关系相处几个方面。这种人即使跳槽到另外一家公司,换了一个新环境,抱怨依旧不会停止,讨厌的老板、同事继续出现,到头来,倒霉的是谁呢?

有自知之明的人从不抱怨别人,掌握自己命运的人从不抱怨上天;抱怨别人的人穷途而不得志,抱怨上天的人就不会立志进取。在职场中,任何牢骚满腹、怨天尤人的举动都毫无意义,因为任何成功都不是抱怨出来的,而是靠行动去争取的。

可能会有人抱怨自己的工资低,地位不高,工作权限不大,工作内容乏味等。但是,这些都不是你不好好工作的理由,努力工作却拿不到优厚回报的原因有很多,不知你设身处地地为企业着想了没有?不知你检讨自身的原因没有?

路要一步一步地走，饭要一口一口地吃，工作也是这样，是一点一滴做起来的。许多优秀的企业家，他们或者有做普通员工的工作经历，或者有白手起家的艰苦历程。他们也曾遇到了许许多多"心生抱怨"的事情，但他们懂得用行动代替无聊的抱怨。

许多人都有一个卑微的开始，一份不被人重视却要付出巨大辛苦的初始职业，做着辛苦的工作，拿着微薄的薪水，这种境况别人可能看不起，甚至不屑于提及，但正是在这条艰难的道路上，让你一步一步走向了成功的彼岸。

反过来，抱怨的最大受害者是自己。在我们身边有太多的人，虽然受过很好的教育，并且才华横溢，但总是怀疑环境，批评环境，而这种态度就影响了他的进步和成长。

当你对工作感到厌倦而提不起精神时，当你对公司的制度产生质疑时，与其抱怨，不如直面现实，正视自己的工作，全身心投入到工作中去，那时，你会发现工作赋予了我们很多。

世界第一 CEO 韦尔奇曾说："与其抱怨，不如负责来做。所谓负责，更多的是一种工作态度，一种被社会现实打磨出来的直面现实的积极心态。"

从 1961 年进入 GE 工作开始，直到 1968 年，也就是韦尔奇进入 GE 的第八年，他从一名普通的工程师被提升为主管 2 600 万美元的塑料业务部的总经理，当时他年仅 33 岁，是这家大公司有史以来最年轻的部门总经理。

1972 年 1 月，37 岁的韦尔奇又荣升为 GE 集团副董事长，负责 4 亿美元的业务。

1973 年的 7 月，韦尔奇因业绩出色被提升为 GE 集团的部门执行官。

1981 年 4 月 1 日，杰克·韦尔奇终于凭借自己的实力与自信，稳稳地站到了董事长兼最高执行官的位置上。

成功者除了具有坚忍不拔的毅力之外，更重要的是用行动向人们证实了自己的能力。

年轻人工作时，不要眼高手低，牢骚满腹，眼睛不妨向高处望，但手却要从低处做起。

看看我们周围那些只知抱怨而不认真工作的人吧，他们从不懂得珍惜自己的工作机会。他们不懂得，丰厚的物质报酬是建立在认真工作的基础上的；他们更不懂得，即使薪水微薄，也可以充分利用工作的机会来提高自己的技能。他们在日复一日的抱怨中，时间白白流逝，而技能却没有丝毫长进。最可悲的是，抱怨者始终没有清醒地认识到一个严酷的现实：在竞争日趋激烈的今天，工作机会来之不易。不珍惜工作机会，不努力工作而只知抱怨的人，总是排在被解雇者名单的最前面，不管他们的学历有多高，他们的能力有多强。

奎尔是一家汽车修理厂的修理工，从进厂的第一天起，他就开始喋喋不休地抱怨，什么"修理这活太脏了，瞧瞧我身上弄的"，什么"真累呀，我简直讨厌死这份工作了"……每天，奎尔都是在抱怨和不满的情绪中度过。他认为自己在受煎熬，在像奴隶一样卖苦力。因此，奎尔每时每刻都窥视着师傅的眼神与行动，稍有空隙，他便偷懒耍滑，应付手中的工作。转眼几年过去了，当时与奎尔一同进厂的三个工友，各自凭着精湛的手艺，或另谋高就，或被公司送进大学进修，独有奎尔，仍旧在抱怨声中做他讨厌的修理工。

抱怨的最大受害者是自己。在现在实世界中，有太多人虽然受过很好的教育，并且才华横溢，但在公司里却长期得不到提升，主要是因为他们不愿意自我反省，总是怀疑环境，对工作抱怨不休。工作中时常表现出这样的情况：一项任务交代下来后，如果上司不追问，结果十有八九会不了了之；有些事情，如果上级不跟踪落实，就很难有令人满意的反馈；还有的人面对布置的工作常常只会睁大眼睛，满脸狐疑地反问上司："怎样做？""这事我不知道啊？"抱怨的人很少积极想办法去解决问题，不认为独立完成工作是自己的责任，却将诉苦和抱怨视为理所当然。

不管走到哪里，你都能发现许多才华横溢的失业者。当你和这些失业者交流时，你会发现，这些人对原有工作充满了抱怨、不满和谴责。要么就怪环境条件不够好，要么就怪老板有眼无珠，不识才，总之，牢骚一大堆，积怨满天飞。殊不知这就是问题的关键所在——吹毛求疵的恶习使他们丢失了责任感和使命感，只对寻找不利因素兴趣十足，从而使自己发展的道路越走越窄。他们与公司格格不入，变得不再有用，只好被迫离开。

实际上，抱怨是失败的一个借口，是逃避责任的理由。这样的人没有胸怀，很难担当大任。如果你受雇于某个公司，就发誓对工作竭尽全力、主动负责吧！只要你依然还是整体中的一员，就不要谴责它，不要伤害它，否则你只会诋毁你的公司，同时也断送了自己的前程。

只有当你下定决心停止抱怨时，你才能认识到自己工作中不同凡响的意义。当你从工作的平凡表象中，调悉其中不平凡的本质后，你就会从抱怨的束缚中解脱出来，从而收获不一样的成功果实。

八、像老板一样自动自发工作

如果你是老板，你一定会希望所有员工都和自己一样充满激情。老板没有休息日；老板上班最早，下班最晚；老板将公司看作家，比自己的小家还要大的家；老板视公司的资产如生命；老板一分钱掰开两半花；老板将经营企业当成终生的事业，忍辱负重，勇往直前。如果你把自己想成老板，你会把今天的工作当成事业，你会更加努力，更加勤奋，更积极主动，自动自发地工作。

公司就是一个把有着共同事业目标和工作基础的人们按照一定的规章制度结合到一起的团队组织。自从有了公司以来，人们的工作就有了固定的归宿，每个工作着的人就和他所在的公司形成了一种长期的固定合作关系。这种合作关系使个人规避风险的能力和发展空间得到了双重保证，同时也使公司这个大团队在这两方面都得到了进一步的巩固和提高。

公司是每一个工作者的精神归宿，就好像孤雁需要雁群一样，人人都离不开公司大团队的庇护和提携。

哈佛商学院的菲利浦教授根据多年来对雁群生活习性的研究，提出了著名的"雁行理论"。他指出，没有一只单飞的大雁能够飞得又高又远，只有加入到雁群以后，大雁才有可能跋山涉水、历尽艰难地飞到共同的目的地。大雁为什么要结伴而行呢？而且，即使是一只平时顽劣至极的大雁在沿途遇到新奇无比的景色时，也不会因为贪恋美景而脱离雁群。

我们无法理解大雁的思维方式，但根据动物学家的研究发现，当大雁一只接一只往前飞时,前一只大雁鼓动翅膀所带动的气流,会让后一只大雁的浮力和飞行高度提升71%,这就说明越是飞在后面的大雁越节省力气,如果离开雁群,那么每只大雁都要付出多得多的努力,那样一来,它们很快就会筋疲力尽。

　　细心的人此时也许会问:"那谁来为领队的那只大雁带动气流呢?"答案是"没有"。但这并不代表领队的大雁不能从团队中汲取力量。领队的大雁位于整个飞行队伍的第一名,前面没有大雁帮助它鼓动翅膀、带动气流,所以它是非常辛苦的,因此飞在后面的大雁们就必须沿途为前行的头雁鼓劲加油,当雁群飞过时,人们听到的声声鸣叫,就是雁群鼓励头雁的加油声。

　　尽管领队的头雁一般身强力壮,但它也有撑不住的时候,如果领队的头雁太累了,雁队中的第二只,第三只……就会依次上前替补。途中,如果有一只雁受伤不能继续随队飞行,那么飞在它前后的两只雁就会留下来照顾它,绝不会让它落单,雁队中的其他成员则继续朝目的地飞行。两只留下来的大雁等待受伤的雁恢复体力后,会继续组成一个小雁队追赶前面的队伍。途中,它们会再联合其他"散雁"形成大雁队,也可能会暂时加入到路过的其他雁队当中,直到追上自己的雁群。

　　雁群是每一个大雁的归宿,公司则是每一个职场中人的归宿,它为人们提供了施展才华的舞台以及获得物质和精神满足的途径。如果没有这样一个归宿,那么无论你如何出众,都会像一只离群的孤雁一样难以达到温暖的春天。

　　正因为如此,所以愈是明智的人就愈加珍惜公司给予自己的一切,当然这其中并不仅仅是薪金和福利,还有更高层次的精神追求。他们对公司的归属感比任何人都更加强烈。当然了,公司自然不会亏待这些忠于公司并能够促进公司进一步发展的优秀人才。

　　任何事物都有相对的一面,有些人并没有把公司当作归宿,他们只信奉自己的舒适和诱人的薪金,不过这二者对于他们来说只能是鱼与熊掌不可兼得。他们也并非没有追求,于是为了使自己满意,他们频繁地更换工作、不断地寻找新公司。结果呢?他们没有积累下足够的经验,也使自己与一次次的成长机会失之交臂。而且使他们所在的公司也受到了很大的伤害，因为每一个公司都要为吸收新人和培养员工付出不小的代价。

把公司当成自己事业的归宿不仅仅应该成为人们的一种理念，而且还体现了人们最基本的良知。生活本身就是一面镜子，你如何对待它，它就会给你以如何的回报。公司为在其内部工作的每一个人都提供了相应的机会，它就像母亲包容孩子一样包容着自己的员工，如果有人背弃了自己的公司，就如同孩子背弃了母亲一样伤害母亲的心。我想任何人都不会轻易相信一个曾经背弃自己母亲的人，同样任何一家公司也不会轻易接受那些把更换公司当作家常便饭的人。

没有把公司当成归宿的人，就如同离了群的孤雁一样永远没有依托，自然也不会从公司大团队中获得鼓励，就更谈不上和公司一起成长了。当然了，每一个致力于持续发展的公司也不会吸收这样的人进来，因为他们不但不会促进公司的进一步成长，而且还会成为公司进步的阻碍，甚至导致公司受到重创，比如商场上屡见不鲜的泄露公司机密、带走公司重大客户等现象。

如果说公司是一条船的话，那么这艘船将载着老板和所有员工共同驶向茫茫的事业之海，只不过老板扮演的是船长的角色，而员工则是船员。为了达到目的地，在行驶途中，船员必须与船长一起共同面对海上的狂风、巨浪以及暗礁。

自从公司存在以来，它就一直扮演着工作者根基的角色，工作者以它为归宿并依托它逐步成长，它又在培养工作者成长的同时，不断提升整体团队的水平。于是，就形成了一个个人进步带动公司成长、公司成长促进个人发展的双赢循环模式。

一位年轻的女孩曾受聘于一家外资企业成为一名普通的办公室文员，她每天要拆阅、分类大量的公司信件，工作内容有些单调，而且工资也不高。但是这位女孩却并没有因为工作单调而放弃进取，她不但把本职工作做得无可挑剔，而且每天晚饭后都要继续回到办公室里工作，不计报酬地干那些并非自己职责内的事——诸如替自己的上司整理文件等。

上司是公司的办公室主任，他每天需要处理许多事情，所以他需要掌握足够多的信息资料。为了把那些上司需要的文件整理好,她尽可能地充分想到上司需要的最新资料和信息,而且她还要在站在上司的立场认真考虑每一件工作的处理方式。她一直坚持这样做事,并不在意上司有没有注意自己的努力。终于有一天,上司的秘书因故辞职了,在挑选合适的继任者时,上司很自然地想到了这个女孩,因为她在没有得到这个职位之前就一直在做这份工作了。

当下班的时间到了之后,这个女孩依然像以前一样守候在自己的岗位上,在得不到任何报酬承诺的情况下仍然努力工作,后来在上司升任为总公司行政部长的时候,她又理所当然地使自己得到了办公室主任的职位。

故事并没有就这样结束,这位年轻女孩才能如此突出,引起了更多人的注意,很多公司纷纷为她提供更好的职位诚邀她加盟。为了挽留她,公司多次为她加薪水,与最初做一名普通办公室文员时相比已经增加了十几倍。为此,老板并不感到自己付出的薪金太高,因为这个女孩总是让别人感到她那么重要,她总是能够站在老板的立场上思考许多问题,而且随着时间的推移,她变得越来越重要,把自己变成了一个不可替代的角色,她在工作中创造的价值绝对值得老板给予她这样优厚的待遇。

如果能够像老板一样思考问题,你就一定会在公司中茁壮成长,你完全可以使自己变得像老板一样重要。

九、敢想敢做就能势不可挡

在日常生活和工作中,人们常说:"不怕做不到,就怕想不到。"实际上,想与做是同样的重要,有人是敢想但不去做,有人是敢想敢做,当然后者成功的可能性毫无疑问是最大的。

周成建是"美特斯·邦威"的创建人,他在为专卖店取了"美特斯·邦威"这个名字的时候花费了很多精力,当初只是想起个洋气点的名字,并没有想到会有国际化的一天,而如今"美特斯·邦威"已经成为了全国大型服装业中的一员,究其成功也许和它的名字离不开关系。因为"美特斯·邦威"的含义是创造美丽独特的产品、品牌、企业文化,扬国邦之威,而这个含义则是在"美特斯·邦威"取得巨大成功后所说出来的。在美特斯·邦威成功的道路上,周成建为了专卖店的跨越式的发展做了很多努力,例如,率先采取了将经营品牌与销售相分开、采取特许连锁经营策略、共担风险、实现双赢,使美特斯·邦威这个品牌在广东、上海等大城市中占据了一席之地。"借鸡下蛋"和"借网捕鱼"的服装产业供应链就这么搭建起来了。周成建说他当初并没有什么特别的想法,只是想让自己的品牌在中国的市场上生存下去,而正是他这种先做的方法,让他在不断的摸索中找到了适合自己企业生存的方式。他的这种成功,到底是偶然的成功还是必然的成功呢?对此,周成建的回答是:对于任何事情,没有必然就没有偶然,只要你多做自己敢想的事情,并努力去实现的话,你就一定可以成功,可以成为该领域的状元。

有勇气,有利于增长见识,敢于行动,自然在行动中能积累经验和认识。对一件事有认识,有经验,就不会那么畏惧,即使难度更大的事情你都敢做。认识越深,就越有把握,就越敢付诸于行动。

2007年8月,史迪威接手了一家濒临倒闭的宾馆。老板斯密特告诉史迪威,他并不在意这家宾馆能否立刻见到效益,关键是用更多的时间去为宾馆树立更好的品牌。老板的这样一句话让史迪威本来压力很大的心态立刻变得从容起来了。他很快地进入细节工作,开始近一个月,他并没有致力于去打广告、去吸引更多的客户,而是花了很大的精力在提高宾馆的硬件及软件设施上,即去提高宾馆服务员的服务质量、深入到客户中去了解客户的需要、客户对于宾馆所提出的改善的意见,同时花费了大量的金钱用于宾馆的硬件设施上,在基于人们如今的新的需求的基础之上,致力于环保、节能及舒适等相关方面,对于宾馆的管理制度也制定了新的标准。史迪威说:"源头清理好,流水就会清澈,制度标准完善了,工作也就顺畅。"

接着,史迪威又去了华盛顿、纽约、巴黎、北京等世界各地的星级宾馆,去感受一下其他宾馆的成功之处,去了解各地的文化及习惯,以便更好地为国外来的游客服务。11月,在他认为所有必要的准备工作都已经做好了之后,他开始致力于对宾馆的宣传,从广告的思路,到广告的拍摄,他都亲自一一把关。每天只要一有空，他就穿梭于客户之间，虚心地去询问客户对于宾馆的服务质量、硬件设施有什么不满，并会记下客户的意见，在以后的工作中努力地去改进。同时每周企业都要开会，在会议上他总是鼓励下属把自己对于公司存在的问题说出来，并对此提出改进意见，而他总是能够虚心地去接受大家的意见。

正是由于史迪威的这些努力，这个濒临倒闭的宾馆如今已经越来越好了，已经成为了美国的一家知名宾馆。无论是服务员的服务态度，还是宾馆的设施，都让客户们感到很满意。据说今年年初，针对客户们喜欢健身的喜好，他又产生了开办加盟店的想法，为宾馆里的客户提供健身的场所，同时又可以延伸和验证宾馆的品牌。2008年2月，第一家加盟店开业了，老板对此很惊喜，对史迪威说："以后工作怎么做，你说了算，我放心！"

把工作中的事情一步步稳扎稳打、有条不紊地落实好，给客户惊喜，给老板惊喜，也同样给自己更多的惊喜。

"我虽不是老板，但对待工作，越来越懂得变被动服从为主动安排，先做后说。"谈起打工生活，史迪威别有一番感受：用"老板思维"去打工，先做后说，多做少说，才能真正站在行业的尖端，做好一份事业的同时，赢得员工和老板的充分信任。

"先做后说"这个思想，早在孔子的时候就有了。子曰："先行其言，而后从之。"它的意思就是先把要说的事做了，然后再说出来，也就是我们现在所谓的"先做后说"了。然而，社会上并不是这种情形。很多人要做一件事之前，总是夸大其辞，夸下海口，做起来却心不在焉，把心思放在别处。有的人甚至是没准备做一件事，也跟别人一样，自以为是地说着自己的想法，这是空想。这些人都是太可悲了，他们只注重表面的只言片语，认为说得出就是了不起，可他们却忽略了要通过奋斗实现自己的诺言，他们美好的心灵已蒙上一层纱。而另外一类人，在夸夸其谈之前，懂得只有自己的手中有了可以证明自己的能力，证明自己所说的话的时候，自己的这些话才会有意义，而通常了解这个道理的人则并不会和上面的一些人一样只是空想而不做，这类人在自己的生活工作中才可能取得较大的成功。

主要参考文献

1. 《执行力》2008年4月由中国华侨出版社出版。陈德军著。
2. 《执行力》2008年1月由广东经济出版社出版。李泽尧主编。
3. 《经理人高效执行力》2010年4月由地震出版社出版。张珈豪著。
4. 《执行必须到位》2010年4月由中华工商联出版社出版。张戴金著。
5. 《不折不扣地执行》2008年6月由中国长安出版社出版。赖新元编著。
6. 《选对人做对事》2006年11月由西北大学出版社出版。商谋子编著。
7. 《如何落实执行力》2009年3月由中国经济出版社出版。张梦初编著。
8. 《好员工与企业一起成长》2008年6月由金城出版社出版。张勇编著。
9. 《不抱怨不折腾不怠慢》2010年1月由中国言实出版社出版。王世滨编著。
10. 《左手执行力 右手领导力》2010年1月由中国纺织出版社出版。马彪编著。
11. 《打造最优秀的执行者》2008年11月由光明日报出版社出版。王平编著。
12. 《执行力的80个黄金法则》2008年8月由企业管理出版社出版。盛安之编著。
13. 《做一个自动自发的员工》2009年1月由中华工商联出版社出版。李智朋著。
14. 《提升中层执行力》2007年1月由清华大学、北京交通大学出版社出版。骆建彬主编。
15. 《狼性执行——企业如何打造高效执行力》2010年8月由石油工业出版社出版。李睿编著。